世界和非洲

The World and Africa

著
————————

[美] W.E.B. 杜波依斯 (W.E.B. Du Bois)

译
————

李冠杰

上海人民出版社

图书在版编目(CIP)数据

世界和非洲/(美)W. E. B. 杜波依斯
(W. E. B. Du Bois)著;李冠杰译. —上海:上海人
民出版社,2024
书名原文:The World and Africa
ISBN 978 - 7 - 208 - 18776 - 4

Ⅰ. ①世⋯　Ⅱ. ①W⋯ ②李⋯　Ⅲ. ①非洲-历史-研
究　Ⅳ. ①K400.7

中国国家版本馆 CIP 数据核字(2024)第 050143 号

责任编辑　张晓玲　张晓婷
封面设计　杜宝星

本书系 2023 年度上海外国语大学上海全球治理与区域国别研究院开放课题项目
"杜波依斯的《世界与非洲》译介"之成果,立项编号:2023kty006

世界和非洲

[美]W. E. B. 杜波依斯　著

李冠杰　译

出　　版　上海人民出版社
　　　　　　(201101　上海市闵行区号景路 159 弄 C 座)
发　　行　上海人民出版社发行中心
印　　刷　苏州工业园区美柯乐制版印务有限责任公司
开　　本　890×1240　1/32
印　　张　10
插　　页　2
字　　数　209,000
版　　次　2024 年 5 月第 1 版
印　　次　2024 年 5 月第 1 次印刷
ISBN 978 - 7 - 208 - 18776 - 4/K · 3358
定　　价　58.00 元

序

自从蔗糖帝国和随之而来的棉花王国崛起，人们一直努力通过把非洲从世界历史中剔除以对黑人奴隶制进行合理化解释，以致时至今日几乎普遍认为，历史可以在不涉及黑人民族的情况下被如实书写。我认为，这在科学上是站不住脚的，同时对那些合乎逻辑的社会结论而言也是危险的。因此，我想在这本书中提醒读者，在这场文明危机之中，非洲在人类历史上无论过去还是现在都扮演着多么重要的角色，而忽略这一点就根本不可能正确解释当前人类面临的困境。

在此之前，我曾两次尝试书写非洲史：一次是在 1915 年，英国霍姆大学现代知识图书馆（Home University Library）的编辑请我尝试撰写这样一部作品。结果写了一本小册子，其名曰《黑人》（*The Negro*）。这本书证明，关于黑人民族的事实和材料是如此丰富，这让我打心眼儿里感到惊讶。尽管我经历了丰富的大学生涯，但我自己对黑人民族的存在却知之甚少，导致该书叙事非常简明扼要，也并不全都合乎逻辑。尽管如此，这本书还是被广泛传阅，至今仍在重印。

第一次世界大战结束后，起初我认为这是一个新时代，也自然希望进一步充实这部早期著作。于是，我使用了一些新材料，作出了更加合理的安排，写下了《黑人民族：过去与现在》（*Black Folk: Then and Now*）一书。但我写作之时碰巧正值一个时代的终结——其标志是欧洲统治世界的旧时代发生的最后灾难，而非我在 1935 年做梦也想不到的时代变革。因此我认为，1946 年再次尝试重写不仅合适而且很有必要，与其说我是要写一部有关黑人民族的历史，倒不如说是要讲述他们在从史前到现在的人类历史上所扮演的必要角色。

人们对非洲一直缺乏兴趣，这是长久以来现代史和社会学的特性，我依旧在这种困境中上下求索。对黑人民族历史的深入细致的研究才刚刚起步，对思想界来说，对这些研究的需求尚不清晰。然而，我觉得有必要继续我的解释，尽管到处都在运用薄弱的历史证据来佐证这种解释。我相信我的故事总体上是真实的，尽管事实上在美国内战和第一次世界大战期间的历史与科学通常只是部分地支持我的观点，而且有时候似乎与我明显相左。但不管怎样，这是一部从非洲人的视角书写的世界历史；或者更恰当地说，这是一部关于黑人的历史，它构成了当今世界的一部分，而这个世界已满目疮痍，就摆在我们面前。

感谢我的助手艾琳·迪格斯博士（Dr. Irene Diggs），她在梳理材料和阅读手稿方面给我提供了大力帮助。

　现在我觉得自己仿佛正在靠近一群朋友和敌人，他们有点儿上气不接下气地问我，我所依靠的那些甚至貌似权威的证据都是谁说的，它们又从何而来？对于这个问题，我有两点予以回应：我是在挑战权威专家——甚至包括马伯乐（Maspero）、塞斯

（Sayce）、赖斯纳（Reisner）、布雷斯特德（Breasted），以及其他诸多最受人尊敬的人在内，他们没有攻击却故意忽视尼罗河上的乃至全世界的黑人，他们在谈论时仿佛黑人民族并不存在、也不重要似的。他们属于那群从未听说过非洲的现代史作家，或者像盖尔尼耶（Guernier）那样断言："各大洲中只有非洲没有历史！"

在前两章中，我依据的是自己在相当长一段时间里的游历与观察。为了加以证实，我重新翻阅了威廉·豪伊特（William Howitt）的《殖民化与基督教》(*Colonization and Christianity*)，这是一部颇受欢迎的历史书，讲述的是欧洲人如何对待殖民地的土著。这本书 1838 年在伦敦出版发行，自那时起，身为帝国的欧洲一直试图将该书束之高阁。我还直言不讳地反复使用卡尔·马克思的证词，我认为他是现代最伟大的哲学家，一提到他的名字，通常接踵而来的就是政治迫害，但我并没有因此被吓住。我喜欢罗伯特·布里福（Robert Briffault）1938 年出版的《英帝国的兴衰》(*The Decline and Fall of the British Empire*) 和乔治·帕德莫尔（George Padmore）1936 年出版的《英国如何统治非洲》(*How Britain Rules Africa*)。我提到了安娜·格雷夫斯（Anna Graves）的作品，她通常被人忽视，因为她不遵循历史写作习惯，而且出版社认为从她的作品中赚不到钱。

第三章谈论的是奴隶贸易，我很大程度上依据的是埃里克·威廉斯（Eric Williams）杰出的新作《资本主义与奴隶制》(*Capitalism and Slavery*)，还有威尔逊·威廉斯（Wilson Williams）在霍华德大学《社会学研究》(*Studies in the Social Sciences*) 杂志第一期发表的作品。我自己的《制止奴隶贸易》(*Suppression of the Slave Trade*）一书继续发挥作用。同时使用了雷福德·洛根（Rayford Logan）论述美国与海地的作品，还有查普曼·科恩（Chapman Cohen）1931 年出版的《基督教、奴隶制和劳工》（*Christianity, Slavery, and Labor*）。雷金纳德·库普兰（Reginald Coupland）1938 年出版的《东非及其入侵者》（*East Africa and Its Invaders*）非常珍贵。但在这一章中，除了埃里克·威廉斯，对我帮助最大的莫过于 E. D. 穆尔（E. D. Moore）1931 年出版的《象牙：非洲的祸根》（*Ivory: The Scourge of Africa*）。这是一本无价之作，我由衷感谢作者提供的事实。

在第四章中，我依据的是现任《非洲》（*Africa*）杂志主编的埃德温·W. 史密斯（Edwin W. Smith）的作品和朱利安·赫胥黎（Julian Huxley）的著作；还有 C. G. 塞利格曼（C. G. Seligmann）的作品，他在 1930 年出版了《非洲的种族》（*Races of Africa*），这本书极其重要，唯一的缺点是作者对"含米特人"的过度痴迷。

第五章谈论的是埃及，观点的分歧自然最为巨大。早在 1911 年，亚历山大·F. 坎伯兰（Alexander F. Chamberlain）就发表了题为《黑人对人类文明的贡献》（*The Contribution of the Negro to Human Civilization*）的小册子，它激起了我对埃及这一主题的关注。当然，人们必须阅读马伯乐、布雷斯特德、罗林森（Rawlinson），以及其他更早一些的莘莘学子之著作，但我主要依据的是 W. M. 弗林德斯·皮特里（W. M. Flinders Petrie）的《埃及史》（*History of Egypt*）和由皮特里编、E. 斯坦利·莱恩-普尔（E. Stanley Lane-Poole）著的第六卷论述中世纪埃及的作品。伊本·巴图塔（Ibn Batuta）和杜阿尔特·巴博萨（Duarte Barbosa）

的游历为亚瑟·汤姆森（Arthur Thomson）、戴维·兰德尔-麦克弗（David Randall-MacIver）和格雷丝·加顿-汤普森（Grace Caton-Thompson）的当代研究奠定了坚实基础。尤其值得一提的是亚历山大·莫雷（Alexandre Moret）的《埃及文明》（*Egyptian Civilization*），该书在 1927 年用法文出版，此后不久又以英文出版，是一本极具启发性的作品。我仔细查看过卡尔·R. 累普济乌斯（Karl R. Lepsius）的《纪念碑》（*Denkmäler*）中精美绝伦的复制图。我拜读过爱德华·迈耶（Eduard Meyer）在 1910 年至 1913 年出版的《古代史》（*Geschichte des Altertums*）；但对我帮助最大的是利奥·汉斯伯里（Leo Hansberry）。汉斯伯里先生是霍华德大学的教授，他是唯一一位试图研究埃及和埃塞俄比亚黑人的现代学者。遗憾的是，他的作品并未大量刊出。有关非洲的传统科学观点对其造成压制，但他的手稿非常出色。亚瑟·E. P. B. 韦戈尔（Arthur E. P. B. Weigall）的《埃及简史》（*Short History of Egypt*）也很有用。

xxxiii

在第六章中，我依据的是汉斯伯里。人们经常重温温伍德·瑞德（Winwood Reade）的《人类殉难记》（*The Martyrdom of Man*）来再次激发信仰。当然，欧内斯特·巴奇爵士（Sir Ernest Budge）、乔治·A. 赖斯纳（George A. Reisner）、A. H. 塞斯（A. H. Sayce）和 F. L. 格里菲斯（F. L. Griffith）的作品，在他们不沉迷于自己对黑人的看法时，也是有用的。

我喜欢使用霍华德大学的弗兰克·斯诺登博士（Dr. Frank Snowden）对欧洲古典时期黑人的研究成果。但迄今为止，美国的经典期刊仍拒绝刊发他的论文，因为它过于偏袒黑人。如此一来，大家仍在依据比尔兹利（Beardsley）通过约翰斯·霍普金斯大学出版的由学术和种族偏见糅合而成的瞎编乱造之物。我试图与斯诺登博士取得联系，让我看看他的手稿，但他拒绝了。

在第七章中，我依据的是利奥·弗罗贝尼乌斯（Leo Frobenius）。弗罗贝尼乌斯在传统历史学家或者人类学家中间并不受欢迎。他沉迷于幻想。他有坚定的信念；但他是个伟人，也是个伟大的思想家。他以不偏不倚的眼光看待非洲，他对黑人的诠释比我所认识的其他任何人的都更具价值。罗伯特 S. 拉特雷（Robert S. Rattray）和米克（Meek）、韦斯特曼（Westermann）和沙佩拉（Schapera）的很多作品也不容忽视。索加（Soga）和卡塞莱-海福德（Caseley-Hayford）等非洲学者给予我很大的帮助，还有一些像奥里祖（Orizu）、姆巴迪韦（Mbadiwe）和奥吉奇（Ojiki）那样的年轻人。最基本的材料是莫里斯·德拉福斯（Maurice Delafosse）的作品，它非常优秀且毫无偏见。我使用了弗洛拉·卢加德（Flora Lugard）的作品，尽管她不是科学家；还有年轻黑人作家阿玛托（Armattoe）的作品。

在第八章中，我自然要依靠哈里·H. 约翰斯顿（Sir Harry H. Johnston）和他对班图语的研究，以及加顿-汤普森小姐的精彩作品。我从詹姆斯·A. 罗杰斯（James A. Rogers）身上学到了很多东西。罗杰斯是一位未经训练的美国黑人作家，他在没有资金支持的情况下顶住重重压力著书立说，个人作出了巨大牺牲。但是，当前在世的人中没有一个人能像罗杰斯那样挖掘出如此之多关于黑人的事实。他错误很多，履历有限，但他是一位真正的历史学者。

第九章依据的是我之前提到的莱恩-普尔和库珀（Cooper），以及贾瓦哈拉尔·尼赫鲁（Jawaharlal Nehru）在 1940 年出版的《自传》（*Autobiography*）和 1942 年的《世界历史一瞥》（*Glimpses of World History*）中阐述的新观点。阿尔弗雷德·T. 巴特勒（Alfred T. Butler）和帕隆（Palon）为对埃及和东方的研究提供了很多亟须的新见解；一般意义上的人类学正在逐步揭开黑人在非洲的发展态势，而我们也从当代史作家的颓势中走了出来。

第十章建立在莫里斯·德拉福斯的著作和威廉·D. 库利（William D. Cooley）1841 年的作品之上，并且得到了 H. R. 帕尔默（H. R. Palmer）、弗洛拉·卢加德以及其他很多人的帮助。

第十一章依靠的是当前的思想与文献，以及伦纳德·巴恩斯（Leonard Barnes）在 1944 年出版的《苏维埃之光普照殖民地》（*Soviet Light on the Colonies*）和哈罗德·拉斯基（Harold Laski）在 1936 年出版的《自由主义的兴起》（*Rise of Liberalism*）等书。

总之，在这本书中我所做的事情让每位学者都不寒而栗。在准备不足和知识储备过于笼统的背景下，我尝试开展了一项任务，而这项任务要想做得令人满意和完美无瑕，就应该穷尽一生进行研究！但我面临着两难选择，要么我现在做这项工作，要么留给其他人来做。而其他人没有经历过我所经历的人生悲剧，由此摆在我面前的是，他们可能对这项任务不怎么感兴趣，而且从周围的世界也得不到什么鼓励。文中的错误、不准确之处和不实结论在所难免，除了这些，假如我至少清晰阐明了我的主要论点，也即非洲黑人与欧洲白种人和亚洲黄种人在相同的意义上来说都是人，而且历史很容易就能证明这一点，那么，即便这本书

背负着不完善、甚至在很多人看来无定论的污名，我依然会感到
欣慰。

W. E. 伯格哈特·杜波依斯（W. E. Burghardt Du Bois）

纽约

1946 年 5 月

目 录

第一章　欧洲的崩溃

本章旨在反思这场摧毁人类文明的灾难的性质。

我们正在亲历摧毁整个世界的巨大灾难。因对欧洲文明信心十足，欧洲的崩溃更让我们感到震惊。长期以来，我们毫无异议或者不假思索地认为，欧洲和北美人民的文化不仅代表着世上迄今所知的最优秀的文明，还代表着人类注定会接连取得胜利并最终完美实现的奋斗目标。当前，我们精神开始崩溃，时有莫名的恐惧，经常感到绝望，这一切都是因为突然要面对信仰的坍塌。

在此情况下，我们首先要做的是静下心来运用冷常识对局势予以评估。这场大灾难的性质实际上是什么？它有关何种类型的人类文化？最后，它为什么会发生？在探究原因的过程中，我们不单单必须寻找当前的事实或者健在之人记忆中的事实，尤其是在这种情况下，还必须寻找从历史中得出的经验教训。我们通常不愿参照历史来解决紧急问题，这或许是对把历史当成科学的观念和对历史老师们的最强烈谴责。我们意识到，历史通常是我们想让它成为的那个样子，通常是我们这些心意已决之人会相信的样子，而不是对过去已发生过的事情的冷冰冰的记录。

　　显而易见，当前世界遭受的灾难是过去造成的直接后果。我斗胆把当前我们所遇问题的这一主题添加到了很多著作中去，因为我相信，我们这个时代的历史记载趋势存在着某些方面的压制，这在评估原因时会导致惨败。尤其是我认为，人们长期养成的忘记和偏离非洲人民思想和行动的习惯，不仅是我们当前这场灾难的直接原因，而且在我们正视事实前将会继续引起麻烦。我尽量不去夸大在世界发展中的这条非洲历史线索，但我同样坚持认为，这条线索不应被忽视。

　　20 世纪初，当时我走出大学校门不过 10 年，我参观了 1900 年的巴黎世界博览会。这是最好的世界博览会之一，也许没有之一。它代表了欧洲人的世界对其自身和未来的思考。其突出的重点是财富和科学，那里有横跨塞纳河、以俄国沙皇命名、崭新壮丽的亚历山大三世大桥，有令人赞叹的俄国雅罗斯拉夫（Jaroslav）工业展。作为参加博览会的借口，我带来了不多的几个显示黑人在美国发展的摆设，这也获得了一枚金牌。在我看来，所有这一切都是在特别展示财富、奢华和工业技术，着力证明欧洲战胜世界，成为科学和艺术、权力和人类自由的中心。

　　人们很容易看到欧洲大国对自身的思考。法兰西很大程度上代表着艺术，代表着在建筑、科技和纯粹表达上的品位。德意志代表着科学和统治方式。英格兰代表着财富、权力和高度舒适的生活。美国代表着人类倡导的自由。

　　在本次法国博览会上，英帝国思想甚至也占了一定的主导地位。对旅行者来说，英国承诺支付的商业票据比黄金更重要。英国工业在高效技术领域是无与伦比的。英国的投资是最为安全的，大不列颠拥有最广阔的殖民地，且管理最为成功。各种各样的颂词都给了英国：她是在男士服饰、公共礼仪、公共开支比率等领域公认的领袖。所有这些表明，人们认可且尊重英国臣民在世界各地提要求。

后来，接连发生了五件大事。第一件事发生在 1905 年的圣彼得堡，在 20 世纪首次有组织的企图实现救济的行动中，俄国工人被无情地杀害。经过这场残忍屠杀，俄国沙皇摧毁了白人小教父（Little White Father）关于从事体力活儿的俄国的想法。沙皇透露说，俄罗斯工业一半以上的利润正被支付给德国人和其他投资者，而工人却在忍饥挨饿。于是，沙皇自己播下了革命的种子。

第二件事发生在 1911 年，一艘德国军舰驶入北非的阿加迪尔（Agadir），以皇帝的名义要求，有关摩洛哥未来的事务应与德意志帝国协商。我还记得此事是如何震惊伦敦的。当时我在伦敦参加第一届世界种族大会（the First Races Congress）。该大会如今被人遗忘了，但它可能具有世界意义。若非第一次世界大战来得如此之快，大会的建议可能会改变历史的进程。在伦敦大学召开的会议可能最广泛地代表了世界种族和次种族群体。与会者在科学和道德理念引领下共同磋商，致力于建设一个和平的、没有种族偏见的未来世界。这次会议讲究合作，尤其是在社会科学领域。有些演讲者是世界各地的领导人，如朱塞佩·塞吉（Giuseppe Sergi）[1]、

---

[1] 朱塞佩·塞吉（1841—1936），意大利人类学家，创立了地中海人种理论，认为地中海人种发源于东非，是世界上最伟大的人种，反对白人至上主义，认为日耳曼人犯下了罪行，他们的入侵结束了罗马帝国。——译者注

弗朗茨·博厄斯（Franz Boas）①、约翰·A. 霍布森（John A. Hobson）②、菲利克斯·阿德勒（Felix Adler）③、悉尼·奥利维尔爵士（Sir Sidney Olivier）④、伍廷芳（Wu Ting-fang）⑤ 等。会议宣读了一首献给各民族的赞美诗：

> 我们所有人都坐着，就像一个人那样，
> 石墙围起来的高高的果树林愈发幽暗，
> 佛陀与基督同在！
> 《古兰经》与《圣经》皆为圣典！

> 万能的圣言啊！
> 在你这令人敬畏的圣殿里，
> 在这个被拓宽的世界中，第一座被火焰燃烧的城市里，
> 宽恕我们吧，大地和海洋之主！

> 我们不过是懦弱任性之人，
> 被仇恨和虚荣搅得心烦意乱，

3

---

① 弗朗茨·博厄斯（1858—1942），美国人类学创始人，一生著作丰富，对统计体质人类学、描述与理论语言学、美洲印第安人种学等贡献巨大。——译者注
② 约翰·A. 霍布森（1858—1940），英国经济学家、社会学家、帝国主义批评家，其著作《帝国主义》对列宁产生重大影响，此外托洛茨基和阿伦特也深受其影响。——译者注
③ 菲利克斯·阿德勒（1851—1933），德裔美国教育家和伦理修养运动发起人，主张废除童工制、建立模范公寓住宅等。——译者注
④ 悉尼·奥利维尔爵士（1859—1943），英国公务员，英国工党党员，在第一届麦克唐纳政府中担任牙买加总督和印度国务大臣。——译者注
⑤ 伍廷芳（1842—1922），近代杰出的政治家、外交家、法学家，中国近代第一个法学博士，参加清末修律活动，主持签订中国第一个平等条约《中墨通商条约》。——译者注

很容易忽视那仍有呼吸的灵魂——
那高瞻远瞩的一群群人，他们撒谎、偷盗和杀戮，
犯下每一颗心都会否认的罪恶，
他们在我们破碎、扭曲的身上攀爬，
把他人踩到地狱，继而围攻天堂！

我们一定是犯了杀人罪！瞧，双手都染红了！
对于这场犯罪，谁也别怪谁！
可在这里——在这白色的寂静黎明里，
在时间的子宫面前，
所有人屈服的内心都在燃烧并感到羞耻，
我们面对着一个世界诞生时的分娩阵痛：
我们听到许多民族快出生时窒息般的哭声——
那种女人在发育不良的孩子被夺走时发出的嚎啕痛哭声！
我们看到了勤劳之下的衣不蔽体，财富之外的贫困潦倒，
我们知道了帝国的混乱状态，生命死亡时的悲痛！
我们聆听、查看、了解所有这一切后大声疾呼：

世界精神，把我们从渺小的自我当中拯救出来吧！
准许我们停止战争和仇恨，
在每个种族和信仰中给予我们的灵魂以启示！
帮帮我们吧，人类的上帝呀，在这场休战中，
让人性变得完美！[1]

当时还发生了几起让人震惊的事情。我至今还记得当听到柏林大学杰出人类学家费利克斯·冯·卢尚（Felix von Luschan）在驳斥种族劣根性论点时人们那茫然的表情，然后他的那篇论文以这样的话语结束："国家会更替兴亡，但种族和民族的对抗会永远存在。这样很好，因为一旦我们丧失了民族雄心，不再用骄傲和喜悦的眼光看待我们的工业和科学以及出色的士兵和宏伟的装甲舰，那么人类会变得像一群绵羊那样。让那些狭隘之人围绕无畏舰的费用去发牢骚吧，只要每个欧洲国家年复一年地在葡萄酒、啤酒和白兰地酒上花更多的钱，超过在陆军和海军上的开支，人们就没有理由害怕军国主义造成的贫困。欲求和平，必先备战（*Si vis pacem, para bellum*）。事实上，毋庸置疑，我们在避免战争这一点上做得越好，就越关心我们的盔甲。一个国家只有在对其内部事务感兴趣时才是自由的。她必须尊重其他国家的权利，同时也要捍卫自身重要利益，必要时还会动用铁和血。"[2]

我们惊呆了。德国科学能捍卫战争吗？我们几乎感觉不到一丝心安。编辑在印制这篇讲稿时添加了如下注释："为避免对最后几段的误解，经冯·卢尚教授允许，我们在此声明，他认为，希望德英开战是'疯狂的或者卑劣的'想法。"[3]

但这一切都是徒劳。1914年爆发了第一次世界大战；1929年出现了大萧条；1939年又爆发了第二次世界大战。这些战争和危机对财产和人类生命造成的损失令人难以置信，对年轻人的摧残程度和对世界以及人类信仰的毁灭程度是不可估量的。这些事情为何会发生？

我们可以从1888年发生的事实开始回溯，当时年轻力壮、拥有英国血统的德意志皇帝登上了德国皇位。威廉二世对德国的未来充满坚定信心。作为学生的我经常看到他出现在菩提树大街 ①。我们这些学生常常挤到路边观看，抖动的羽毛和欢腾的马匹穿过勃兰登堡门的中拱门，闪亮的盔甲，嘟嘟的小号，场面庄严壮丽，承蒙上帝恩宠的普鲁士国王和德意志皇帝威廉坐在马背上姗姗而来。

威廉对德国满怀信心的背后是对英国权力的深深嫉妒。他的灵魂深处不断激荡着普鲁士俾斯麦的野心和母亲的贵族帝国主义思想，威廉的母亲是维多利亚女王的女儿。新世纪的《英法协约》(the French-British *Entente Cordiale*) 面临着一个德国人所言的"在阳光下有一席之地"的诉求，也即有权从殖民地和半殖民地中分享原本属于英国的财富。德国入侵了比利时，这场侵略导致了与英格兰的战争，人们必须记住，出于同样的原因，德国正在入侵比利时的殖民地刚果，并要求对中非的所有权。

于是，第一次世界大战便成了在亚洲争夺势力范围以及在非洲争夺殖民地的战争。说来也奇怪，在那场战争中，亚洲和非洲都被号召起来支持欧洲。例如，塞内加尔的军队把法国和欧洲从德国的第一次武装袭击中拯救了出来。参战的都是敢死突击队，欧洲的气候和大炮杀死了其中数千人。带着非洲军队前去救援法国的那个人便是布莱兹·迪亚涅（Blaise Diagne）②。他是个黑人，

---

① 菩提树大街，德国著名的林荫大道，西起勃兰登堡门，一直到宫殿桥（Schlossbrücke）。大街两旁种有栗树和菩提树，大街因此而得名。——译者注

② 布莱兹·迪亚涅（1872—1934），塞内加尔裔法国政治领导人，第一个当选法国议会代表的非洲黑人，也是在法国政府中第一个拥有职位的黑人。第一次世界大战期间，他招募大量西非黑人参加法国在西线的战斗。战后除担任议员外还从事行政工作，1920 年至1934 年担任达喀尔市长。——译者注

瘦高挑儿，但精力充沛，比很多法国人都更尽忠报国。他是法国
议会中来自塞内加尔的代表，被选中来统领法属西非地区，该地
区所有的首领会完全服从于他。他被升格为内阁成员，成为法国
在西非地区的官方代表。那个白人总督发现自己是这个黑人的下
属，愤而辞职，但迪亚涅沿西海岸取道北上并获得成功，在关键
时刻把 10 万黑人士兵送到了法国。

　　人们不应忘记在佛兰德斯战场上发生的、很快被人遗忘的事
情。未经训练且装备简陋的塞内加尔人被派去抗击德国威武之师
的一排排大炮。他们听从指挥毫不动摇地列队前行，用十几种不
同的苏丹话发出战斗的呐喊声。大炮的轰鸣声让他们不寒而栗，
但他们从未退缩。他们勇往直前，直到战死为止；战斗的厮杀声
越来越小，最终归于宁静，因为没有一个黑人活着离开那战场。

　　1918 年刚停战不久，我当时身在巴黎。正是为了向迪亚涅表
示敬意，我前去请求给予一项特殊待遇，即在凡尔赛和会期间在
巴黎召开一场泛非大会（Pan-African Congress）。

　　整合非洲这块黑暗大陆上所有当地居民的思想和理念，把非
洲看作一个整体，这种想法属于 20 世纪，它自然起源于西印度
群岛和美国。那里有很多非洲族群，他们虽起源完全不同，但经
历非常一致，而且面临着新文化的影响，因此开始把非洲当作一
种思想和一片土地加以思考。于是到了 18 世纪末，在费城成立
了一个独立的黑人教会，自称为"非洲人"。在美国很多地方也
有各式各样的"非洲人"社群。

　　然而直到 1900 年，西印度群岛的一名黑人律师在伦敦从业
时才召开了一次泛非会议。这次会议引起了人们的注意，首次把

"泛非"（Pan-African）这个词语收录到字典中。与会代表大约30人，主要来自英格兰和西印度群岛，还有几个北美的有色人。会议受到了伦敦主教大人的欢迎，并通过约瑟夫·坎伯兰（Joseph Chamberlain）在维多利亚女王那里得到保证：不要"忽视当地种族的利益和福祉"。

这次会议并未深深扎根在非洲本土，这场运动和这种思想在一代人身上消失了。紧接着，第一次世界大战爆发了，战争结束时，北美的黑人下决心煽动全世界特别是非洲为黑人争取权利。他们多次召开会议，并把一份请愿书递交给威尔逊总统。几经周折，我得到了克里尔（Creel）新闻船"奥里萨巴号"（*Orizaba*）的船票，并于1918年12月抵达法国。我带着召开泛非大会的想法前去，想方设法让坐在凡尔赛宫里的巴黎和会代表对非洲在未来世界的重要性产生深刻印象。我没有资格凭证，也没有影响力。我想要与威尔逊总统会谈，但获得了与豪斯上校（Colonel House）① 会面的机会，豪斯上校对此深表同情但态度暧昧。1919年1月19日的《芝加哥论坛报》（*Chicago Tribune*）在1918年12月30日从巴黎发来的报道中称：

　　黑人领导者们应美国政府的邀请，作为美国和平代表团广大随行人员的一部分来到巴黎，他们的最新梦想是要

---

① 爱德华·曼德尔·豪斯（Edward Mandell House，1858—1938），美国外交家，曾担任美国总统伍德罗·威尔逊的顾问，帮助威尔逊阐明十四点和平原则，并与之共同起草《凡尔赛和约》和《国际联盟条约》，但后来二人因意见相左而决裂。爱德华·曼德尔·豪斯虽未有过军事指挥经验，但曾获得荣誉上校军衔，常被人称作豪斯上校。——译者注

把德国殖民地改造成一个黑人的乌托邦（Ethiopian Utopia）。
今年冬天，当巴黎和会进行得如火如荼之时，塔斯基吉学
院（Tuskegee Institute）已故院长布克·华盛顿（Booker
Washington）① 的继任者罗伯特·R. 莫顿（Robert R. Moton）
与《危机》（Crisis）期刊的编辑威廉·E. B. 杜波依斯博士正
在此推动召开泛非会议。会议将包括来自美洲、阿比西尼亚
（Abyssinia）②、利比里亚、海地、法英殖民地，以及黑人世界
其他地区的黑人领袖，其目标是逃避巴黎和会，而巴黎和会
努力让非洲这块黑暗大陆现代化，在世界重建中提供国际机
制来审视非洲本土文明。

　　黑人领袖并未就任何明确计划达成一致意见，但杜波依
斯博士已通过呈递给威尔逊总统的备忘录勾勒出一项计划。
该计划完全是乌托邦，其实现比中国人在巴黎和会上取得进
展的机会还要渺茫，但它还是非常有趣。"自决"是当今人
们在巴黎施展魔法变出来的一个词语，黑人领袖们正在设法
将之加以运用，如若可能，在某种程度上运用到非洲自己的
种族身上。

　　杜波依斯博士提出，虽然自决的原则无法适用于未开化
的民族，但受过教育的黑人在处置德国殖民地事务上应有发
言权。他坚持认为，在处理德国殖民地问题时，巴黎和会要

---

① 布克·华盛顿（1856—1915）是美国教育家、作家和非裔民权领袖。布克还是美国全国
　 黑人商业联盟的创始人之一，曾任塔斯基吉学院的院长，呼吁通过教育和创业推动黑人
　 进步。——译者注
② 阿比西尼亚，埃塞俄比亚的旧称。——译者注

考虑殖民地聪明黑人的愿望，要考虑美国、南非和西印度群岛的黑人的愿望，要考虑阿比西尼亚、利比里亚和海地的黑人政府的愿望，要考虑法属西非地区和赤道非洲的黑人，英属乌干达、尼日利亚、巴苏陀兰（Basutoland）①、斯威士兰、塞拉利昂、黄金海岸、冈比亚和贝专纳兰（Bechuanaland）②的黑人，以及南非联邦的黑人的愿望。

杜波依斯博士的梦想是，巴黎和会应在前德国殖民地基础上建立一个国际化的非洲，面积100万平方英里，人口1250万。

他在计划中这样写道："经磋商，可以加上葡属非洲的80万平方英里土地和900万居民。说服比利时再加上刚果这个拥有90万平方英里土地和900万当地居民的国家，并非没有可能。这样一来让国际化的非洲拥有超过250万平方英里的土地和超过2000万的人口。

"这个代表着非洲人的非洲应受国际组织指导。着手进行管理的国际委员会不应只代表各类政府，还应代表现代文化、科学、商业、社会改革和宗教慈善事业。必须既代表白人世界，又代表已开化的黑人世界。

"如果愿意，我们可以在非洲这块黑暗大陆为人类发起最后一场伟大的十字军东征。非洲得到救赎，亚洲才会安全，欧洲也才会真正取得成功。"

---

① 巴苏陀兰，莱索托（Lesotho）的旧称。——译者注
② 贝专纳兰，博茨瓦纳（Botswana）的旧称。——译者注

　　美国代表团成员和相关专家斩钉截铁地对我说，关于这个问题不会在巴黎召开任何大会，因为法国仍在实施军事管制。不过，我的妙招是找那个来自塞内加尔的黑人代表、负责招募非洲当地军队的总干事布莱兹·迪亚涅。我去见迪亚涅并向他兜售泛非大会的想法。他去询问克里孟梭（Clemenceau），事情被拖了两个月，真教人垂头丧气。终于，我们接到了在巴黎举行大会的许可。克里孟梭说道："不要宣传，着手去做吧。"1919 年 2 月 20 日，沃尔特·李普曼（Walter Lippmann）① 用潦草的字迹写信给我："我对您组织的泛非会议非常感兴趣，很高兴克里孟梭让它成为可能。您能把有关这项工作的任何报告寄给我吗？"

　　美国的新闻记者在国内写道："来自巴黎的消息称，当地正在推进计划召开一场泛非会议，美国的官员们对此迷惑不解。美国代理国务卿波尔克（Polk）今天说，法国政府正式通告美国国务院，称不会举行此类会议。最近还宣布，不会向有意参会的美国代表发放护照。"[4] 但就在波尔克向美国黑人保证不会召开任何泛非大会之时，实际上泛非大会已在巴黎举行了。

7　　这次大会一定程度上代表了非洲。57 名代表分别来自 15 个国家，其中 12 名代表来自 9 个不同的非洲国家。在剩下的代表中，16 个来自美国，21 个来自西印度群岛。大多数代表并非专程前来法国参加本次会议，只不过碰巧住在那里，主要原因都与战争有关。美国和殖民列强已拒绝发放特殊签证。

　　这次大会对巴黎和会产生了影响。1919 年 2 月 22 日，《纽约

---

① 沃尔特·李普曼（1889—1974），美国新闻评论家、世界知名政治专栏作家之一，曾在《纽约先驱论坛报》开辟"今日和明日"专栏，著有《政治序论》等。——译者注

环球晚报》(*The New York Evening Globe*)把它描述成"历史上第一次这种类型的大会,其目标是起草一项请求,呼吁巴黎和会给非洲黑人种族一次不受其他种族约束的发展机会。今天在会议厅绿色的长桌旁就座的有,身着整齐军装的美国黑人陆军军官,身穿长礼服或者西装的其他美国有色人种,担任公职的文雅的法国黑人,法国众议院里的塞内加尔人……"

大会提出特别请求,德国殖民地应被移交给一个国际组织,而不是由各殖民列强来处置。于是这种思想就催生了托管委员会。

大会决议的部分内容如下:

一、协约国及参战各国创建一部法典,为非洲当地居民提供国际保护,该法典类似于拟议的国际劳工法。

二、国际联盟建立一个常设机构,负起特殊责任,以监督这些法律应用于当地居民的政治、社会和经济福利。

三、全世界的黑人要求,今后对非洲当地居民和非洲人后裔的统治应遵循以下原则:

1. 土地:土地和自然资源应受当地居民委托管理,他们在任何时候都能对可以获利开发的大量土地持有实际所有权。

2. 资本:资本投资和特许权授予应受到控制,以防止对当地居民进行剥削以及把该国自然财富消耗殆尽。特许权通常应有时间限制,并在国家管控范围内。必须尊重当地居民日益增长的社会需求,必须对利润课税以让当地居民在社会上和物质上获益。

3. 劳动：废除奴役和体罚，惩罚犯罪的强迫劳动除外；劳动的一般条款应由国家来规定和管制。

4. 教育：当地儿童有权学习阅读和书写自己的语言，有权公费学习托管国的语言。在某些工业领域应给予其技术指导。国家应在更加高级的技术培训和文化培养上尽可能多地向当地居民提供教育，并保留一支当地教师队伍。

5. 国家：遵照政府的存在是服务当地居民、而非当地居民要服务政府的原则，非洲当地居民必须有权在其发展水平允许的情况下尽快加入政府。立即允许他们根据古老的习俗加入当地的和部族的政府，根据教育和经验发展情况，这种参与要逐步扩展到更高级别的国家职位上。最终，经过一段时间之后，非洲将根据非洲人的意愿来统治……无论何时，只要有证据表明非洲当地居民未得到任何政府公正对待，或者任何政府在政治和文化上故意排挤文明的黑人后裔市民或臣民进入其机构，那么国际联盟必须担起责任，让文明世界知道此事。[5]

1919 年 2 月 24 日的《纽约先驱报》(*New York Herald*) 写道："上周在巴黎召开的泛非大会上起草的计划并没有任何不合理之处。该计划呼吁协约国及参战各国制定一项保护非洲民族的国际法，创建一个属于国际联盟的常设机构以保证这些法律的实施，从而进一步保护当地居民的种族、政治和经济利益。"

当然，我们不过是力量弱小、不起什么作用的业余人员，就那些困难重重且将要乱作一团的问题叽叽喳喳地讨论。不过我们至少在摸索着走向光明。

不仅仅是非洲，亚洲也站在协约国一方积极参加了第一次世界大战。印度第一次看到了在英帝国内部实现自治的曙光。日本想要白人欧洲国家承认与其平起平坐。中国则走上了通往现代文明的新路。和平降临了，这场战争被称为"结束战争的战争"。但一切都是徒劳，因为这场战争并未终结欧洲主宰世界的想法。不过，它的确让帝国主义的裂缝松动了。

在非洲，黑人军队已征服了德国的殖民地，现在英属西非地区要求共享政府。就在战争期间，俄国爆发了工人起义，欧洲和北美试图镇压，但并未成功。非洲和亚洲的殖民地再三要求自由和民主。就在 1915 年，西非大会（Congress of West Africa）向大不列颠提出请求：

> 在英属西非地区的人民要求选举权的问题上，不要以为他们正在要求允许其复制一项外国制度。相反，需要注意的是，选举代表进入地方议会和机构这项原则是英属西非地区所有体制的固有属性。[6]

在第一次世界大战和第二次世界大战的间歇期，甘地（Gandhi）带领印度更加坚定地反对英国统治，他尝试用非暴力不合作方式来代替战争之法。结果是阿姆利则惨案（massacre of Amritsar）。① 在美国，有组织的工业部门力量不断上升，开始意

---

① 阿姆利则惨案，1919 年 4 月 13 日，英军在札连瓦拉园向印度抗议群众开枪的事件。据英国官方数据，该事件造成 379 人死亡，1200 人受伤。——译者注

识到通过控制世界工业获得丰厚利润。它与工会斗争，并试图动用财富和资本的力量让民主作废。正是在这中间，资本主义工业这座宏伟建筑在世界各地坍塌了。毫无疑问，战争并未引发大萧条；正是大萧条背后的原因才导致了战争，而且还会再导致战争。

整个世界想方设法应对萧条和失业，试图消除资本和劳动之间的分歧。面对俄国共产主义的威胁，意大利——它和西班牙都是西欧最贫穷的国家——法西斯党夺取了国家的控制权和对工业的控制权，目的是通过寡头政治统治，消灭一切民主管理。这便是资本家在面对工人不断增长且具有威胁性的政治力量时给出的答案。希特勒紧随其后，他反对魏玛社会主义国家，利用失业和政治混乱，创造了一个崭新的国家和一种崭新的民族主义。工业领袖把权力交到他的手中；军队也纷纷效仿；失业消失了。希特勒用复仇的眼光改变这个国家，并通过建立一个由德国超人统治的崭新国家来实现目标。同时，日本曾在国际联盟面前要求种族平等，但遭到英美断然拒绝，现在却看到了机遇，意欲在新秩序中取代欧洲来控制亚洲。

然后出现了第二次世界大战爆发的传言。轴心国先是向英国和法国示好，然后是向苏联。英国制定了各种绥靖政策。埃塞俄比亚被丢给了意大利在非洲的新帝国主义走狗。除在欧洲保持均势和交出殖民地以外，其他的一切都给了希特勒。美国举棋不定，准备为私有工业反抗纳粹主义，并捍卫英美在殖民地和半殖民地的投资。

希特勒不会满足。于是便开战了。顿时一片混乱。在德国，宣传导致 600 万犹太人被杀，这种宣传把小店主绑在希特勒身后，把毫无理性的种族偏见置于战争背后。法国不敢相信殖民主义时期的非洲。戴高乐和黑人总督埃布埃（Eboue）[①] 本应在英法通力合作下在非洲建立一个崭新的黑人法国，但法国却向德国投降了。英国顽强抵抗。苏联屈服了并与德国联手，但好景不长。

　　然后，真正的战斗打响了；这是一场纳粹法西斯主义的寡头统治对抗无产阶级专政的战争。德国决定先彻底击败苏联，然后再利用苏联资源打垮英帝国。日本的暴行使整个亚洲采取行动，日本袭击美国并给出一种基于种族偏见的理由，这让美国立即参战。印度在抗议，中国在忍饥挨饿并奋力挣扎着，可怕的世界大战造成了不可估量的财产和生命损失，并导致很多年轻人伤亡。这场战争终于结束了，随之而来的是发现了原子能的用途。

　　耐人寻味的是，那个创造了"白人的重担"（White Man's Burden）这一短语并成为其最坚定的宣传者的诗人，同样也为这个短语写下了墓志铭：

> 如果我们醉心于权力的目标，放任
> 对你不敬的野蛮话，
> 那种非犹太人或者更加低级的品种使用的自吹自擂的大话，
> 便毫无天道可言——
> ……
> 因为异教徒的心把她的信任交托给

---

① 费利克斯·埃布埃（Félix Éboué, 1884—1944），首个法属殖民地黑人总督，于 1940 年至 1943 年担任法属赤道非洲总督。——译者注

呛人的管子和钢铁碎片，

所有英勇的尸骨都建立在尸骸之上，

保卫，不叫你去保卫，

那疯狂的吹捧和愚蠢的话语——

上帝啊，对你的子民大发慈悲吧！[7]

10 **注释**

[1] W. E. B. 杜波依斯：《黑水》(*Darkwater*)，纽约：哈考特、布雷斯和豪出版社（Harcourt, Brace & Howe），1920 年，第 275—276 页。

[2] 古斯塔夫·斯皮勒（Gustav Spiller）编：《首届世界种族大会关于跨种族问题的论文集》(*Papers on Inter-Racial Problems, Universal Races Congress, I*)，伦敦：P. S. 金父子出版社（P. S. King & Son），1911 年，第 23—24 页。

[3] 同上，第 24 页。

[4]《匹兹堡（宾夕法尼亚州）新闻》(*Pittsburgh [Pa.] Dispatch*)，1919 年 2 月 16 日。

[5] 由泛非大会发表的猛烈抨击（Broadside published by the Pan-African Congress），巴黎，1919 年。

[6] 关于英属西非全国大会之事的备忘录（Memorandum of the case of the National Congress of British West Africa ... ），1920 年 3 月，第 2 页。

[7] 鲁德亚德·吉卜林（Rudyard Kipling）：《退场赞美诗》("Recessional")。

第二章 世上的白人统治者

本章尝试简要说明欧洲统治世界对人类意味着什么，特别是对 19 世纪和 20 世纪的非洲人意味着什么。

20 世纪欧洲崩溃背后的真实原因是什么？ 1900 年巴黎博览会描绘出的那种真正的欧洲帝国主义是什么？法国并非单纯地支持艺术。还存在着大量的仿制品、传统工艺、压制行为，以及对天赋的兜售；法国不惜一切代价想要得到财富和权力。德国也并不只是为了科学。我还记得 1890 年我在一位德国教授家里暂住时他对新兴商人流露出的蔑视神情。他在爱森纳赫（Eisenach）的一个酒吧里喝酒时听到了他们的谈话，那间酒吧在马丁·路德的瓦特堡的阴影下，被遮挡住了阳光。他不屑地说，他们的谈话都是些生意兴隆（*lauter Geschäft*）的话！他并未意识到，崭新的德国正在兴起，它想要德国科学服务于一项主要目标——财富与权力。美国渴望自由，但自由可以让人采取任何方式致富，无政府状态除外；自由也能让人丢弃民主，而民主允许工人向管理者和投资者发号施令。

所有这些文明中心都羡慕英国那种建立在帝国殖民体系之上

的财富和权力。因此，若要研究 1900 年的欧洲帝国主义，你首先看到的必然是消沉的人民。你也会在欧洲和美洲的劳动阶级中发现他们，他们生活在一个表面民主背后的贫民窟里，在一种称赞工业企业家成功、把百万富翁看作现代生活的英雄、教导年轻人成功就是财富的错误教育环境下成长。英国的贫民窟强调阶级差异；贫民窟居民和英国贵族讲话的口音不一样，他们的举止行为和理想也各异。人类生活的目标在 19 世纪英国小说中有所体现：有独立收入来源的贵族被一群阿谀奉承、训练有素的仆人簇拥着。即使到了今天，英国管家仍是文学世界的名流。

由此产生了种族优越论：该理论认为少数欧洲人民与生俱来、天然就是人类的统治者；他们自己的统治者压迫劳动阶级，毫无疑问，他们也是黄种人、棕种人和黑种人的天赐统治者。

这种思维方式产生了很多悖论，而面对悖论，人们没有任何解决问题的计划，这正是这个时代的特点。存在着这样的宗教悖论：黄金法则[①]与运用武力让人类固定在其指定位置上之间的矛盾；面对饥荒、瘟疫和种姓制度，白人重担的信条与异教徒皈依之间的矛盾。有种理论假说认为，为了拯救服务于少数人、同时也是文化主要受益者的人类贵族阶级的文明，绝对有必要让大多数人处在贫困状态。

民主遇到的挫折是：民治的想法只是口头上说说罢了；但同时广大民众处于贫困状态，且因为贫困而多病和无知，以至于他们无法让一个现代国家或者现代工业成功维持下去。也存在着

---

① 欧美人所说的黄金法则即"你们愿意人怎样待你们，你们也要怎样待人"（《马太福音》7: 12）。——译者注

和平的悖论：我还记得第一次世界大战前在阿斯特酒店（Hotel Astor）稍作停留时听到安德鲁·卡耐基（Andrew Carnegie）谈论其和平协会的情形。意大利和土耳其之间爆发了战争，但卡耐基先生无动于衷地说，我们正在讨论的不是无足轻重的人民之间的和平；我们正在讨论的是世界大国之间的和平。我起身退席了。当时我就知道这会是一场悲剧，事实也证明了这一点，因为大国正是由于嫉妒对小国人民的所有权才发动了战争。

19 世纪和平运动的悖论是一种对欧洲文明的莫名其妙的评论。19 世纪没有哪一年世界上是不打仗的。这些战争主要是、但不完全是为了征服殖民地人民而发动的。欧洲人推动着战争继续进行下去，在和平运动的全盛期，算起来至少有 150 场单独进行的战争。和平运动实际上指的是欧洲的和平和欧洲人之间的和平，与此同时，为了征服世界、因为各国相互猜疑，每个国家都维持了一支常备军，其成本开支稳步增长，构成的威胁也越来越大。

非洲奴隶贸易是扭曲欧洲发展的主要原因之一，我们试图重写欧洲的历史和意义，让欧洲在世界历史上的地位比其应有的地位显得更不那么重要些。

非洲奴隶贸易和欧洲人思想文化上的奴隶制的结果就是降低了劳动的地位和削弱了对人类的尊重。上帝知道，倒不是说古代世界都以劳动为荣。除了偶尔的例外情况，它都在鄙视、奴役和抹杀人类的辛勤劳动。但也出现了很多逆流，欧洲文艺复兴——亚非用这束新光照亮了欧洲的黑暗时代——给人类带来了新希望。一种讲求个人牺牲的新宗教正建立在耶稣诞生前 500 年佛陀的自谦和基督诞生后 600 年先知穆罕默德的平均主义的基础上。一个将要在欧洲投胎转世的新世界也在日落前被找到了。

非洲奴隶贸易和黑人在美洲被奴役命中注定地随着这个新世界而来。出现了新的残忍无道、新的人间仇恨和新的对人类劳动的贬低。在奴隶劳动基础上建立起来的令人难以置信的财富积累，贪婪的无限增长，以及致力于新农作物、新工业技术和世界贸易的世界组织，让贬低人类劳动的诱惑变得越来越广泛、越来越深入。

正当欧洲步履蹒跚地朝着对美的新认识、思想和宗教信仰的新自由、劳动者对选择工作并享受劳动成果的新需求迈进之时，无法控制的贪婪却在攫取和霸占劳动成果的巨大宝藏。贬低劳动，鄙视人性，"种族"理论便应运而生。随之而来的是一种新的普遍劳动学说：人类分为两种——高等的和低等的；低等之人要给高等之人做苦力；高等之人才是真正的人，低等之人只是半个人或者半个都不算。在白人造物主中间，也有类似于低等黑人那样的"下层阶级"。若有可能，他们会晋升到主人的层级并与其平起平坐。但对"黑人"（darkies）来说，平等是绝无可能的或者无法奢求的。根据这种信念，天主教和新教的基督教会起初用"迦南的诅咒"来咒骂黑人异教徒，然后通过"皈依"来给予他们自由的希望，最后勉强同意让他们永远当人类的奴隶。

尽管 19 世纪见证了劳动阶级力量高涨和人们为经济平等与政治民主而斗争的事实，但这种运动和斗争异常激烈却很少取得成功，远远落后于财富的积累，因为流行的观点认为，劳动从根本上讲是有辱人格的，而且是低等之人的应有负担。少数人奢侈富足而多数人贫困潦倒，这被认为是自然进程中不可避免的事情。除此之外，欧洲白人有权靠世界上有色人种的劳动和财产生活，这是理所当然之事。

为了确立这种观点的正当性，科学和宗教、政府和工业形成了统一阵线。"尼格罗人种"（Negro）这个词语在世界历史上第一次被用来把肤色与种族相关联，把黑人与奴役和堕落联系在一起。白种人被描绘成"纯洁的"和高等的；黑种人则是肮脏的、愚蠢的，必然也是低等的；黄种人被认为是爱沾光的、欺骗人且懦弱的，大多数也是属于低等的；混血人种则被看作文明堕落和失败的主要原因。一切伟大的事物，一切美好的东西，一切人类在文化上真正取得成功的地方，都是白人创造的。

为了证明这一点，一方面，即使是印度和非洲的黑人，如果他们展现出任何进步的迹象，也都会被贴上"白人"的标签；另一方面，有色人种的任何进步都要归功于与白人血统的混合——无论是古代的还是现代的，或者受到了白人文明的影响。

这种逻辑矛盾影响并误导了科学。一个人宣称黑白混血儿（mulattoes）是低等的，并警告说不要与异族通婚，但他同时还可以说，大仲马、弗雷德里克·道格拉斯、布克·华盛顿这样的人拥有杰出才能都是因为他们拥有白人血统。

这套体系最初是有意识地，后来却是无意识地杜撰历史并把历史歪曲成黑人的劣势，该体系变得非常普遍，以至于学校停止讲授非洲史，人们忘记了门农（Memnon）的肤色，每一种在考古学、历史学和传记学上的努力，每一种在生物学、心理学和社会学上的努力，都是在证明那种几乎放之四海而皆准的假设：种族界限有科学根基。14

人们眼都不眨一下，就说印刷术、火药、炼铁和社会组织的开端完全归功于白种人和北欧，更不用说政治生活和民主了。当宗教能在达尔文（Darwin）①、戈宾诺（Gobineau）②和赖斯纳（Reisner）③的科学基础上否定基督的伦理和人类的兄弟情谊时，它松了一口气，痛快多了。

凭良心说，把这种思想、这些科学结论和道德制裁的后果强加到全世界的有色人种身上就已糟糕透顶了；可到头来，当人们考虑到这种态度对欧洲工人意味着什么时，情况就更加糟糕了。工人的目标和理想被扭曲了。他并不希望变得有效率，而是希望变得富有。他开始希望不让所有人感到舒服，而是想要掌控其他人使自己感到舒服。他不爱人类，他憎恨"黑鬼"（niggers）。西班牙战争结束后，当我们的高级专员为了"我们棕色小兄弟"的利益向美国呼吁时，白人工人们回答说，

> 他可能是威廉·H. 塔夫脱（William H. Taft）④的兄弟，但他不是我的兄弟。

---

① 查尔斯·罗伯特·达尔文（Charles Robert Darwin，1809—1882），英国博物学家、进化论的创始者、进化生物学的奠基人，著有《物种起源》《人类的起源及性的选择》等。——译者注

② 约瑟夫·亚瑟·德·戈宾诺（Joseph Arthur de Gobineau，1816—1882），法国作家，种族主义者，著有《人种不平等论》（4卷），认为雅利安白种人优于其他人种，其理论对纳粹主义产生重要影响。——译者注

③ 乔治·安德鲁·赖斯纳（George Andrew Reisner，1867—1942），美国考古学家，专门研究古埃及和周边地区的学者，发明的一项考古技术成为该行业标准。——译者注

④ 威廉·H. 塔夫脱（1857—1930），美国第27任总统、第10任首席大法官，共和党人，任内建立邮政储蓄体系，推行反托拉斯法，实行金元外交政策。——译者注

　　早期基督教共产主义和人类的兄弟情谊在黑暗时代开始萌芽，到文艺复兴时期开花结果，自此之后，英国、法国和德国的白人工人开始面对工资铁律、马尔萨斯的人口理论和反抗早期工会的艰苦斗争。起初是在教育上的努力，特别是迈向政治民主的那种趋势，引起了一种连法国大革命都做梦也想不到的敌对情绪。正是这场艰苦卓绝的斗争加剧了阶级斗争，导致了对共产主义的狂热情绪和对革命的尝试的首次出现。学徒和师傅之间的团结一致，富人和穷人之间基督教式的同情，中世纪慈善事业的共产主义思想，这一切都被塞进了思想的新紧身衣：贫困是懒惰和犯罪造成的；财富是对美德和工作的奖励。堕落的黄种人和黑种人所处的位置是世界必然分配给低等人的位置；各国工人阶级往往滑向这些下层阶级，他们之所以能保全性命，均有赖于富人、投资者和工业巨头的抚养和支持。

　　在其他地方，尤其是在美国南部的州，争论远非只是这样：比起通过工厂对白人进行的剥削，直截了当对黑人实行奴役则是一种更有效益的经济体制。这是工业的自然安排。这种体制应该被扩大，当然要推广到有色人种占大多数的地方。1861年以前的半个世纪里，南方人粗鲁的头脑梦想着建立一个覆盖美洲热带地区的奴隶帝国，并最终扩展到世界各地。他们的思想并未对白人劳动阶级作出最终评估，他们心中当然知道，这些阶级的人必须有升有降；必须被迫进入拥有政治权力的雇主阶层，或者像南方的穷苦白人那样，被挤兑到接近劳动奴隶的处境，或者甚至更惨的地步。

　　这种哲学在欧洲有其支持者。毫无疑问，在英国，可能也在

15　法国和德国，大多数有影响力的公共舆论在美国内战爆发时都
支持南方，在捍卫欧洲统治世界权力的激烈斗争中，坚决不允
许对半猴半人的"黑人"存有半点儿怜悯同情心。人们普遍对残
忍漠不关心，痛苦在白人世界中四散蔓延。人们为了防止对苦难
产生太多同情，采取各种努力蒙骗妇女和儿童以及那些更加敏感
的人，让他们对正在发生的事情一无所知——无论是在白人国家
贫民窟里发生的事情，还是整个亚洲、非洲和海洋岛国发生的事
情。那种假装予以诠释的精心策划的作品以及所谓"专家"的证
词，不可能让可爱的欧洲人民认识到，他们的舒适和奢侈是用世
界偏远地区甚至他们自己家门口人民的汗水、鲜血、死亡和绝望
换来的。

　　一种高雅的文化被建立起来；一种精致优雅的文学探讨着富
裕高贵之人的那些微不足道的才智问题，讨论着有关礼貌和习
俗的那些小事，却忽略了关于法律、仁慈、正义和真理的那些
更重要的事情。即使是亲眼所见、亲身所感的证据也被一而再再
而三地否定。造就查尔斯·达尔文或者温斯顿·丘吉尔丑陋特征
的种族通常是"美丽的"，而造就图森（Toussaint）[1] 和曼涅里克
（Menelik）[2] 的种族则是丑陋的，因为他们是黑人。

　　欧洲"绅士"的观念得以演进：一个人要出身优良，得到精
心培养，具有骑士般体育精神，即使面对死亡也要有不可战胜的

---

① 图森-路维杜尔（Toussaint-Louverture, 1743—1803），海地革命领袖，奴隶出身，1791
　年带领黑人起义，1801 年宣布海地自治，1802 年被法国殖民主义者诱捕，后死于法国狱
　中。——译者注
② 曼涅里克二世（Menelik Ⅱ, 1844—1913），埃塞俄比亚皇帝，击败意大利侵略者，维护
　埃塞俄比亚的独立和主权，从事现代化建设。——译者注

勇气；但这个人在用枪杆子对付长矛以及欺骗"黑鬼"时要毫不犹豫。体育精神的理想反映了黄金法则，可是，不仅在白人国家的商业和工业中，而且在整个亚洲和非洲，肆意说谎、谋杀、偷盗、强奸、欺骗和堕落等行为与这种理想相抵触，同样的方式方法让整个世界在听到纳粹在波兰和苏联的所作所为时惊呆了。

此前不存在纳粹暴行，比如集中营、大规模残害和谋杀、玷污妇女或者对儿童可怕的亵渎。欧洲基督教文明以优越种族与生俱来就要统治世界的名义和为了捍卫这种优越种族，而在世界各地从事反对有色人种的实践，其历史其实并不太久远。

与优越种族观念相伴而生的是，在欧洲和美国养成了一种令人吃惊的关于财富和奢侈的理想：拥有"独立"收入之人不必"为谋生而工作"，可以放纵自己的虚妄与幻想，不受道德或者饥饿的各种束缚，成为小说、戏剧和童话故事里的英雄。尤其在非洲，这种财富建立在钻石、黄金、铜、锡、象牙、红木、棕榈油、可可，以及用于提炼和种植的种子之上，这些东西沾满了原住民的鲜血，被运往欧洲，经过工资的奴隶——他们不受待见，李嘉图（Ricardo）[①] 也确信他们从来不受待见，无法成为受过教育的和富裕的人类——的加工，然后被分配给妓女和赌徒，以及有教养的艺术、文学和戏剧的追随者。

城市被建立起来，它是那么丑陋和恐怖，很多区域还充斥着犯罪、疾病和痛苦的文化，但在流行的谬见和无知言论中，城市

---

① 　大卫·李嘉图（David Ricardo, 1772—1823），英国经济学家，古典政治经济学的代表，主张自由贸易，反对谷物法，提出劳动价值论，著有《政治经济学及赋税原理》等。——译者注

16　的特征是宽阔而美丽的大街，富人和幸运之人在那里生活、欢笑、品茶。民族英雄被创造了出来，他们的罪恶被去掉，他们的美德被视为典范，以至于格莱斯顿（Gladstone）① 与奴隶制毫无关联，戈登（Gordon）② 不曾喝醉，威廉·皮特（William Pitt）是个伟大的爱国者而非国际盗贼。教育被作了安排，以至于年轻人学的不一定是真理，而是世界的统治者想要他们了解和遵循的那种对真理的解释和层面。

　　换句话说，在财富积累过程中，贫困让我们取得进步，那种贫困并不单单是非洲奴隶和亚洲苦工的贫困，还是英国、法国、德国和美国广大工人的贫困。正在构建中的艺术、绘画和文学变得愤世嫉俗和堕落颓废。文学变成了现实主义，因此持悲观主义立场。宗教成了社会俱乐部里的组织，有教养之人在奢侈的教堂中聚会，并向穷人提供施舍。在星期日，他们聆听着这样的宗教布道，"上帝保佑温顺之人"；"己所不欲，勿施于人"；"假如你的敌人打了你的脸，请转过另一边脸让他打"；"施比受更有福"——他们听着做着，仿佛已经读过了。事实上他们应该读读——"强权即公理"；"先发制人"；"杀死敌人，否则就会被

---

① 威廉·格莱斯顿（William Gladstone, 1809—1898），英国自由党领袖，曾四次出任英国首相，对内实行议会改革，对外推行殖民扩张政策，1882 年出兵占领埃及，著有《荷马和荷马时代研究》等。——译者注

② 查理·乔治·戈登（Charles George Gordon, 1833—1885），英国陆军军官，曾指挥"洋枪队"（后更名为"常胜军"）协助清廷镇压太平天国运动，后因功绩显赫被清廷授予"提督"官衔，赐穿黄马褂。1884 年戈登被派往苏丹，次年在喀土穆围城战中被杀。英国人认为戈登是英雄和烈士，曾任英国首相的温斯顿·丘吉尔把戈登视作英国最伟大的英雄之一，但认为其并不适合做政治家。戈登性情古怪，脾气很差，还经常醉酒。——译者注

杀"；"只要能避开仁慈的法律，你就能不择手段、不惜一切代价去赚钱"。这正是欧洲堕落的生动写照，也正是这样的欧洲在 19 世纪引领人类文明，却对遭受苦难的亚洲和非洲无动于衷。

最令人费解的是欧洲人对待性的态度。白人自诩尊重女性的贞洁，但已把卖淫发展到最高水平；他们赞颂母亲，同时通过晚婚和避孕降低出生人数，这种现象在法国已阻止了人口的增长，并对整个欧洲造成威胁。事实上，按照目前的离婚率来说，整个白人种族的未来堪忧。最后，白种男人对待有色人种女人的做法是人世间的一种耻辱。美国种植园主——包括该国的一些要人——留下了一群群有色后代，这些儿童有时被卖为奴隶。

英国贵格派教徒威廉·豪伊特（William Howitt）[1] 在 19 世纪初走访了澳大利亚和东方，并为我们留下了他的亲身见闻录。他在谈到印度妇女如何被人对待时说："女性的遭遇简直无法描述。她们被从家里的藏身之处拖拽出来，虽然这个国家的宗教造就了很多圣殿，但她们被脱光衣服公开示众。黄花闺女被带到法庭，她们本应在那里寻求保护，现在却白等一场：因为在司法部长的面前，在旁观者的眼中，在太阳底下，那些温柔端庄的黄花闺女惨遭侵犯。人们对待她和她母亲的唯一区别在于，她是在白天被侮辱，而她母亲是在地牢中阴暗的角落里被侮辱。还有些女性的乳头被放在竹缝中夹掉。接下来发生的事情太过于触目惊心、卑鄙下流，简直无法抄录！读到这些可怕的残酷暴行，几乎无法相信我们读到的是一个在英国政府统治下的国家，这些非爷们儿的

---

① 威廉·豪伊特（1792—1879），英国作家，作品涉及历史等主题，主要著作有《英格兰乡村生活》《殖民化与基督教》等，一生大约著有 50 本书。——译者注

行径是由英国执法官干出来的，其目的是为英国侵吞当地财政收入。"[1]

17　　把欧洲整个现代的画面描绘成一片颓废景象，这可能不太公平。也有人在反抗，有人在大声疾呼。人们没必要去指责贫困、无知和疾病。公立学校和投票选举都在为人们争取地位和自由。妇女和工人的选举权以及黑人的自由得以扩大。可是，这种前瞻性的愿景只取得了部分且有限的成功。种族暴政、贵族伪装、财富被垄断，这些都仍在继续盛行且有燎原之势。为躲避穷人和黑人，教会离开了闹市区。基督笑了，也流泪了。

20世纪初，欧洲白人主宰着世界，白人几乎普遍被认为是统治者，世界上的其他人都是为了白人的利益而存在。在文明史上，对民族成就的自我崇拜从未达到像欧洲人对白人欧洲的崇拜这样的高度。

在《时代最前沿》（"Foremost Ranks of Time"）一诗中，诗人唱响了颂歌："这是比中国一甲子更好的欧洲五十年！"在家庭和学校里，关于这个强大专横的巨人的传说流传开来，它才智超群、头脑清晰、道德毅力无与伦比，正领导世界走向人类文化的新高地。然而不到半个世纪，这座自我崇拜的宏伟建筑便轰然倒塌。

这是为什么？这并非由于权力不足。欧洲和北美白人的权力是毋庸置疑的。他们的科学在世界科学思想中占主导地位。人们只把英国作家、法国作家、德国作家、意大利作家，以及为数不多的西班牙和美国作家的作品称为文学作品。以天主教和主流新教教派为代表的基督教才是真正的宗教，是唯一的信仰体系。伊斯兰教徒、佛教徒、神道教徒以及其他教徒全都被当作异教徒。

最能体现权力的是经济：最强大的工业组织以及集管理与劳动、贸易与制造于一体的现代工业都集中在英格兰、法兰西、德意志和美利坚。整个亚洲和东欧都是附属品；整个非洲、中国、印度，以及海上岛屿、中南美洲和加勒比地区都被欧洲势力笼罩，斯堪的纳维亚、荷兰以及比利时都默默配合着这场统治。

统治展现出来的最终形式是政治权力，要么通过像殖民地那样的直接统治来进行，要么通过背后对落后民族施加军事压力、表面上是非直接的经济权力来开展。19 世纪后半叶，人们非常肯定地认为，这种经济统治只是个过渡阶段，最终会带来殖民同化。

亚洲的情况尤其如此。印度已经成为英帝国的一部分，缅甸亦然。印度尼西亚是荷兰的，印度支那是法兰西的。中国的未来取决于欧洲会在英帝国和德意志、美国贸易、意大利、法兰西、俄罗斯之间如何划分土地。这只是时间和协定的问题。长期以来，普遍认为中国不该再自我统治了。

至于南美国家，有一项决议认为，它们必须遵守欧洲和北美体系的经济规则。世界盼望着欧洲和北美施行政治经济统治，期待着地球上其他地区差不多完全近似于殖民地状态。当然，非洲必须保持被绝对奴役状态，必须保全白人移民，他们将统治黑人。 18

欧洲掌控世界的理由已被合理化成白种人天然和与生俱来的优势，这不仅在最崇高的宗教信仰上有所体现，在自然力量的技术主宰上亦有彰显——所有这些都与生活在可爱土地上的深肤色种族形成反差，他们心智低下，天然没有道德，这便宛如听到高尚的基督教徒虔诚地歌唱："景色宜人处，惟人邪恶哉！"但他们忘却了或者从未被告知，白人优越性是如何挥舞其权力或者实现这种统治的。当然，也有例外情况，但大多数情况下，他们都是听不到的。例如，豪伊特根据个人知识和通过研究殖民地问题撰文立说，描述了19世纪前欧洲压迫世界其他地区的几个阶段。谈到美洲印第安人，豪伊特说：

> 所有的谋杀以及那些拿同胞们的痛苦和抽搐来消遣的最残酷暴君的蹂躏，都绝对赶不上西班牙民族在征服新世界过程中犯下的血腥暴行！据估计，这场征服至少导致数以百万计的物种被残杀。读过这些记述后，人们心中的愤慨油然而生，希望上天之手通过某种奇迹般的干预把欧洲暴君们从地球上清理掉。暴君们像很多猛兽一样，在世界上到处游荡，只会带来破坏和毁灭；他们比凶猛至极的野蛮人更加残酷无情，他们渴望人血，而没有为自己辩护的本能欲望冲动！[2]

豪伊特转而谈到在印度的葡萄牙人：

> 著名的阿方索·阿尔布克尔克（Alphonso Albuquerque）步履神速，把葡萄牙的征服活动推行至此，比其他任何指挥官都有过之而无不及。他在洗劫卡利卡特（Calicut）时侥幸逃脱，保住了性命。随后占领果阿（Goa），后来这里变成了葡萄牙人在印度定居的大都市。他征服了摩鹿加群岛（Molucca）①，将其丢给士兵，任由他们抢掠。于是，他

---

① 摩鹿加群岛，现称马鲁古群岛，印度尼西亚东北部岛群。有"香料群岛"之称。——译者注

们把偷来财富的五分之一留给了国王，商人当场出价20万金币将其买下。他在被征服的城市建立了一支卫戍部队，提拔了一名背叛摩鹿加国王的印第安人为最高长官，把他当成夺取位子的工具使用；然而后来再次发现叛徒乌提穆特（Utimut）对自己不忠，尽管对方出价10万金币——基督徒掠夺者很难抵抗这种诱惑——来换取性命，但他还是将乌氏父子处死了。接着，他行军至波斯湾的霍尔木兹海峡（Ormuz），那里有阿拉伯商人的一个大港口；随后将其横扫，并在那里部署了一支卫戍部队，抓获了15个王公贵族，把他们送到果阿去。这便是这位名将的一些事迹，历史学家在记录这些毫无正当理由的暴力、抢劫和背叛行动的同时，还把他称作杰出的、真正光荣的统帅！他袭击锡兰（Ceylon）岛，派遣舰队到摩鹿加群岛，在那盛产可可、西米树、肉豆蔻和丁香的宜人之地建立了定居点。波斯（Persia）、暹罗（Siam）、勃固（Pegu）等地的国王对他的节节胜利感到震惊，纷纷请求结交；他还完成了对马拉巴尔（Malabar）海岸的征服。葡萄牙人凭借其区区不到4万人的军队，让摩洛哥帝国、非洲的野蛮民族、马穆鲁克人（the Mamelucs）、阿拉伯人，以及从霍尔木兹岛到中国一带的所有东方国家都感到害怕。[3]

话锋转向荷兰人，豪伊特接着说：

　　为了确保对这些地方的统治，他们强迫特尔纳特（Ternate）和蒂多雷（Tidore）的国君们同意把岛上的丁香树和肉豆蔻树全部铲除，而这些岛并未完全得到荷兰人的看管和精心保护。为了统治，他们彻底灭绝了班达岛（Banda）上的居民，因为这些原住民不会温顺地屈服于他们的枷锁。白人瓜分了他们的土地，又把从其他岛屿捕获的奴隶运来耕种。为了统治，马六甲（Malacca）遭到围攻，领土被践踏，海盗四起而航道中断；内格帕顿（Negapatan）遭到两次攻击；科钦（Cochin）忙于参加抵抗卡利卡特国王和特拉凡科（Travancore）国王的运动，锡兰和爪哇（Java）陷入长期动乱状态。这些臭名昭著的纷争结束后，随之而来的是令人憎恶的压迫，日本、中国、柬埔寨、恒河岸边的阿蜡肯（Arracan），阿钦（Achen）、科罗曼德尔（Coromandel）、苏拉特（Surat），波斯，巴士拉（Bassora）、摩卡（Mocha）及其他地方，都经历过这种事情。为了统治，他们鼓动在西里伯斯岛（Celebes）建立了一套绑架居民并使其变成奴隶的制度，把该岛变成了一座完美的地狱。[4]

豪伊特随后转向英格兰在印度的所作所为：

不幸的是，我们所有人都知道人性为何物。不幸的是，权力、财富和恩惠被带回国内给到他们手里，完全违背了他们自身的意愿和箴言，但这些东西颇具诱惑力且难以抗拒，抵制它们都是徒劳的。非但如此，征服与外交的现代哲学以这样的色彩来掩盖国家间最糟糕的交易，以至于普通老百姓很难看透其背后赤裸裸的暴行。[5]

但世间存在一种更加马基雅维利式的制度——在卑鄙至极的非正义企图发生时更能彰显正义——比其他制度更加冷酷、残暴、傲慢、无情，那么它正是从各自王公手中抢夺印度各邦政府、并将之收归英国强权手中的制度。[6]

在英格兰人与当地王公建立友谊的过程中，第一步通常是动用军队帮助他们抗击邻邦，或者在当地驻军保护他们免遭侵略。对于这些服务，他们规定了巨额补偿，而那些不谙世事的王公们很快就发现，自己完全没有能力向他们偿债。于是便极力压榨其臣民，但无济于事。很快，整个省或者这些省的税收被强制交到他们贪婪的朋友们的手里；但王公们满足不了他们的要求。为了偿还债务或者利息，王公们被迫借巨额高利贷，英格兰人以私人和个人身份热心地对其慷慨解囊，前者又一次用土地或者税收作为担保。每走一步，不幸的王公们就越来越拮据，随着经济困难与日俱增，公司的索赔额成倍增加。用放债人的专业术语讲，"接下来转动螺丝钉"，直到拧不动为止。[7]

我们现在可以转向征服非洲这个话题。葡萄牙人、荷兰人和英国人用奴隶贸易摧毁了非洲西海岸。阿拉伯人让非洲东海岸的人口减少。当地的班图人（Bantu）① 几百年来无法进入几内亚湾一带的密集城邦，他们逐渐向南迁移，为牧群寻找草场，保护他们的文化以免在黑苏丹的帝国扩张中受到侵蚀。

---

① 班图人，非洲最大的族群。居住在中部和南部非洲一带，操近500种不同的班图语言，有2亿多人。——译者注

　　19世纪，黑人民族与白人——霍屯督人（Hottentot）^①、布须曼人（Bushman）^②和班图人，法国人、荷兰人和英国人——在被误称为"好望角"（Good Hope）的开普（Cape）相遇。随后人类历史上发生了罕见的群魔乱舞。荷兰人杀害、强奸和奴役霍屯督人和布须曼人；法国人要么被赶走，要么被消灭；英国人窃取了荷兰人的土地和奴隶；荷兰人向内地逃去。随后而来的班图人，在伟大的祖鲁酋长沙卡（Chaka）^③的带领下，以历史上独有的军事天才向荷兰人和英国人发动袭击。

　　在当地一名黑白混血儿发现钻石时，黑种班图人差不多已取得胜利。英国人和荷兰人发现了世界上最大的藏金之地，500万年前海水把这些金沙推到了南方的黑暗水域。够了；贪婪的欧洲白人在英国海军的支持下，丧心病狂地打打杀杀，在全世界范围加强组织，利用所有的贸易诡计，直到黑人要么死去，要么沦为现代世界最下贱的工资的奴隶；荷兰人变成英格兰的附庸，英国人则拿土地和800万黑人劳力给予其回报。

　　弗兰克尔（Frankel）是资本家的得意仆人及捍卫者，他写道："从南非钻石产品积累起来的财富可能比同时期世界任何地方的任何其他商品中所获得的财富都要多。"[8]

　　这不过是英国的一项副业罢了。通过长期领导对美洲的非洲

---

① 霍屯督人，非洲南部的部落集团，语言属科伊桑语系霍屯督语族。——译者注
② 布须曼人，非洲南部的部落集团，因常在灌木丛（bush）中狩猎得此称号，语言属于科伊桑语系布须曼语族。——译者注
③ 沙卡，通常称其为沙卡·祖鲁（Shaka Zulu，1787—1828），他是祖鲁王国的开创者，也是祖鲁最有影响力的国王之一，通过一系列改革让军队变成一支坚不可摧的力量。——译者注

奴隶贸易，19 世纪的大不列颠开始夺取整个非洲的土地控制权和劳动力。英国人向东海岸和西海岸缓慢推进。他们推翻了贝宁（Benin）和阿散蒂（Ashanti）①。后来，一名阿散蒂的英国总督承认说："最初之时，在黑暗的奴隶贸易时期开始的时候，不得不干很多坏事，这些事情让现代英国人回想起来必须感到羞耻和恐惧。读者会发现，那些当时在海岸创造历史的很多白人，他们的很多公共行为和私人行为都令人发指；有些行为必须永远留在每一个热爱自己国家和珍惜其美名的英国人的最痛苦、最耻辱的记忆里。"[9]

法国人征服了达荷美（Dahomey），占领了曼丁哥（Mandingo）、豪萨（Haussa）和其他王国的残余部分。英国人在东非挑起了基督教和伊斯兰教之间的斗争，让它们一决雌雄，直到最后乌干达成了英国的保护国。

在阿比西尼亚，原住民把英国人、埃及人和意大利人赶了回去，马赫迪（Mahdi）②带领黑人穆斯林游牧部落自西而来，把英格兰人和埃及人驱赶出苏丹。法国人的威胁以及他们与阿比西尼亚结盟的可能性，让英国人带着机枪卷土重来。

据说，基奇纳（Kitchener）对抗马赫迪追随者的战争非常残酷，就连英国的托利党人都奋起反抗。基奇纳的姐夫曾说过： 21

---

① 阿散蒂，非洲加纳中南部的王国，18 世纪初建立，定都库马西（Kumasi），后多次与英国交战。20 世纪初，英国宣布其为直辖殖民地。——译者注

② 穆罕默德·马赫迪（Muḥammad Aḥmad, al-Mahdī, 1844—1885），苏丹马赫迪运动领袖，领导人民起义。1885 年攻克喀土穆，击毙总督戈登。建立马赫迪国家，后突然病逝。"马赫迪"在阿拉伯语中意为"蒙受引导者"，即伊斯兰教中的"救世主"，穆罕默德·马赫迪 1881 年起使用此称号。——译者注

"好吧，如果你一直在做的事情没有给英帝国招致任何一项诅咒，那么基督教便没有什么真理可言。"他对马赫迪陵墓的亵渎甚至被温斯顿·丘吉尔称为"恶劣行为"。当基奇纳发现到最后就连发起这场不可宽恕的战争之人都无法接受这一点时，他编造了绝对不实的指控，试图把亵渎神灵的责任推到戈登侄子的头上。[10]到处都是欺骗、暴力、杀戮，以及最终屈服这样的肮脏故事。我们几乎无需再去回忆在中国爆发的鸦片战争——英国人为发动进一步侵略而编造借口，美国人和法国人紧随其后。

这场欧洲侵略和统治运动的独特之处在于对它的合理化。19世纪和20世纪初，传教士付出的努力到处可见。他们动用数百万英镑和美元让"异教徒皈依"基督教和教育原住民。19世纪早期，也有人曾尝试建立独立的黑人国家，比如在利比里亚和塞拉利昂，但这是出于人们已意识到政治统治对实现充分剥削很有必要。

慢慢地，从大西洋到尼罗河的苏丹被征服了。慢慢地，埃及本身和埃及苏丹都落到欧洲控制之下。到20世纪前，努比亚（Nubia）和埃塞俄比亚的抵抗几乎都是徒劳。西非巧妙地持续进行抗争。但在整个发展过程中，欧洲人头脑中挥之不去的观念是，不管付出多少暴行、欺骗和鲜血的代价，欧洲的胜利是上帝的荣耀，是地球上唯一应该统治他者的民族的自由权力；他们自身的胜利，特别是他们伟大的城市、对自然力量的高超技术驾驭能力、遍布世界的庞大商品制造和运输体系，这一切都证明他们统治的正当和正义。为生产而生产，不去探究财富和服务该如何分配，这正是当时的口号。

很多年来，英帝国政府回避了对殖民剥削所应承担的直接责任。起初，这一切都是"自由事业"和"个人倡议"。当那些谋杀和抢劫的丑闻再也无法被人忽视时，剥削便随着帝国主义社会化了。因此一个多世纪以来，西印度公司、尼日尔公司、南非和东非的公司，都随心所欲地抢劫和谋杀而无需向公众说明。最后，当这些公司偷盗、杀戮、欺骗的事实到了无法被压制的地步之时，政府自己出面控制局面，制止更加骇人听闻的暴行，并让整个体系合理化。

他们召唤科学来帮忙。特别是自这个充斥着"象牙—蔗糖—棉花—黑人"的 19 世纪以来，非洲学者被一种强迫观念所困扰，认为没有任何文明的东西是属于黑人的，所有非洲高雅文化的证据一定是属于白种人的或者至少是黄种人的。文明这个词汇本身就表达了这种观念；西班牙语单词"尼格罗人"（Negro）从一个描述性的形容词被升格为对一个种族的实质性命名，然后首字母不再大写。

然后，努力在剥削者之间保持和谐、合作与团结。一名报社 22 记者因前往非洲而受到全世界的广泛关注，他受精明无耻的比利时国王利奥波德二世（Leopold Ⅱ）的委派，到非洲中部建立一个国际性的国家，"用和平的方式征服它、压制它，用现代观念把它改造成民族国家，在其范围内，欧洲商人将与黑非洲的贸易商携手并进，正义、法律和秩序必将盛行于世，谋杀、违法行为和残酷的奴隶贸易必会趋于沉寂"[11]。

于是，刚果自由邦诞生了。通过平衡德国、法国、英国间相互压榨的秘密谋划，这个邦成为非洲最糟糕的剥削中心，欧洲列强瓜分非洲的行动开始了。计划是建立一种类似于分割亚洲和南太平洋诸岛的模式。柏林会议随后召开。非洲的产品开始被共享和分派到世界各地。文明生活对来自世界尽头商品的依赖，让日子照常过的公民与对每个殖民地的剥削越发紧密相连：茶和咖啡、钻石和黄金、象牙和铜、植物油、坚果和海枣、胡椒和香料、橄榄和可可、橡胶、大麻、丝绸、各种纤维、稀有金属、贵重木材、水果、蔗糖。所有这些事物以及上百种其他东西成为现代生活的必需品，因此，现代生活是围绕着殖民地所有制和剥削而建立起来的。

这种剥削代价巨大。殖民体系造成的死亡人数是实际战争的十倍。在19世纪最初的25年里，印度发生的饥荒饿死了100万人，而饥荒与剥削息息相关。要么通过直接占有，要么通过间接的抵押和高利贷，各处的土地被兼并，这也剥夺了所有人的主要生活来源。疾病无法得到控制：南非矿场里的结核病，殖民地所有地区的梅毒、霍乱、麻风病、疟疾。

发生的最糟糕的事情是故意彻底斩断了被压迫民族的文化模式。"欧洲对利奥波德的暴行感到震惊，这些暴行的确骇人听闻；但我们这些幕后之人的最强烈感受是这样的事实，即刚果的真正灾难是更大意义上的破坏和谋杀。侵犯家庭生活，无情摧毁所有的社会屏障，粉碎所有的部落法律，犯罪实践的引入让人民首领震惊得说不出话来——总而言之，肮脏污秽和道德败坏这场真实的雪崩掩埋了刚果的部落。"[12]

迫使骄傲的黑人在道德上蒙羞，这在英国人对阿散蒂的征服中得到印证。当时在位的阿散蒂土王（Asantahene）从来没有被征服过。他的军队屡次击退英国人，但英国人言而无信，凭借人数和先进武器打败了他，历经五次战斗后，最终获胜。他们向他承诺会给予和平和荣誉，但要求他公开臣服。

　　当然，这是对普伦佩（Prempi）①自信心的沉重打击。除了 1881 年门萨（Mensa）②自愿让他的代表臣服，阿散蒂国王以前从来没有做过这种事情；而且这也是他所做的最最重要的一件事情，能不臣服就不臣服。过了好一会儿，他还是犹豫不决地坐在那里，紧张不安地摆弄着手里的小玩意儿，满脸挂着羞愧和懊恼，看上去快哭了似的；但阿尔伯特·安萨（Albert Ansa）走了过来，和他耳语几句，他便脱掉凉鞋，把戴在头上的金冠摘下来，由其母亲陪伴，无奈地穿过广场，来到总督所坐的地方。然后在总督的面前停了下来，他们自行跪倒，拥抱总督的双脚，还有弗朗西斯·斯科特爵士（Sir Francis Scott）和科普斯特上校（Colonel Kempster）的脚。

　　场面极度震撼。密密麻麻的树叶下，在固若金汤的广场上，红色的外套、闪亮的刺刀排列整齐，炮兵严阵以待，当地招募的黑人士兵列队排开，后面摆放着长枪。在广场内，阿散蒂人像石头那样坐着，因为那对母子的言辞是关乎生死的问题，他们的一丁点儿举动都是所有人遵守的命令，于

23

----

① 普伦佩一世（Otumfuo Nana Prempeh Ⅰ，1870—1931），阿散蒂王国第 13 任国王，1888 年即位，直到 1931 年去世。在 1893 年领导阿散蒂抵抗英军。——译者注

② 门萨·邦苏（Mensa Bonsu，1840—1896），阿散蒂王国第 10 任国王，1874 年即位，1883 年被迫退位。1881 年，门萨国王向英国维多利亚女王送去一把金斧子以示善意。——译者注

是，他们不得不在结集起来的数千人面前屈尊降贵。[13]

　　或许，殖民体系最糟糕的事情是在欧洲引发的也必须在欧洲引发的关于整体形势的矛盾。欧洲的财富与奢侈是造成殖民地极度贫困的主要原因。这种贫困的结果是疾病、无知和犯罪。然而，这些都必须被描绘成落后民族的自然特征。殖民地人民受教育必然意味着动荡和反叛；因此，教育必须受到限制，并被用来反复灌输服从和奴性思想，以免整个殖民体系被推翻。

　　殖民地人民的能力、自我主张、愤恨必须被描绘成"煽动者"的非理性企图——这些人试图得到压根儿就不适合他们的东西。为了证明大多数人类不适合自治和自我表达，能用的科学手段都用上了：进化论被炮制出来用以证明黑人和亚洲人不如白人先进；书写历史是为了说明一切文明都是白人推动的；教授经济学是为了证明一切财富都主要归功于白人民族的技术成就，而有色人种干的粗活不过是种补充；脑容量和智力测试被用来证明和曲解白人的优越性。其结果是，欧洲和北美完全掌控了整个世界，在20世纪初，大部分作家和思想家都为文明达到的顶点和速度感到非常满意。但是，接下来的几年很快就表明，这种结果是空洞的、矛盾的和致命的。

　　有关这一点的证据首先来自殖民地人民本身。几乎没有人注意到、当然也没人听到殖民地世界的呼声，他们反复抗议、祈祷和呼吁，反对人类的压迫，反对把大多数人排除在自吹自擂的世界进步之外。整个世界都知道印度国民大会党的此类抗议，但非洲人的抗议活动几乎没有被书写下来。例如，1871年，在英属西非的黄金海岸，一些国王和酋长，以及一些受过教育的原住民，在曼凯西姆（Mankesim）会晤，并起草了自治宪法。这些芳蒂人（Fanti）^① 部落成员与英格兰结盟，在长达五年的战争中支持英国人对抗阿散蒂人。现如今，他们提议与英国联手建立自治政府。这部宪法——芳蒂全国政治社群（Mfantsi Amanbuhu Fekuw）或者芳蒂联邦（Fanti Federation），在 1865 年就开始得到激烈争论，1867 年组织筹备，1871 年正式通过。宪法共有 74 条，其中很多条款又细分为很多小节。一些主要条款如下：

　　第八条　联邦的目标是：

　　一、促进芳蒂所有国王和酋长之间的友好交流，团结起来攻击和抵御共同的敌人。

　　二、引导联邦劳工改进整个社会。

　　三、为联邦的所有内陆地区修建质量上乘而坚实的道路。

　　四、建造校舍，开设学校，让联邦内的所有儿童接受教育，吸引优秀教师前来任教。

　　五、提倡农业和工业活动，努力引进新作物，以期将来成为对国家有益的商业资源。

　　六、发展和推动国家矿产及其他资源的开采。

　　第十二条　本代表大会有权运用恰当的方式拟定法律、条例、议案等，以便执行政府的决议等，有权审议政府部门

① 芳蒂人，加纳民族，阿肯人的一支，分布在阿克拉以西至三尖角沿海地带。曼凯西姆是其传统总部。——译者注

以及任何国王和酋长提出的任何问题，事实上，有权履行一个立法机构的所有功能。

第二十一条至二十五条处理教育问题。

第二十六条　建造主干道贯通各省各区，并通往海岸……

第三十七条　在各省各区设立地方法庭，由地方陪审推事主持。

第四十三条　对于行政部门为贯彻英国政府的意愿而作出的指示，联邦官员应予以协助。

第四十四条　为了参与政府行政管理，代表大会有资格通过法律等，有资格视情征收税款。[14]

这就是所谓的芳蒂联邦，它胆敢为在英属非洲殖民地建立政府而发起这种运动，必须予以惩罚，很快参与者就被投入监狱，并以叛国罪论处。

对待原住民的权利和倡议的这种态度一直延续至今。1945年，南非的有色人种代表800万黑人、印第安人和混种人向计划成立的联合国发出如下声明：

非欧洲人被禁止接受教育。拒绝其进入职业和技术行业；否认其拥有购买土地和财产的权利；否认其拥有贸易或者参军的权利——除非是当个抬担架的或者仆人；禁止其进入娱乐和文化场所。更有甚者，不允许其在城镇居住。过去在纳粹德国，"雅利安人"和非雅利安人结合或者结婚是犯罪，同样，现在在南非，优等民族（Herrenvolk）的成员和奴隶种族之人结合或者结婚则是刑事犯罪……大多数情况下，有一套专门适用于欧洲人的法律，也有一套单独适用于非欧洲人的法律；在极少数情况下，在一部同时适合两者的法律中，也会有单独的条款歧视非欧洲人。在南非确实没有布痕瓦尔德集中营，但同样南非的监狱里塞满了非欧洲人，他们犯的罪只是他们无法支付人头税——一项专门强加在他们身上的种族税。但这种法律不适用于雅利安人；对他们而言，还有另外一种法律，这种法律规定拒付税款并不是刑事犯罪，而是属于民事犯罪，因此不能把他监禁。

但是，如果说南非不存在布痕瓦尔德集中营，那么出身优等民族的警察痛打有罪或者无罪的非欧洲受害者，这种残酷成性的疯狂行为只能与党卫军的暴行相提并论。此外，非欧洲人在法庭上受到的待遇也堪比非雅利安人在纳粹法庭上的命运。但是，法律和道德上的根本差异不只在法律章程（Legal Statutes）的不同段落中有所体现，还在于非欧洲人的生命价值相比欧洲人的生命价值的那种根本不同的观念上。在南非，非欧洲人的命很贱，跟纳粹德国中犹太人的命一样廉价。

从上述情况可见，南非的非欧洲人在专制统治下的生活和所受的折磨与在纳粹主义下几乎没什么两样。如果我们赞同和平不可分割这一前提——正如我们希望世界各国所做的那样，如果我们赞同只要地球上的任何角落存在着纳粹主义祸根就不会有和平，那么顺理成章的是，战胜德国纳粹主

义并不是反抗专制统治的终章。在世界各民族能够开启新篇
章之前定然还有很多坎坎坷坷。对我们南非人来说，毫无疑
问，只要这种专制制度一息尚存，就不会有和平。对我们而
言，荒唐可笑的是，与南非优等民族同源同种的人竟然在海
外大谈特谈崭新的开端和新的世界秩序，但实际上，他们只
是希望在南非保留当前的专制统治，并把它扩展到新的领土
上。他们已经在谈论新的授权和新的托管制度，这只不过意
味着他们纳粹般的统治向更广阔的领域蔓延。只要这个优等
民族的代表在塑造世界过程中有一丁点儿参与，也就不可能
有任何新的开始。因为，正是这些人在国外夸夸其谈地说着
人权不可侵犯的话，在国内却无情地将同样不可剥夺的权利
踩在脚下蹂躏，这又有什么价值呢？当南非优等民族的最高
代表、陆军元帅史末资（Smuts）[①]——他穷其一生致力于捍
卫这个纳粹般的统治——厚颜无耻地对世界各国说着"人格
的神圣不可侵犯和终极价值"和"男女同等权利"的话时，
他不仅是在狠狠地羞辱南非 800 万非欧洲人，也是在狠狠地
羞辱所有诚心实意在新的地基上努力建造世界的人。[15]

这并不是说，一切欧洲文明都是压迫、盗窃和虚伪；也有证
据表明，存在着大公无私的宗教信仰；存在着致力于社会进步的

---

① 扬·克里斯蒂安·史末资（Jan Christian Smuts, 1870—1950），南非政治家，英国陆军元
帅。1870 年在南非开普省出生，1891 年进入剑桥大学，后返回南非。1910 年南非联邦
成立后，出任矿业、国防和内政部长，1919—1924 年和 1939—1948 年任南非总理。英
联邦概念的创始人。——译者注

慈善事业；存在着个体的正直和牺牲精神。但是，这远未回答我
所提出的指控，只是更加清晰地解释了当前欧洲文化的道德困
境，展示了资本主义投资和帝国主义的所作所为。

因为行为与结果、劳动与产品之间存在时空差距，工人往往
不可能了解消费者，或者投资者也大多不能明白其利润来源，而
且通过法律来调查事实往往也是无法做到的。因此，工业进程中
的道德判断是困难的，犯罪更多是因为愚昧无知，而非蓄意谋杀
和盗窃；但是，愚昧无知本身就是一种巨大的犯罪。一种文化不
顾任何动机而只考虑经济后果，不讲究那些让消费者生活更加舒
适、惬意，甚至奢侈的有关劳动、工资和生活条件的事实，是一
种文明正在崩溃的标志。

在此仅以一个温馨的英国家庭为例，这个家有绿色的草坪、
配套的家具和一批训练有素的仆人。屋内住着一位年轻女人，训
练有素，衣着得体，聪明睿智，超凡脱俗。她正在用手指弹弄大
钢琴上的象牙键，思考着是去瑞士还是在意大利湖畔度暑假的问
题；她的家并不富裕，但通过投资获得的"独立"收入足够一家
人享受生活，而不用努力工作。这种人要为殖民主义的罪行负多
大责任呢？

她多半不会想到她负有一丁点儿责任，而这的确可能是真
的。同样地，实际情况也可能是：她的收入是饥饿、盗窃和谋杀
的结果；它牵涉到成千上万人的愚昧无知、疾病和犯罪；她享受
到的那种维护安全、休闲和舒适的制度，建立在对大多数人的镇
压、剥削和奴役的基础之上。然而只是因为她对此一无所知，只
是因为她只有在调查研究之后——法律禁止揭露财产所有权、收

人来源和经营方法，这让调查研究很难进行——才能获得实情，她情愿不知道财富的来源及其涵盖人类劳动和痛苦的成本。

在现代文明的衰败迹象与其道德崩溃的原由之间存在着一种可怕的悖论，即伦敦城郊住着的一位无可非议、有教养的美丽少妇可能成了世界贫困和堕落的根基。对于这一点，某人罪不可赦。是谁呢？

这便是原罪的现代悖论，清教徒在它面前有口难言。一个群体、一个国家，或者一个种族犯下了谋杀、强奸、偷窃、毁坏的罪行，然而没有人有罪，没有人被责怪，没有人应该受到惩罚！

黑人的世界在白人的脚下蠕动爬行，就连暴怒和憎恨也显得苍白无力或者郁郁寡欢：

> 我恨他们，我非常恨他们啊！
> 我恨他们，天哪，就像我恨地狱那样！
> 如果我是上帝，我要听到他们的丧钟，
> 就在今天！

27　　整个世界浮现出了满足者的三段论："这不可能是真的。这不是真的。即便它是真的，我也不会相信。如果它是真的，我也不相信。因此，它是假的！"只有爱默生才明白这种悖论：

> 啊！你们所有的美德，方法，力量；
> 手段，器械，乐趣；
> 众所周知的错误，自吹自擂的正确；

沾沾自喜的惯例，被人允许的事情；

少数族裔，阴云下的万物，

到这里，带走我，利用我，填满我，

那血管和动脉，可是你杀死了我。

南非总理扬·史末资曾经声称每一个南非白人都相信对黑人的镇压是正当的，除非他们"疯了、疯得厉害"，1945 年他却站在济济一堂的世界各民族面前，为《联合国宪章》有关"人权"的条款辩护。没有什么比这更能生动地说明白人头脑中那扭曲的思想矛盾。这是怎么发生的？是什么导致了这种悖论？我认为，从文艺复兴到美国内战期间盛行的往来于非洲和美洲的贩人贸易，是欧洲文明的内在矛盾、现代思想的缺乏逻辑性，以及人类文化崩溃的主要原因和实际原因。出于这个原因，我接下来将转到叙述非洲奴隶贸易的历史，以支撑这个论断。

注释

[1] 威廉·豪伊特（William Howitt）：《殖民化与基督教》(*Colonization and Christianity*)，伦敦：朗文、奥姆、格林和朗文家族出版社（Longman, Orme, Brown, Green & Longmans），1838 年，第 280—281 页。

[2] 同上，第 61 页。

[3] 同上，第 176—177 页。

[4] 同上，第 194 页。

[5] 同上，第 209 页。

[6] 同上，第 210 页。

[7] 同上，第 213—214 页。

[8] S. 赫伯特·弗兰克尔（S. Herbert Frankel）：《非洲的资本投资》

（ *Capital Investment in Africa* ），伦敦：牛津大学出版社（Oxford University Press ），1938 年，第 52 页。

　　［9］W. 沃尔顿·克拉里奇（W. Walton Claridge ）:《黄金海岸与阿散蒂史 》(*A History of the Gold Coast and Ashanti*)，伦敦：约翰·默里出版社（John Murray ），1915 年，第 1 卷，第 ix 页。

　　［10］参考威尔弗里德·斯科恩·布伦特（Wilfrid Scawen Blunt ）:《我的日记 》(*My Diaries*)，纽约：阿尔弗雷德·A. 克诺夫出版社（Alfred A. Knopf ），1921 年，第 1 卷，第 311、313、317、319、322、323—324 页。其内兄是威廉·巴特勒爵士（Sir William Butler ）。

　　［11］J. 斯科特·凯尔蒂（J. Scott Keltie ）:《瓜分非洲 》(*The Partition of Africa*)，伦敦：爱德华·斯坦福出版社（Edward Stanford ），1895 年，第 132 页。

　　［12］哈里斯（Harris ）:《非洲的黎明 》(*Dawn in Africa*)，第 66 页。

　　［13］克拉里奇，前引书，第 1 卷，第 413 页。

　　［14］同上，第 1 卷，第 617—618 页。

　　［15］1945 年，在南非开普敦，非欧洲联合委员会（Non-European United Committee ）向世界各国发表的声明。

第三章　蹂躏非洲

　　现代世界发生在人类身上的任何事情没有比 1441 年到 1870 年从非洲到美洲的人口买卖更为重要的了。本章试图说明它的世界意义和影响。

　　欧洲文明的复兴始于 15 世纪。在这一时期，非洲文明和亚洲文明远远超过欧洲文明。在黑苏丹国家，文明的兴衰甚至更早。13 世纪和 14 世纪繁荣昌盛的梅勒（Melle）在桑海（Songhay）帝国面前衰亡了，桑海帝国在 15 世纪变成了一个管辖着辽阔土地、组织有序的政府，规模相当于美国的三分之二，在贸易、商业和文化上——通过桑科雷大学（University of Sankoré）——都与西班牙、意大利和东罗马帝国保持着往来。非洲西海岸的城邦和大西洋文化击败了苏丹人、尼罗河流域的阿拉伯人，以及席卷刚果诸王国的班图移民这三重压力。

　　正是在这里，对非洲的蹂躏开始了，并改变了整个世界。几乎毫无疑问的是，14 世纪，苏丹南部黑非洲的文化与欧洲处在同一层次，而且被广泛承认。更加不容置疑的是，尼罗河流域的黑人势力对公元前 2100 年至公元前 1600 年埃及的发展产生了主要影响；而在东非、南非和西非，存在着人类文化在公元前 1600 年至公元 1500 年的诸多历史遗迹，见证了其充满活力的过去和茁壮成长的未来。是什么改变了这一切？是什么杀死了这些苏丹帝国，让尼罗河流域陷入无政府状态，消灭了东非和中非的稠密人口，把西非文化无情地踩在崛起的欧洲文化之脚下？

在 13 世纪和 14 世纪的欧洲，开始出现了文化模式的民族融合，其中不乏来自东方和非洲的灵感。在接下来的 15 世纪和 16世纪，思想的自由和对教条的反感情绪增强了；在 17 世纪，人们开始科学探究，开始要求对政府进行民主控制。

29　　　但是，从 1400 年至 1800 年，地理大发现开启了，贸易也出现了，新的劳动奴役也初见端倪。在 18 世纪，这些发展突然掉头。新大陆对劳动的奴役迅速扩张，与此同时，旧大陆在贸易、工业和财富上出现了新进展。这些发展趋势与欧洲对民主和社会自由的革命性需求相契合。19 世纪揭示了各种理想的冲突：在美洲废除奴隶剥削，以及随后在拿破仑和英国资本的带领下反对欧洲劳工的需求。接下来让我们详细探讨一下这个故事。

发现美洲的重要性不在于它提供了珍贵的金属宝藏，而在于它通过以烟草、蔗糖和棉花换取制成品的方式向欧洲制造商提供了崭新的庞大市场和供给源。其结果首先是让重商主义制度蓬荜生辉。世界贸易快速增长。17 世纪和 18 世纪是贸易的世纪，最终，随着资本主义的兴起，19 世纪成了生产的世纪。

在中世纪，欧洲和西非之间几乎没有直接的商业往来。阿拉伯人、柏柏尔人（Berbers）[①]，以及后来像曼丁哥人（Mandingos）[②] 那样的黑人变成了在欧洲和苏丹人之间开展贸易的中介商。摩洛哥港口流传着有关加纳王国、尼日尔、"西尼罗河"以及周边黑人的传说。阿拉伯人从黑人手里买金子，然后卖给马略卡岛（Majorca）的犹太商人。

　　在 15 世纪，欧洲需要的是找到通往东方的更短的新路径，获得东方的香料、丝绸和其他奢侈品。在探索过程中，西班牙发现了新大陆的白银，葡萄牙在非洲发现黄金后威名远扬。葡萄牙人垄断了非洲贸易，此后半个多世纪向印度扩张。她开创了一个拥有巨额财富的帝国。

　　葡萄牙探险家亨利王子（1394—1460）的目标主要是与印度贸易。与此同时，他希望通过与埃塞俄比亚的祭司王约翰（Prester John）[③] 结盟，让整个非洲的黑人都皈依基督教，联手对抗伊斯兰教。亨利听闻迦太基人在廷巴克图（Timbuktu）[④] 用黄金

---

① 柏柏尔人，北非族群，系北非原住民。从 7 世纪开始，和阿拉伯人共同组成马格里布国家。很多柏柏尔人逐渐接受伊斯兰教，使用柏柏尔语和阿拉伯语。自 20 世纪 90 年代以来，柏柏尔知识分子致力于柏柏尔语复兴，当前在摩洛哥和阿尔及利亚等地仍说柏柏尔语。——译者注

② 曼丁哥人，即曼德人，西非族群。——译者注

③ 祭司王约翰，传说中一位信奉基督教的中世纪国王兼祭司，曾统治过远东和埃塞俄比亚。关于祭司王约翰的传闻最早出现在 12 世纪，在欧洲基督徒中广为流传，他们希望通过与祭司王约翰结盟夺回圣地。13—14 世纪，许多传教士到亚洲寻找他的王国。14 世纪中叶以后，探索祭司王约翰之国的活动集中在埃塞俄比亚，人们认为祭司王约翰是信奉基督教的非洲国家的某代皇帝。——译者注

④ 廷巴克图，马里中部城市，历史上曾是黄金和食盐的重要贸易中心，16 世纪达到繁荣顶峰，1591 年被摩洛哥人占领后开始衰落。——译者注

交易。在占领休达（Ceuta）[①]后，他开始探险，19年后，他的水手来到了博哈多尔角（Cape Bojador）[②]。

　　1441年，贡萨尔维斯（Goncalves）[③]给里斯本带来了第一批奴隶和金子。不久之后，葡萄牙和黑非洲开启了繁荣的黄金、奴隶、鸵鸟羽毛、琥珀、树胶等贸易。葡萄牙人试图向其他欧洲国家隐瞒这种贸易。他们实际上没有找到加纳黑人王国，但他们将发现的海岸称为"几内亚"（Guinea），以神秘的加纳（Ghana）命名。他们在廷巴克图听说了梅勒帝国，但实际上并未到达那里。他们与乔洛夫王国（kingdom of the Jolofs）[④]和其他沿海部落有贸易往来。最后，他们到达黄金海岸，或者用他们的话说是"宝矿"（the Mine），那里可能储存着大量的黄金。他们发现，这些黑人都是伟大的商人，只要能说服那些靠捕鱼为生的沿海部落让携带黄金者过境，他们就能把黄金从内地运送出来。最后，他们与贝宁王国建立了联系，贝宁是强大的内陆帝国，其君主是奥甘尼（Ogani）。

30　　　　1480年至1530年这50年里，葡萄牙人垄断了几内亚贸易，

---

① 休达，地处北非，历史上先后被迦太基人、希腊人、罗马人殖民。长期以来一直是繁荣的贸易城镇，1415年葡萄牙人占领该地，1580年被西班牙统治，现仍为西班牙飞地，1995年被批准实行自治。——译者注

② 博哈多尔角，西非的岬角，1434年后葡萄牙人为寻找奴隶来源开始勘探此区，1860年被西班牙占有，1884年并入西班牙，1976年西班牙从西撒哈拉撤退后，归摩洛哥管辖。——译者注

③ 安唐·贡萨尔维斯（Antão Gonçalves），15世纪葡萄牙探险家，受亨利王子委派到西非探险，是第一个贩卖黑奴的欧洲人。——译者注

④ 乔洛夫王国，又称作"沃洛夫（Wolof）王国"，由信奉伊斯兰教的乔洛夫人建立的西非国家。乔洛夫人为西非民族，14—16世纪曾建立起强大的帝国，1549年后成为独立王国，现为塞内加尔的一部分。——译者注

获利颇丰,极少数情况下利润低于 50%,有时则高达 800%。在 1450 年至 1458 年,每年有 10 艘或 12 艘船驶向几内亚,金沙的价值每年超过 200 万美元,1471 年后很快便超过这个数字。

随着黄金贸易的展开,接下来便是把非常重要的劳动力输出到葡萄牙。到 15 世纪中叶,约 1000 名黑人被引进。一个世纪后,在最南端的省份,大部分居民是黑人,甚至在里斯本,黑人的数量超过了白人。两个种族混合起来,结果葡萄牙民族直到今天都具有黑人特征。[1]

王室成员变得更像黑人而非白人。约翰四世(John Ⅳ)是个黑人;法国大使夫人说约翰六世(John Ⅵ)有着黑人的头发、鼻子、嘴唇和肤色。

在 15 世纪,黑人血统从西班牙和葡萄牙延伸到了意大利。美第奇家族中有诸如第一代佛罗伦萨公爵亚历山德罗(Alessandro)① 这样的有色人种后裔,据说亚历山德罗的父亲是教皇。这种新的黑人血统传到了阿尔巴尼亚和奥地利。到了 18 世纪,刚果黑人安吉洛·苏里曼(Angelo Solliman)深得约瑟夫二世(Joseph Ⅱ)和列支敦士登大公(Prince Lichtenstein)的欢心。他入赘成为奥地利贵族,他的女儿嫁给了爱德华·冯·费克特斯勒本(Eduard von Feuchtersleben)男爵。他们的儿子继承了爵位。最近,罗马为加里波第(Garibaldi)的配偶安妮塔(Anita)建了一座纪念碑,她是个巴西有色人。

---

① 亚历山德罗·德·美第奇(Alessandro de'Medici,1510—1537),绰号"摩尔人",他是美第奇家族最后的嫡系成员,据称其母是黑人女佣,其本人是私生子。1530 年至 1537 年统治佛罗伦萨,后被暗杀。——译者注

　　起初，几内亚主要从事黄金、胡椒和其他商品的贸易，还有一些向欧洲贩卖奴隶的贸易。然而到了 16 世纪，情况开始发生变化，奴隶开始被运往南美。一开始这并不是大型的贸易，也没有与合法商业形成竞争，但它蒸蒸日上，至 1540 年，奴隶人数一年就有 1 万人。其原因并不难找。1480 年至 1578 年，几内亚因外贸而实现经济独立，其人民享受着富足的生活。在发现美洲前，甚至在其后相当长的时间里，黄金、象牙、胡椒都是珍贵的出口商品。但到 16 世纪中叶，西非出现了麻烦。大量的黑人移民林巴斯人（the Limbas）从中非缓慢向西迁移。他们是班图人移民的一部分，自伊斯兰教进入尼罗河流域和黑人苏丹王国创建帝国以来，班图人一直在迁徙。他们摧毁村庄，屠杀居民，很快便与苏扎人（the Souzas）展开激烈竞争，当时苏扎人拥有西非最强悍的本土军队。移民和本地人的战争持续了一代人的时间。这意味着西海岸可以获得像俘虏这样的廉价劳动力，并为美洲奴隶贸易启航开辟了道路。不仅在土著部落之间，而且在葡萄牙人和土著人之间，麻烦随着这种奴隶贸易接踵而至。

　　1530 年以后，葡萄牙在几内亚建立的帝国是一个庞大的商业公司，但由于土著人造成的麻烦和欧洲人相互竞争的开始，管理费用与生产成本持平，并开始超过生产成本。法国是第一个对葡萄牙在几内亚的统治造成威胁的国家。到 1544 年《克雷皮条约》（the Treaty of Crespy）签订时，法国人提出了获得在东西印度群岛进行贸易的权利，但没有被批准。1553 年之后，法国贸易量开始激增；由于法国的海盗和私掠者的缘故，葡萄牙和法国的关系开始变得紧张。葡萄牙人在西非的垄断实际上在 1553 年便结束

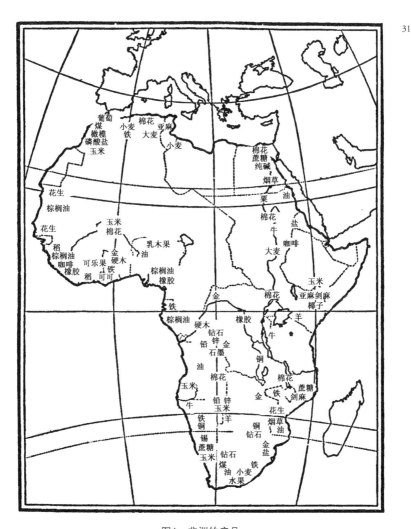

图1　非洲的产品

了。在科利尼海军上将（Admiral Coligny）的启发下，法国的胡格诺派教徒（Huguenots）在 1571 年以后被迫到几内亚进行贸易。在玛丽女王统治时期，英国商人开始对此感兴趣。伊丽莎白女王反对葡萄牙和西班牙的垄断主张，她自己却投身几内亚贸易。

　　1559 年至 1561 年，英国探险家马丁·弗罗比舍（Martin Frobisher）①加入了海上抢劫和贸易的行列。1561 年到 1571 年，英国的贸易额超过了法国，英格兰和非洲之间有了直通航线。"有记载的第一个从事运输之人是著名的约翰·霍金斯（John Hawkins）②，他后来被伊丽莎白封为爵士，并任命为海军财务官。弗劳德（Froude）称其为'独特的人物'，他确实呈现出那种海盗与虔信者、恶行与宗教的融合，这在伊丽莎白时代司空见惯，甚至在我们这个时代也并非完全鲜为人知。霍金斯似乎很长一段时间以来都在关注奴隶贸易这个获利甚丰的生意，因为西班牙人声称拥有实际垄断权，那种想要破除西班牙人之主张的爱国情感便油然而生，当然就像往常一样，他也忘不了利润。不管怎样，在一次勘探旅行之后，霍金斯返回英格兰，并组建了一支探险队，由 5 艘船组成，后来又增加了 3 艘。在这次探险中，莱斯特伯爵

---

①　马丁·弗罗比舍（1535—1594），英国航海家和探险家，1576 年越过大西洋抵达拉布拉多和巴芬岛，并发现了弗罗比舍湾。1577 年和 1578 年，获得英国王室资助进行两次探险。1585 年，担任 F. 德雷克的西印度群岛探险队副队长。1588 年，在英国打败西班牙无敌舰队的战斗中起了重要作用。——译者注

②　约翰·霍金斯（1532—1595），英国海军财务官和司令官，原本经营非洲贸易，是英格兰第一个奴隶贩子。1562—1563 年第一次贩卖奴隶的航行成功后，获得伊丽莎白一世等人提供的资金。1577 年任英国海军财务官，1589 年又兼任审计官。他是伊丽莎白时期英国海军的主要设计师，曾协助设计速度更快的船只，帮助海军在 1588 年挡住了西班牙无敌舰队的入侵。——译者注

（the Earl of Leicester）、彭布鲁克伯爵（the Earl of Pembroke）以及其他人入伙。伊丽莎白女王也是如此。她以'耶稣号'（*Jesus*）船相借，霍金斯为船员们制定了规则，其中前两条便是'每日侍奉上帝'和'彼此相爱'。这次远征的虔诚无可厚非。在实践中也是如此，正如我们读到的那样，当发现佛得角（Cape Verde）的土著人'秉性非常温柔可爱'和'比其他任何人都文明'时，霍金斯准备把一些人给绑架了。航行了一段时间后，由于'炎热和受损'，霍金斯便在西属美洲殖民地登陆，并强迫殖民者按照霍金斯的自定价格购买奴隶。霍金斯被授予了一枚盾徽，上面刻着'一个半摩尔人，其肤色独特，被俘虏且捆绑着'，以此象征着他为英国人开辟的新贸易。他当之无愧。"[2]

与此同时，灾难突然降临到葡萄牙人身上。塞巴斯蒂安国王（King Sebastian）在北非向摩尔人发动攻击，但被杀了。1578年，他的死改变了几内亚的地位。两年之内，葡萄牙拜倒在西班牙的统治之下，西非在略作抵抗后屈服于西班牙。西班牙的腓力二世（Philip Ⅱ，1527—1598）能够在一定程度上捍卫他的非洲帝国，但最终西班牙在教皇的敕令下切断了与非洲的联系。然后是葡萄牙在1581年对西班牙的吞并，1588年西班牙无敌舰队被摧毁致使其丧失了海上力量，这给西班牙和葡萄牙的商业帝国带来致命一击。

英格兰的新教徒、法兰西的胡格诺派教徒，以及荷兰的加尔文派教徒开始为几内亚展开殊死搏斗。荷兰人迫切希望接管葡萄牙人的岛屿和殖民地，并于1602年成立了东印度公司。

到了17世纪，商业战争开始了。荷兰人和英国人为了主宰大西洋贸易而在大西洋上进行决战。葡萄牙人、英国人和荷兰人在印度打仗。一来二去，他们扼杀了德意志汉萨同盟的贸易，推翻了西班牙的经济统治。克伦威尔（Cromwell）占领了牙买加，使其成为英国人蓄奴和奴隶贸易的中心。在非洲，黑苏丹诸王国向东迁移，取代了尼罗河流域的黑人。在这些迁徙中，尼罗河到西海岸之间的方族（Fang）和班巴拉（Bambara）诸王国的民族等族群进一步驱赶正在撤退的班图人。

在 17 世纪，向美洲贩卖非洲奴隶的贸易扩大了。然而，这还不是一种使这个词和"尼格罗人"（Negro）或"黑人"（black）成为同义词的贸易：在那些年里，埃及的统治者正在欧洲和亚洲购买数以万计的白人奴隶，把他们带到叙利亚、巴勒斯坦以及尼罗河流域。然而在西方，世界贸易的特点开始发生微妙的变化。重商主义理论仍然在学术圈流行，商业继续使非洲的黄金大量流入欧洲，黑人和阿拉伯人把黄金运送到印度去把大亨们打扮得富丽堂皇，在实际的商业往来上，非洲黄金和秘鲁白银的进口正在丧失其核心吸引力。现在需要的是人力——需要劳动力到西班牙和葡萄牙种庄稼；需要劳动力到西印度群岛和北美种甘蔗和烟草。

当时，欧洲的劳动力状况让美洲的奴隶劳动变得特别有利可图。一方面，在 16 世纪和 17 世纪，欧洲的劳动人口有限。三十年战争的破坏，封建庄园对劳力和服务的需求，让向美洲进行任何大规模劳动力输出都变得无法想象。另一方面，蔗糖、棉花和烟草适合在种植园里大规模生产，那里有墨守成规的工作标准，生产工具简陋，穿衣吃饭支出相对较少。有组织的奴隶团队在土地上耕种比自耕农更能盈利。作为生产贸易方式方法的新资本主义开始在欧洲取代国内的农民和商人。

1660 年，动荡的英国内战已经结束，英格兰准备从事奴隶贸易，以造福她出产蔗糖和烟草的殖民地。英国人增加了对美洲的奴隶输入量，以生产蔗糖、靛蓝染料和棉花，并开始把这些商品带到英格兰去加工。然后他们出口一些加工食品到非洲来购买更多的奴隶。贸易开始从投机者寻找财富转变成为获得长期性收入而进行投资；这些收入包括那些实际上被发现比囤积财富更有价值的商品。为了让这种安排变得完美无瑕，必须拥有奴隶、更多的奴隶。

与此同时，世界的良心开始扭曲。"现代奴隶制度由基督徒所创立，由基督徒来推行，在某些方面比迄今为止世上所见到的任何事情都要野蛮，其最坏的特点在那些基督教队伍里最显摆的国家中得以见证。这正是对基督教会最终且无法争辩的控诉。"[3] 罗马天主教会在亚历山大六世（Alexander Ⅵ，1492—1503 年在位）和利奥十世（Leo Ⅹ，1513—1521 年在位）治下曾经辉煌过，后来路德带头反叛，发起宗教改革。于是，人类的灵魂逐渐产生了尊严意识，使其直面奴隶制和新的奴隶贸易。它逐渐被普遍理性化了，成为一种把异教徒从地狱解救出来并拯救其灵魂的方法。然而，这种理性化在与贸易利润发生冲突时什么都不是；尤其是种植园主，他们坚决拒绝释放皈依者，无数的基督徒通常不允许改变宗教信仰。这种新的贸易方式带来的利润意味着投资和资本主义制度。

投资需要劳动力，如果利润很高的话，需要廉价劳动力；但劳工开始觉醒，开始反抗。这正是 16 世纪德意志农民战争的意义所在。但是，反抗和革命思想不单单出现在欧洲；事实上，人们可能坚持认为，劳工抵御现代社会堕落的抗争运动始于美洲而非欧洲。这正是美洲黑人发起的五次奴隶起义之意义，也正是命中注定的马隆人（Maroons）① 或自由黑人朝代的开始，他们躲在古巴、牙买加、海地、墨西哥和巴西的崇山峻岭中有组织地进行反抗。在 17 世纪，随着奴隶不断输入，出现了九次起义，导致在牙买加、巴巴多斯（Barbados）和海地发生大规模激战，致使巴西的帕尔马里斯（Palmares）获得独立。

　　然而，英格兰仍执迷不悟。1667 年，"到非洲贸易的王家冒险家"包括王室成员、3 位公爵、8 位伯爵、7 位勋爵和 27 位骑士。随着英格兰内战结束，英国商人蜂拥挤进土地贵族行列，以便在工业利润中获得更多份额。英国人在欧洲表面上为王朝争端而战，实际上在西班牙王位继承战争和七年战争中为世界贸易，尤其是奴隶贸易中的利益而战。1713 年，他们通过梦寐以求的《阿西恩托条约》(Treaty of Asiento)② 获得了从非洲到西班牙殖民地进行奴隶贸易的垄断权。在那个世纪，他们把荷兰打得屈膝投降，使其经济开始衰退。他们在印度推翻了葡萄牙人，最终到那

---

① 马隆人，一般是指逃亡的黑奴及其后代。欧洲国家在进行殖民战争时，一些殖民地奴隶逃进山区，组建自己的团体，被称为马隆人，意思是野人。——译者注

② 《阿西恩托条约》是 1713 年为结束西班牙王位继承战争而签署的《乌得勒支和约》的重要组成部分，英国通过此条约获得阿西恩托的权利。据称，最初荷兰人从非洲购买奴隶，将其带到库拉索岛上被称为阿西恩托的贸易区域，奴隶在此被出售并运送到南美和加勒比地区。后来阿西恩托实际指的是黑奴专营权。英国 1713 年获得的黑奴专营权被 1750 年英国和西班牙签署的《马德里条约》所替代。——译者注

个世纪中叶，他们打败了在印度的最后一个对手法国人。在 18
世纪，他们把奴隶贸易机构发展成事实上的最大单一贸易机构。

1680 年至 1686 年间，王家非洲公司平均每年运送 5000 名奴
隶；但新兴、富裕的中产阶级商人大声疾呼要开展人类肉体自由
贸易。最终，王家非洲公司无力抵御自由贸易商的竞争，新的组
织便于 1750 年建立了起来，人们称之为"对非贸易商公司"。

在这种"自由贸易"最初的 9 年里，仅在布里斯托尔就有
160950 名黑人被装船运往甘蔗园。1760 年，146 艘船从英国港口
启航驶向非洲，其可装载 36000 名奴隶。1771 年，有 190 艘船，
容载量为 47000 名奴隶。1680 年至 1786 年间，英国殖民地进口
了 200 多万名奴隶。到了 18 世纪中叶，布里斯托尔拥有 237 艘
奴隶贸易船，伦敦有 147 艘，利物浦有 89 艘。

1709 年，利物浦第一艘贩奴船驶往非洲。1730 年，有 15 艘 ³⁵
船从事这种贸易，1771 年则达到 105 艘。在 18 世纪晚期，奴隶
贸易每年为利物浦带来 30 万英镑的纯利润。一趟幸运的奴隶贸
易航行可盈利 8000 英镑，甚至一次糟糕的货运也会收益 5000 英
镑。在利物浦和布里斯托尔，奴隶贩子 100% 盈利的情况比比
皆是。1709 年，英格兰贩奴船占其船只总数的百分之一，到了
1771 年则为三分之一。奴隶贩子在英国上院和下院势力强大，英
国硬币基尼（guinea）便起源于 18 世纪的非洲贸易。

在这个过程中，大量财富从印度涌入英格兰。普拉西
（Plassey）战役让印度并入英帝国，以便后者进行空前绝后的大
规模掠夺。英国公务员对印度人的大量抢劫已经得到广泛印证。
豪伊特谈到"我们伟大的印度帝国之场景和交易——那个辉煌的

帝国把大量的财富注入这个国家。其中，像钻石和黄金这样的高贵礼物被敛在我们这些冒险家手里；那些搜集而来的物品足以让很多英格兰幸福家庭'在国内自由自在地生活'，并享受人世间所有的奢侈与高雅。为了从印度发财回来的大亨在英格兰建造的宫殿，为了幸运的冒险家在印度股市进行的投资，为了我们中间在印度成长的家庭品尝到的葡萄酒和美食，此刻又有多少印度人正在野外的丛林里采摘浆果，在酷热难耐的耕耘中忍受新的敲诈勒索，或者用瘦骨嶙峋的饥饿双手去哄抢他们家乡公路旁粪堆里的发胀谷物！"[4]

东印度公司的董事们承认：

> 从我们公务员的腐败和贪婪以及整个殖民地到处世风日下的形势中，我们极其强烈地察觉到，我们的业务正处在萎缩的边缘。包括军队和民事部门在内的一切纪律普遍松弛，人员服从度降低，正导致整个政府急速趋于解体。我们给特别委员会写信，旨在表达我们对于所获得的捐赠物的看法；必须再补充一点，我们认为，在内陆贸易中获取的巨大财富是以在任何时代或任何国家都众所周知的那种最专制、最残酷的行为方式获得的！[5]

然而，这种财富被人们得到了，无论人们多么虔诚地对蹂躏方式感到遗憾，其结果都是毋庸置疑的。财富的所有者基本上不是王室的败家子，也不是贵族的纨绔子弟；即便有一些人是，他们的财政顾问也把他们的资金主要用于对西印度群岛的奴隶制度和非洲奴隶贸易的安全投资。因此，大量寻找安全投资和永久收益的自由资本涌入银行、公司和新的股份公司。强大的英国证券交易所由此诞生了。

正是卡尔·马克思，对非洲奴隶制的资本主义根源作出了无可辩驳的著名指控：

> 美洲金银产地的发现，土著居民的被剿灭、被奴役和被埋葬于矿井，对东印度开始进行的征服和掠夺，非洲变成商业性地猎获黑人的场所：这一切标志着资本主义生产时代的曙光。这些田园诗式的过程是原始积累的主要因素。跟踵而来的是欧洲各国以地球为战场而进行的商业战争。这场战争以尼德兰脱离西班牙开始，在英国的反雅各宾战争中具有巨大的规模，并且在对中国的鸦片战争中继续进行下去……[6]
>
> 随着资本主义生产在工场手工业时期的发展，欧洲的舆论丢掉了最后一点羞耻心和良心。各国恬不知耻地夸耀一切当作资本积累手段的卑鄙行径。例如，读一读老实人亚·安德森（A. Anderson）的天真的商业编年史（*Annals of Commerce*）。这本编年史把下面的事实当作英国国策的巨大胜利而备加赞扬：英国在乌得勒支和谈时通过阿西恩托条约，从西班牙人手里夺走了经营非洲和西属美洲之间贩卖黑人的特权，而在此以前，英国只经营非洲和英属西印度之间的这种买卖。英国获得了到1743年为止每年供给西属美洲4800个黑人的权利。这同时又为英国的走私提供了公开的掩护。利物浦是靠奴隶贸易发展起来的。奴隶贸易是它进行原

36

始积累的方法。直到目前为止，利物浦的"受尊敬的人"仍然是奴隶贸易的品得（Pindar）……奴隶贸易"使商业冒险精神达到了狂热，产生了出色的海员，带来了巨额的金钱"。利物浦用于奴隶贸易的船只，1730 年 15 艘，1751 年 53 艘，1760 年 74 艘，1770 年 96 艘，1792 年 132 艘。……[7]

　　要使资本主义生产方式的"永恒的自然规律"充分表现出来，要完成劳动者同劳动条件的分离过程，要在一极使社会的生产资料和生活资料转化为资本，在另一极使人民群众转化为雇佣工人，转化为自由的"劳动贫民"这一现代历史的杰作，就需要经受这种苦难。如果按照奥日埃（Augier）的说法，货币"来到世间，在一边脸上带着天生的血斑"，那末，资本来到世间，从头到脚，每个毛孔都滴着血和肮脏的东西。[8]①

　　英国研制出来的奴隶制和资本投资方法显然能够导致"三角贸易"的蓬勃发展。最初，它主要依靠蔗糖和烟草，后来靠的是棉花。这些材料的加工让英格兰成为一个制造业国家，技术人员对制造方法的关注为 18 世纪后半叶带来了一系列惊人的发明。黑人是用英国的制成品购买的，然后被运送到种植园。在那里，他们生产蔗糖、棉花、靛蓝染料、烟草以及其他产品。对这些材料的加工在英格兰创造了新的工业；与此同时，黑人及其主人的需求为英国的工业、新英格兰的农业和纽芬兰的渔业提供了更加

---

①　这几段译文引自《马克思恩格斯全集》第 23 卷（人民出版社，1972 年），第 819、827—829 页。——译者注

广阔的市场。

　　到了 1750 年，英格兰的制造业城镇几乎没有不与殖民贸易相连的。利润成了资本的主要来源之一，而资本为工业革命提供了资金。西印度群岛变成了英帝国的中心，对英格兰的辉煌具有极其重要的意义。正是黑人奴隶让这些出产蔗糖的殖民地成为帝国主义史册记载中最宝贵的殖民地。专家称其为帝国的"根本支柱和支撑"。英帝国被认为是"建立在非洲根基之上拥有美洲商业和海军力量的宏伟上层建筑"[9]。

　　威廉·伍德（William Wood）说过，奴隶贸易是"其他东西流动的源泉和父母"。波斯特莱斯维特（Postlethwayt）把奴隶贸易看作"其他一切的首要原则和基础，是推动每个轮子运转的机器的主发条"[10]。

　　三角贸易为英国工业发展作出了巨大贡献。利润促进了该国生产体系的发展。威尔士的石板工业因一位种植园主发生了翻天覆地的变化。大规模铁路开发的背后是英属西印度群岛的利息的支撑。棉花响应了新的发明创造。1709 年至 1787 年间，英国对外贸易的船舶吨位增加了 4 倍。英国贵族主要受益于西印度群岛的贸易。拉塞尔一家（the Lascelles）来自巴巴多斯，他们的后裔之一便是现在英格兰国王的妹夫。查塔姆伯爵（the Earl of Chatham）认为，出产蔗糖的殖民地是"这个王国的土地利息"。西印度群岛的投资者在英国下院买议席。勃朗宁（Browning）和巴雷特（Barrett）诗歌的一切深度和美感均直接来自西印度群岛的奴隶制。

　　每人每年 7 先令的利润足以让一个国家富裕起来，据说殖民地的每个白人带回的利润超过 7 英镑。达比·托马斯（Dalby Thomas）爵士公开承认，对于英格兰来说，凡是受雇于蔗糖种植园的人都比国内的人要值钱 130 倍。皮特曼（Pitman）教授估计，1775 年，英属西印度群岛种植园价值 5000 万英镑，1788 年，蔗糖种植园主自己估价为 7000 万英镑。1798 年，皮特（Pitt）估计从西印度群岛种植园获得的岁入为 400 万英镑，相比之下从世界其他地方获得的岁入只有 100 万英镑。正如亚当·斯密（Adam Smith）在《国富论》（*Wealth of Nations*）中写道："我们西印度群岛殖民地上的蔗糖种植园之利润通常要比欧洲或美洲众所周知的其他任何种植园都要大得多。"根据戴夫南特（Davenant）[11] 的说法："到 17 世纪末，英国的全部贸易带来的利润为 200 万英镑。种植园贸易共计 60 万英镑；种植园商品的再出口计 12 万英镑；与欧洲、非洲和黎凡特（Levant）的贸易计 60 万英镑；东印度公司的贸易计 50 万英镑；东印度公司商品的再出口计 18 万英镑。"[12]

拿破仑战争扩大了英国的贸易帝国，拓宽了制成品市场。经过 22 年的战争，英国商人在财富上超过了土地贵族，《1832 年改革法案》（the Reform Bill of 1832）反映了这一经济事实。

我们可以在此停下来列举一系列通常看似孤立的、毫不相关的事件。具体如下：

1500—1600 年　西印度群岛的奴隶起义

1655—1738 年　英国与马隆人之间的战争

1750 年　英国对人类肉体进行自由贸易

1757 年　开始掠夺印度

1774 年　美洲联合起来反抗奴隶贸易

1775 年　美国革命

1789 年　法国革命

1791—1798 年　图森-路维杜尔起义

1792—1815 年　法国的回应和拿破仑的兴衰

1800—1900 年　英格兰的资本主义与工厂制度

1807 年　英国废除奴隶贸易

1830 年　棉花王国

1833—1838 年　英国废除奴隶制

1846 年　英国废除《谷物法》(Corn Laws)；自由贸易

1863 年　美国解放黑奴

1884 年　帝国殖民主义

奴隶起义是现代世界为提高劳动人民群众的地位而进行革命斗争的开端。因为在宣传上支持奴隶制并感到奴隶起义的消息会有损于这种制度，所以奴隶起义被轻描淡写。在 18 世纪，此类起义出现了 15 次，它们发生在葡萄牙和荷兰统治下的南非、法国的殖民地、英国的属地、古巴，以及诸如圣卢西亚（St. Lucia）这样的小岛上。英国人和马隆人之间进行了酣战，并签订条约，最后海地的叛乱改变了世界的面貌，让英格兰停止了奴隶贸易。这些起义清单如下：

1522 年　圣多明各（San Domingo）发生起义

1530 年　墨西哥发生起义

1550 年　秘鲁发生起义

1550 年　马隆人出现

1560 年　在美洲中部发生拜亚诺（Byano）起义

1600 年　马隆人起义

1655 年　1500 名马隆人在牙买加起义

1663 年　牙买加的马隆人分得土地

1664—1738 年　马隆人在牙买加抗击英国人

1674 年　巴巴多斯发生起义

1679 年　海地发生起义

1679—1782 年　在海地的马隆人组织起来

1691 年　海地发生起义

1692 年　巴巴多斯发生起义

1695 年　帕尔马里斯；巴西发生起义

1702 年　巴巴多斯发生起义

1711 年　巴西发生黑人抗击法国人的斗争

1715—1763 年　苏里南（Surinam）发生多次起义

1718 年　海地发生起义

1719 年　巴西发生起义

1738 年　与马隆人签订条约

1763 年　加勒比黑人起义

1779 年　·海地人援助美国革命

1780 年　法国人与马隆人签订条约

1791 年　多米尼加人起义

1791—1803 年　海地人起义

1794 年　古巴人起义

1794 年　多米尼加人起义

1795 年　马隆人起义

1796 年　圣卢西亚起义

1816 年　巴巴多斯起义

1828—1837 年　巴西发生多次起义

1840—1845 年　海地援助玻利瓦尔（Bolivar）

1844 年　古巴人起义

1844—1893 年　多米尼加人起义

1861 年　牙买加发生起义

1895 年　古巴发生战争

这些起义表明，美洲的黑人奴隶性情温顺是一种错误的观点。他们分为两种人：一种是法国革命之前的人，另一种是法国革命之后的人。马隆人在牙买加和古巴的起义、南美洲的丛林黑人起义以及在海地接二连三的抗争尝试让奴隶主感到害怕，并对整个制度的稳定性造成威胁。在牙买加，马隆人"持续困扰这座岛屿长达 40 年之久，其间议会通过了 44 个法案，至少动用 24 万英镑来镇压他们"[13]。巴巴多斯总督写道，"普通民众始终战战兢兢地意识到暴动的危险"，整个奴隶领地的各种法典都证明了这种事实的真实性。

接下来反对奴隶贸易和奴隶制的事件是美国革命。殖民者不仅通过奴隶们的帮助、通过承诺给予他们自由，并在海地的财力人力协助下实现了独立，而且他们代表了真正的工人阶级，而非剥削劳工的人。最后，法国革命爆发了，这是一场反对与生俱来的特权并要求自由的战争，尤其是要求能够进行贸易和不受强制地进入工业的经济自由。

　　其结果是，基于人道主义理由，奴隶贸易遭到明显反对；但这种反对无力阻止贸易，假如它无法证明作为利润来源的贸易本身受到威胁的话。美洲的反抗证实了法国出产蔗糖的殖民地的优越性。1783 年至 1789 年间，圣多明各的进步令人惊叹不已。到18 世纪末，英国的蔗糖种植园主被法国殖民地夺走了霸主地位。法国殖民地出口额达到 800 万英镑，而英国的殖民地出口额只有500 万英镑。

　　在美洲殖民地赢得独立之时，加勒比海不再是英国的海，投资开始从西印度群岛转向东印度群岛。1783 年，首相威廉·皮特明显对印度越来越感兴趣，并鼓励威尔伯福斯（Wilberforce）[①] 提议废除奴隶贸易。

　　随后，法国革命到来了，最终海地发生了起义。英国人竭尽全力夺取对这块著名的法国产糖殖民地的控制权。他们尝试武力和贿赂并用，但最后还是被迫承认图森-路维杜尔的独立，他们试图让他放弃对法国人的效忠。

　　然而，随着海地退出世界市场，倘若西班牙和葡萄牙的殖民地不再继续种植甘蔗，英国本可以保持对制糖工业的控制权。只要这些殖民地获得廉价的奴隶，他们就会威胁甚至摧毁英国资本在奴隶劳动力上的既有投资。奴隶在法律上被看作机器或者"不动产"，只要能从非洲获得更加廉价的黑人劳动力，对黑人劳动力的投资便会被削弱。

―――――――――

① 威廉·威尔伯福斯（William Wilberforce, 1759—1833），英国下院议员、慈善家，支持议会改革，致力于废除奴隶贸易和英国海外属地的奴隶制，创建反奴隶制协会。他追求的废奴法在其死后一个月通过。——译者注

为了防止奴隶价格下降，必须限制或者停止奴隶贸易。否则，对整个奴隶制度的投资将会摇摇欲坠，这便是路维杜尔革命后英格兰面对的形势。因此，19世纪早期，英国开始变革，在夏普（Sharpe）[①]和威尔伯福斯等慈善家的支持下，皮特等机会主义政治家出人意料地予以支持。

此外，资本主义已发展得非常强大，能够形成足量的自由金融资本，实现从一个领域到另一个领域的投资转移，而不会造成足以削弱这种体系的损失。出现损失是必然的，但它们只是混乱商业模式——即借助于大规模赌博和周期性危机盲目冲入利润更大的新领域——的一部分。最终，黑人奴隶制和奴隶贸易在殖民帝国主义的支持下被废除了，英格兰于18世纪在美洲建立了大规模的现代奴隶制度，在19世纪却正式成为奴隶的解放者，并创建了一种控制人力和原料的方法，事实证明这种方法比奴隶制更加有利可图。

很长一段时间以来，把奴隶贸易看作皈依基督教的方式这种谎言再也无法抚慰那些实事求是之人的良心。奴隶制和奴隶贸易正在把大量财富注入英格兰，为英国建造城市、铁路和发展制造业，使英国成为强大的国家，以至于人们如此激烈地捍卫这项制度。帝国高歌"向大不列颠致敬，大不列颠统治着大海"。

在美国革命之前，英国公共舆论接受了奴隶贩子的观点：

---

① 格兰维尔·夏普（Granville Sharp，1735—1813），致力于英国废除奴隶贸易运动，支持英国议会改革和提高工人工资。1776年，因不同意英国对美洲开战，辞去公职。他曾计划在塞拉利昂安置黑人，并建立圣乔治湾公司，该公司是1792年成立的塞拉利昂公司的前身。他和克拉克森在组建废除奴隶贸易协会上发挥重要作用，后来说服下院议员威尔伯福斯成为他们在下院的代言人。——译者注

"那些做非法交易的人贩子初看起来似乎非常野蛮、惨无人道和违反自然；但是，贸易商在此有很多理由为他们自己辩解，他们可以说这是为了其他很多贸易分支……总而言之，这种贸易带来的好处远超过其他所有的一切，无论是真实的还是虚假的伤害和麻烦。"[14]

奴隶贸易的残酷和惨无人道是一种可怕的事实。英国下院的一个委员会对"贩运途中"这样描述道："黑人被铁链拴住手脚绑在一起，他们被塞得很紧，每个人之间的宽度不得超过一英尺半。他们就像装进桶里的鲱鱼一样被挤压在一起，染上了糟糕透顶的致命疾病；于是，那些早晨前来检查的人隔三岔五必须从奴隶队伍中把死者剔除掉，打开锁链把尸体从那些与他们绑在一起的、可怜的遭罪者身上解开。"[15]"在一起保险案件的听审过程中，供出了以下这些事实。一艘贩奴船满载 442 个奴隶，从几内亚驰往牙买加。60 个奴隶因过度拥挤而死。由于饮用水短缺，船长把另外 96 个奴隶扔进大海。后来，又有 26 个被淹死。还有 10 个在绝望中自溺身亡。然而，这艘船在饮用水耗尽之前抵达了港口。"[16]

在卫理公会、浸礼会和贵格会教徒中，开始出现对新教徒的反抗。卫理公会虽然容忍奴隶制，但对奴隶贸易非常敏感和警惕。浸礼会于 1600 年在英格兰成立，当时已发展成非常民主的组织，其信徒为工人甚至奴隶奔走呼吁；18 世纪普遍的哲学和经济启蒙把博学之士和艺术家带到了一场难得的反奴隶制运动中。

1807 年，英格兰废除了奴隶贸易，她还着手让世界上其他国家也来禁止奴隶贸易。美国、葡萄牙和西班牙只是在口头上支持这项计划，尽管奴隶贸易有所减少，但它仍持续到 19 世纪中叶。

随着奴隶贸易的中断，对劳动力的投资有别于对土地、原料和机器的投资这一点变得显而易见——无论劳动力怎么贬值，它都具有主动权，且能创造需求。在海地的激励下，工人阶级的反抗蔓延开来。海地革命突如其来且取得惊人的成功，它威胁到了西印度群岛甚至美洲大陆的整个奴隶制度。正是这场革命，而不是任何其他单独的事件，不仅给非洲的奴隶贸易，而且给作为工业体系基础的美洲奴隶制，带来了灭顶之灾。这场起义鼓舞着美国和巴西的废奴运动；它在西印度群岛呈燎原之势，星星之火几乎烧到了每一座岛屿。除非奴隶工人被安抚住，否则基于奴隶劳动力的收入将会被摧毁。结果便是，1833 年英格兰废除了奴隶制。美国在内战后随之将其废除。

拿破仑战争并未摧毁英格兰；英国与非洲奴隶贸易、黑人奴隶制度和掠夺印度密不可分，战争让英国政府成为世界上最强大的政府；战争摧毁了英国的工业对手；战争让英国通过殖民地所有权控制了原材料的主要来源，让她有足够的现金来压倒对手；庞大的金融资本储备使其能够制造机器，等着下一代人来偿债；英国的科学和技术知识让这个国家能够造出最好的机器和工具，并让全世界的债权人来采购；英国统治着海洋，因此垄断了运输。即使在早期的新资本主义暴利热潮中，她也尽可能地不把本国的劳力变成工厂体系中的奴隶并且应对了革命，她还证明了只有在这片土地上才能够提高工资，还能通过把穷活累活的负担转嫁到殖民地和被统治人民的身上来维持高利润。与此同时，尽 42

管大不列颠是现代奴隶制的发起者和主要支持者，但她能够昂首挺胸，通过废止当时正在变得无利可图的奴隶制度，以伟大的奴隶解放者身份来引领世界的慈善事业。

但是，即便在这种角色让她那更加伟大的灵魂感到高兴之时，英帝国还是成了黑人奴隶制这个最糟糕遗产的受害者：种族优越和种族界限的信条藏匿在民族主义和强权政治的背后，这种信条让文明之人在此后的一个世纪自杀，疯狂地尝试把地球上的绝大多数人民牢牢控制在白人手里——时至今日他们依然紧抓这一目标不放。

这并非浪子恶意行为的演变发展；这是一场在善与恶之间——在高贵优雅的灵魂与丧尽天良的对奢靡、权力和放纵的渴望之间——展开的斗争。邪恶的力量不断通过巨大的权力得以巩固，奴隶制和对人类的剥削把这种巨大权力交到劳动人民的背叛者手里，让他们成为全世界羡慕的对象，直到各个国家为了得到这种权力而宁愿摧毁地球。假如在这种一步一步堕落到地狱的过程中，正义得到了帮助并增强了力量呢？假如自由的美国欢迎自由的海地进入一个主张非洲和亚洲自由的世界呢？但事实并非如此；奴隶制主宰着西方的"自由"共和国长达半个世纪，奴隶棉花王国是英国制造业的基石，同时英国在所有的黑暗世界里抢占土地和劳力。假如英格兰给予非洲自由，并让非洲接受教育，解放印度，与日本联手力挺中国，而不是为了在地球上打造最"舒适"和最让人羡慕的贵族阶级，强迫大多数人甚至在英格兰的人们深陷愚昧无知状态的话，后果会怎么样呢？假如19世纪的技术与科学被用来养育大多数人而非让少数人富裕的话，后果又会怎样呢？

黄粱一梦？也许是吧，但即使是无法实现的梦想也要比当前的噩梦更好些。

资本主义的新时代来临了，它源自加尔文主义：节俭、勤劳、诚实被当作最好的策略，同时还有利益和利润。资本主义在不同的国家不同的时期进入高级阶段：在1846年的英格兰，当时英国资本主义不需要保护性关税，它便在议会中打倒农业生产者，强行采取自由贸易；在美国，大约在1850年，用于投资的资本超过了土地的价值。1848年法国革命展现了被组织起来的劳工的力量，也彰显了资本主义的力量，后来资本主义的力量获胜。在德国，资本主义在第一次世界大战后开始全面统治。

在英国议会中，《1832年改革法案》通过后，资本主义已高高在上。从前，种植园贸易意味着一切；但在新的资本主义制度下，种植园奴隶制几乎没有立足之地。然而，英国的机械化力量依旧在让整个世界拜倒在她的脚下。她为全世界提供服装，输出人力和机器，并且已成为全世界的银行家。英国的资本，就像英国的产品一样，考虑的是整个世界。"1815年至1830年间，至少有5000万英镑被用来差不多永久性地投资在向欧洲最稳定政府提供的担保上，超过2000万英镑以这样或那样的形式在拉丁美洲投资，有500万或600万英镑悄无声息地潜入美国。"[17]但是，没有任何新的资本前往西印度群岛。

当时，这便是奴隶贸易的历史，也正是那场非凡运动的历史，那场运动让对人类肉体的投资成为有组织的现代资本主义之初体验；那场运动的确让资本主义成为可能。它与现代世界的民主同时开始，但这种开始受到了干扰，几乎因黑人奴隶制给非洲本身造成的后果而停滞不前。

　　在非洲，一种新的辅助性控制手段通过阿拉伯人的象牙贸易发展壮大，以抨击奴隶制为幌子，它导致了探索活动，最终导致对非洲的侵吞。在整个所谓"阿拉伯人的奴隶贸易"的故事中，真相不可思议地被扭曲了。阿拉伯人对奴隶的掠夺从一开始就是、很大程度上到结束也还是英美奴隶制和奴隶贸易的次要结果，确切地说是建立在美洲对象牙的需求之上。

　　象牙有着悠久的历史。荷马反复提到它。在尼尼微（Nineveh）①的遗址中和图特摩斯三世（Tuthmosis Ⅲ）②统治时期都发现了象牙；除黄金之外，大量的象牙和乌木从尼罗河顺流而下。从《列王记》（Kings and Chronicles）中，我们得知所罗门建造的雄伟象牙宝座，听说每隔三年就会有船载着金银、象牙、猿猴和孔雀来到以色列。以西结（Ezekiel）③在哀叹提尔（Tyre）④的毁灭时提到了它那镶嵌象牙的黄杨木长椅。在希腊，被誉为世界

---

① 尼尼微，古代亚述帝国的首都，位于底格里斯河东岸，与今伊拉克北部的摩苏尔隔河相望。公元前 7 世纪在辛那赫里布和亚述巴尼拔统治下发展到顶峰，公元前 612 年被巴比伦尼亚的那波帕拉萨尔及其盟友斯基泰人和米底人占领并破坏。——译者注
② 图特摩斯三世（前 1481—前 1425），古埃及第十八王朝的法老，以尚武著称，在其统治下埃及恢复了对叙利亚和巴基斯坦的统治，还让利比亚、亚述、巴比伦等对其臣服。图特摩斯三世战功赫赫，被称为古埃及的拿破仑。——译者注
③ 以西结，公元前 6 世纪以色列的先知和祭司，《旧约·以西结书》中的主要人物，预言耶路撒冷被毁灭，以色列人被掳掠。——译者注
④ 提尔，阿拉伯语称苏尔（Sur），黎巴嫩南部城镇，公元前 11 世纪至前 6 世纪是主要的商业城市，也是腓尼基人的中心，拥有海上霸权，因产丝绸服装和紫染料而闻名。——译者注

七大奇迹之一的、由菲迪亚斯（Phidias）^①雕刻的、位于奥林匹亚的朱庇特（Jupiter）雕像，是用象牙、大理石和黄金建造的。罗马元老院的坐席是用象牙制造的，大量的象牙从非洲流入罗马。

到了基督教时代初期，象牙贸易减少了。象群已经消失，没有任何系统的方法可以搜集象牙或者将其带到市场上来。此外，直到15世纪文艺复兴时期，新的需求才让搜集象牙变得有利可图。在非洲西海岸和莫桑比克，葡萄牙人开始出口象牙。他们挥霍浪费，以至于当地人搜集到的大量存货到17世纪中叶消耗殆尽。

荷兰人开始在南非搜集象牙，那里和中非的供应稳定，跟得上需求。然而到了19世纪中叶，西方出现了新的需求。象牙长期以来都是由奴隶搬运至沿海地区或者沿着尼罗河顺流而下，然后搬运者也没有返回，他们被卖掉了。在17世纪、18世纪和19世纪初，大多数象牙流入阿拉伯半岛、波斯和印度，奴隶被运送到这些地方去当士兵和仆人。象牙贸易量小，而且奴隶贸易造成了干扰，因此这种贸易并未转移大量人口。

大约在1840年左右，象牙开始越来越值钱。搜集象牙需要武器和交通工具。欧洲和美洲提供了大量的武器装备。黑人搬运工长途跋涉，用他们的脑袋为白人运送黄金，贸易商则把这些黑人卖到中东和美洲为奴来获取双重利润。结果形成了一种利润巨

44

---

① 菲迪亚斯，古希腊雕刻家，奉命主管伯里克利在雅典提出的帕台农神庙建筑工程，创造了里面重要的神像，包括雅典娜雕像。古代作家认为他的代表作是位于奥林匹亚的宙斯神庙中的宙斯雕像。首创的理想主义古典风格，使希腊艺术在公元前5世纪晚期到公元前4世纪举世闻名。——译者注

大的产业，该产业宣布向尼罗河流域邪恶至极的势力提供服务，在白人殖民侵略者的盟友穆罕默德·阿里（Mohammed Ali）的推波助澜下，导致该地区长达几个世纪的社会解体。

它还招来了像塞卢斯（Selous）[①]和卢加德（Lugard）[②]这样的白人士兵，他们冷血地屠杀了半人类的象群。它引来了探险家，这些人追随猎人和奴隶贩子而来。探险家之后来的是传教士。探险家和传教士都指出，象牙生意正在杀死本可以下更多金蛋的鹅。如果不是它杀害了宝贵的劳动力，这种劳力和原料都会受制于欧洲的政治控制和寻找投资的雄厚资本。像利文斯通（Livingstone）[③]这样的传教士认为，这不仅是一种拯救人类身体和灵魂的方法，还意味着节俭与行善，在早期资本主义的民间传说中，两者的神圣结合成为造就现代文明的必然元素。

英国和美国越来越强烈地要求取缔东非的奴隶贸易，这并非纯粹为了做慈善。正是这项"慈善占5%的慈善事业"完成了世纪转型，让那个美洲的奴隶制世纪过渡到这个资本从蔗糖种植园转向非洲和亚洲殖民帝国主义的世纪。这两种事业的主要目的都是让所有者和剥削者获益，其主要代价是让奴隶和当地居民陷入

① 弗雷德里克·柯特尼·塞卢斯（Frederick Courteney Selous，1851—1917），英国探险家、博物学家、士兵和猎人，1890年后，致力于英属南非公司，商谈矿山和土地权利。坦桑尼亚的塞卢斯禁猎区便以其名字来命名。——译者注

② 弗雷德里克·迪尔特里·卢加德（Frederick Dealtry Lugard，1858—1945），英国殖民地官员，曾在亚洲和北非担任英国军官参加作战，后来接受英属东非公司、王家尼日尔公司和其他私人企业的职位。在担任尼日利亚政府首长时，成功撮合尼日利亚南北统一。其通过部落酋长的统治和当地法律习俗的控制手法，深刻影响了英国的殖民政策。——译者注

③ 戴维·利文斯通（David Livingstone，1813—1873），苏格兰传教士，深入非洲从事传教和地理考察活动长达30年之久，发现恩加米湖，勘察赞比西河地区，发现维多利亚瀑布，著有《南非考察和传教旅行》等。——译者注

贫困、无知和痛苦。

大约在 19 世纪中间的 30 年，形势突然发生了变化。对象牙的需求增加了。在美国，象牙加工是早期的一种工业，特别是康涅狄格河两岸的新英格兰，该地自 1820 年后开展象牙切割。象牙被加工成雕刻品、餐具、台球、缩模，以及钢琴键。美国、加拿大和澳大利亚所有的钢琴键都是在深河（Deep River）、艾弗里顿（Ivoryton）和布法罗（Buffalo）制造的。由于需求增加，欧洲和美国的贸易商在桑给巴尔（Zanzibar）设立了收购象牙的机构；到 19 世纪三四十年代，象牙价格飙升。阿拉伯人为射杀大象和胁迫当地人而开始索要武器。对欧洲和美国的象牙出口以及阿拉伯半岛和波斯湾的奴隶出口与日俱增，刺激了对武器和弹药的进口增长。德国人一年之内派发了 1.3 万支毛瑟枪。英国人和葡萄牙人送出了数千支来自印度、原先装备印度兵（Sepoy）的老式步枪。法国人提供了一种单管轻武器。每桶 10 磅和 25 磅的美国火药蜂拥而至。德国人的骑兵军刀和雷管也隆重登场。阿拉伯人以 60% 到 80% 的利息向印度高利贷者借款，然后整装出发前往大象的栖息地。[18]

说来也奇怪，正是这种象牙贸易刺激和引导人们到中非去游历和探索发现。探险家追随象牙贸易商的脚步，他们才是真正的发现者。伯顿（Burton）①、斯皮克（Speke）②、利文斯通、斯坦利

---

① 理查德·伯顿（Richard Burton, 1821—1890），英国探险家、作家，多次到亚非探险，考察伊斯兰圣地麦加和麦地那，发现非洲坦噶尼喀湖，翻译出版《一千零一夜》。——译者注

② 约翰·汉宁·斯皮克（John Hanning Speke, 1827—1864），英国探险家，第一个抵达东非维多利亚湖的欧洲人。是伯顿探险队成员，归途中与伯顿分开而独自向北前行，1858 年 7 月到达大湖，并将其以维多利亚女王命名。——译者注

（Stanley）①、卡梅伦（Cameron）②等人开始从阿拉伯人在桑给巴尔岛的首府出发。他们沿着阿拉伯象牙贸易商制定的路线前行。英国象牙贸易商佩瑟里克（Petherick）③开始探险的时间要比施韦因富特（Schweinfurth）④更早，其探索的国家都是通过象牙贸易而开放的。利文斯通在刚果河上游发现了象牙贸易商。卡梅伦1873年从桑给巴尔岛启程，他是第一个沿着象牙贸易商的路线从东到西穿越非洲的欧洲人。斯坦利在1874年至1877年间完成第二次探险，受到提普-提卜（Tippoo-Tib）的帮助，这个著名的黑人奴隶贩子也曾帮助过利文斯通。斯坦利的最后一次伟大探险是在1887年至1889年，途中他营救了艾敏帕夏（Emin Pasha）及其黑人妻子。

　　正是通过这种方式，当从非洲到美洲的奴隶贸易大部分遭到禁止时，对奴隶贸易技巧及其意义的认识才在欧洲出现。我们有一系列关于这种贸易的一手材料。

　　19世纪下半叶，象牙成了祸害中非的根源。关于流血和暴行的完完整整的故事永远不会为人所知。数千里的肥沃土地变成荒野和废墟。成千上万头大象被屠杀，数千人被杀害。据估计，

---

① 亨利·斯坦利（Henry Stanley, 1841—1904），英国探险家、记者，多次到非洲探险并考察刚果地理，曾于1871年在中非救出失踪的探险家，著有《我是怎样找到利文斯通的》《穿越黑暗大陆》等。——译者注

② 弗尼·卡梅伦（Verney Cameron, 1844—1894），英国探险家，第一个穿越赤道非洲的欧洲人，著有《穿越非洲》等游记作品。——译者注

③ 约翰·佩瑟里克（John Petherick, 1813—1882），英国探险家和商人，考察了尼罗河的西部支流，在苏丹和中非开展动物学和人类学探究，是第一个在刚果盆地东北部发现阿赞德人的欧洲人。——译者注

④ 格奥尔格·施韦因富特（Georg Schweinfurth, 1836—1925），德国探险家、植物学家和民族学家，多次考察中非和东非，搜集了许多标本，著有《身在非洲心脏》。——译者注

能够运送象牙抵达海岸的俘虏只剩下不到五分之一。由于饥饿、疾病导致的虚弱，以及长途跋涉的劳累，沿途死尸遍野，饿殍满地。

"如果可以的话，你想象一下有着这么一块土地，其大小大致相当于我们美国的密西西比河和伊利诺伊州以东的全部地区，四面八方被数百个到处流窜、横行霸道的抢劫杀人犯团伙手持所向披靡的镇压武器实施恐怖统治，一块满是鲜血和强权的土地，晚上到处都是火光冲天和毁灭破坏，白天随处可见一群群被绑在一起、向前行进的奴隶，到处都是绝望透顶、苦不聊生的奴隶的鲜血。而且这种情况持续了数年，*甚至数个世纪之久*。"[19]

亨利·M. 斯坦利写道："阿拉伯商人拥有的每一根象牙、每一个物件和每一块碎料都被鲜血浸染。每一磅都付出了一个男人、女人或孩子的生命，每五磅就有一所木屋被烧毁，每两根象牙就有一个村庄全部被摧毁，每获得二十根象牙都是拿一个地区全部的人民、村落和种植园为代价。让人难以置信的是，因为需要象牙……人口、部落和民族就应该被彻底摧毁。"[20]

黑人哈米德·本·穆罕默德（Hamed bin Muhammed）——人们对他那提普-提卜的名字更加熟悉——是最大的奴隶贩子之一。他最终成为中部非洲正中间的卡松戈（Kassongo）地区的苏丹和领主，他把该地区变成了搜集象牙和猎取奴隶的中心。他有1000支前膛枪。而且直到1905年他才去世。

阻止奴隶-象牙贸易的功劳必须归于产生这种想法的利文斯通，归于帮助落实这种想法的东非的柯克（Kirk），归于实际上阻止桑给巴尔贸易的阿拉伯黑人巴加什（Bargarsh）。但是，这三个人代表着参与其中的各种稀奇古怪的利益：利文斯通是个人道主义者，他认为贸易和商业是改善人类状况最好的、自然而然的方式。如果他看到今天的南非和罗得西亚（Rhodesia）的状况，认识到欧洲贸易和工业主义逼迫当地人深陷困境的情况，他会感到毛骨悚然。柯克是个英帝国主义者，他预见到了殖民主义的时代。他不是个渴望黑人发展和崛起的慈善家。他想要的是英格兰的权力扩张，他相信，通过禁绝阿拉伯人控制下的奴隶贸易和奴隶劳工，扩大英国治下的殖民地所有权和增加其农奴劳工，将会出色地完成这一目标。阿拉伯苏丹巴加什毫不动摇地认为，与英国结成殖民主义联盟会保护其未来的权力和收入。

　　这对欧洲造成的影响是非同寻常的。欧洲和美国的商业得到刺激。那些依然相信 18 世纪贸易扩张正当性的传教士把商业和传教活动相结合，并不理解两者之间的内在矛盾。结果，传教士与商人肩并肩携手工作。正是利文斯通宣布，他正在把商业和传教活动带给当地人。

　　诸如非洲湖公司这样的商业公司开发和管理着一片片领土，并把猎象者武装起来。他们提供来复枪并派遣猎人，保留以特定价格购买象牙的权利。正是如此，阿尔弗雷德·夏普爵士和卢加德勋爵开始了作为象牙猎人的职业生涯。19 世纪中叶，美国、英国、法国、德国和葡萄牙的贸易商携大炮而至，这成了阿拉伯人控制下的象牙-奴隶贸易中最糟糕的时期。在其巅峰时期，每年有 3 万名奴隶经由桑给巴尔向外出口，导致超过 10 万人死于前往海边的路途中。

　　接下来，英国的公共政策超乎寻常地发生了转变。结束阿拉伯奴隶贸易在东非和中非的扩张成为构建英帝国的一种手段。英国竭尽所能在美国建立新的现代奴隶制，这一切都在她努力阻止非洲的象牙-奴隶贸易时被人遗忘了，而英国的这种努力只是其构建庞大非洲殖民领地的另一个侧面，她提出要通过使用廉价的当地劳力、销售非洲的原材料，以及为其商品打开市场等方式进行剥削。奴隶制和奴隶贸易转变成反奴隶制和殖民主义，所有这一切都是以同样的决心和需求来增进投资利润。

　　这完全变成一场资本主义剥削的典型戏剧：右手对左手所做的事情一无所知，却以超乎寻常的节奏紧跟着、应和着；投资者不知道、不询问，也极其不关心其利润的来源；受奴役的、死亡的，或只拿半薪的工人从来看不到也未幻想过他的劳动价值（现在属于别人）；社会上的红人和伟大的艺术家都看不到钢琴键上的鲜血；俱乐部里的人吹嘘着伟大的狩猎活动，听到的只是他那光滑、可爱、有弹力的台球的撞击声，却听不到一丝那些温顺的半人类野兽发出的撕心裂肺的痛苦尖叫，每年有 5 万到 7.5 万只大象在生不如死、苟延残喘的恐惧中被残酷无情地宰杀；用它们的牙齿来装饰文明，挂在 3 万名黑奴低下的头和被缚的脚上，在一片狼藉、火光冲天的房屋中留下了超过 10 万具尸体。

　　非常自然而然的是，所有的象牙贸易都集中在伦敦。在敏辛巷（Mincing Lane）①，全世界的象牙自 19 世纪 20 年代以来在此买卖交易，时值奴隶棉花王国开始把从美洲种植园获得的利润注入纽约和曼彻斯特。伦敦每年的象牙进口量增长如下：

① 敏辛巷，伦敦城内的一条连接芬彻奇街和大塔街的单行短街，在 19 世纪晚期成为全球主要的茶叶和香料贸易中心。——译者注

1788—1798 年　每年 100 吨

1827 年　每年 60 吨

1845—1849 年　每年 294 吨

1870—1874 年　每年 627 吨

1880—1884 年　每年 514 吨

这意味着，在贸易鼎盛时期，每年有 7.5 万头大象死亡。一名狂热的猎象者描述一头大象死亡时的情形。他们杀死了她的孩子。"她转过身来，愤怒地尖叫着，猛烈地发起攻击。她冲锋了三四次。她大多数时间站着不动，满身是血，面对着人，因为她刚负了伤。最后，经过短暂的挣扎，她摇摇晃晃，跪地而亡。"几年后，远在千里之外，在用她那弯曲的象牙刻成的迷人琴键上，人们弹奏着《月光奏鸣曲》(*Moonlight Sonata*)。不管是为了琴键还是音乐，大象的死实际上都毫无必要。

正是这个伦敦市场，向康涅狄格州的艾弗里顿提供原材料来制造台球、钢琴键和可爱的小饰品，还精心策划通过高级金融银行的隐蔽、迂回方式，向阿拉伯人和劫掠黑人奴隶者提供火药和枪支，以对他们极有利的价格收购其象牙。劫掠奴隶者的背后是探险家，他们指出了非洲丰富的资源和非洲可能的劳力；探险家的背后是传教士，他们痛斥奴隶制，但说的都是空话，对其在伦敦和布法罗的白人权力来源知之甚少。

渐渐地，局面发生了变化：行业领袖看到了资本的新机会。他们可以从阿拉伯人和黑人身上攫取象牙的利润；他们可以驱动英格兰和世界宗教的车轮从好望角滚到开罗，背后是对非洲的帝国控制，这样不仅从象牙中得到微薄的利润，还可以从香料、黄金、钻石和铜矿中获取巨额利润；他们可以用当地的黑人劳力取代造成浪费的奴隶制，所支付的工资比欧洲和美洲的白人劳工要便宜一半甚至十分之九，而且还能令白人劳工对此甚是欢喜，因为所做的这一切都是为了上帝的荣耀和白种人的优越性。于是他们就这么干了。

殖民帝国主义就这样诞生了。也因此，殖民帝国主义的某些领导人在其自身的个人生活中印证了它的发展。有一个名叫弗雷德里克·C.塞卢斯的人，他一开始是个猎象者，后来把马绍纳兰（Mashonaland）并入英帝国。还有个叫弗雷德里克·D.卢加德的人，他最初在印度、缅甸和苏丹打仗，后来去东非狩猎大型动物，凭着非洲湖公司提供的武装，他杀害了许多头大象，并成为象牙-奴隶贸易体系的一部分。接下来，他以自由职业战士的身份出现在东非，对抗阿拉伯人和穆斯林，捍卫基督教传教活动。此后他再次以英属东非公司的代理人身份出现，把乌干达并入英国。于是，他被公认为英帝国的伟大捍卫者，又前往西非去帮助制服堕落的苏丹文化残余力量。在那里，他敏锐地察觉到，把这些民族的部落政府原封不动地保留下来，同时英国控制贸易和对外关系，这样最容易实现对这些民族的征服。于是，他发明了"非直接统治"，并成为西非的英国总督。后来，他退休了，靠着黑西非支付的养老金在英格兰生活，他被认为是非洲事务的最高权威，最后带着高贵的英国贵族头衔光荣地死去。

这一切对非洲黑人土著产生了哪些影响？过去，我们的注意力放在了肉体痛苦、生命丧失以及土地破坏上，但我们没有思考过更大更深层次的社会解体。首先，从撒哈拉到好望角这条被打开的道路不仅为班图战士劫掠民众提供方便，而且这场大型、持续久远的运动被组织起来以进行侵略和征服。我们听说过雅格人（Yaggas）等野蛮部落的猛烈攻击，但我们也必须记住，出现了一种崭新的组织形式。黑人的生活无法适应政治组织和帝国建设。它无法坐等牧民和农业慢慢发展。它必须匆忙转移到更安全的地方和受庇护的土地那里去，也必须尽快掠得战利品。"人们悲痛地意识到，靠近非洲腹地的黑人民族的堕落是欧洲奴隶交易的直接结果。达荷美和贝宁的野蛮状态是一个世纪前当地酋长应英国和荷兰贸易商的需求而为种植园提供受害者的野蛮行径所遗留下来的。"[21]

这种运动在 19 世纪威武庄严、残酷至极的沙卡军队这里达到了顶峰，这支军队几乎成功地使用长矛对抗机枪。接下来，西海岸也开始发生变革：有着错综复杂的社会组织、精心规划的产业和优美艺术的城邦被更新、更强大的像 17 世纪达荷美那样的军事国家击退和征服；阿散蒂人早先在和平的产业和艺术领域的收获，远远赶不上他们作为奴隶贸易的中间商获得的新利益。

在诸如提普–提卜这样的黑人的影响下，东非的奴隶贸易变得有组织了。欧洲人所追求的商业目的和利润被巧妙地引入非洲，并与那个不熟悉此类生活的非洲所共享。非洲各部落的以及阿拉伯人和波斯人的内部奴隶制都相对温和，它并未妨碍一名奴隶的儿子成为国王、政客或者诗人，但现在传统内部奴隶制被转变成了做苦力和干重活的动产奴隶制。14 世纪和 15 世纪苏丹所预测的那种非洲文明的持续向前发展趋势受到阻挠，倒退回混乱、逃跑和死亡中去了。

人们可以看到西海岸的颓废景象，在传说中的大西岛
（Atlantis）的阴影下，出现了贝宁巫术（juju）的血祭品与贝宁
雕刻家的漂亮青铜器被并列摆放在一起的奇怪现象。伟大的苏丹
诸王国和帝国在滕卡迪布（Tenkadibou）战役[①]中被打败，它们
不仅忍受了一大群柏柏尔入侵者带来的噩梦，因为这些人向东迁
移，而且它们变成了卡内姆（Kanem）与博尔努（Bornu）的苏
丹王国和方族人（Fung）的王国；它们向尼罗河流域靠拢，开始
与伊斯兰教展开激烈战斗。

　　随着进一步向南推进，班图牧民向刚果和津巴布韦猛扑过
去。非洲的工艺开始走向终结，尤其是以品位和艺术为导向的工
艺。廉价的欧洲商品涌进来，扫灭当地产品使其无力竞争。朗姆
酒和杜松子酒取代了本土温性酒。漂亮的花布、锦缎和天鹅绒在
曼彻斯特白棉布做成的便宜仿制品面前消失了。制作的方法失传
了、被人遗忘了。

　　随着这一切而来的是家庭的衰落和破裂，传教士对古老的非
洲宗族蓄意进行攻击。跟随传教士脚步而来的是蜂拥而入的投资
者，他们想要获得在金矿、钻石矿、铜锡矿、油林和可可田工作
的廉价劳力。家庭的权威支离破碎；宗族的权威和传统消失殆
尽；酋长的权力被转化为白人行政区专员的统治。古老的宗教被
人嘲笑奚落，过去的文化和道德标准退居次要地位或者消失了。
时光荏苒，自卑情结、肤色恐惧、白皮肤崇拜、对白人做事思维

49

---

① 滕卡迪布战役，也称通迪比（Tondibi）战役，是 1591 年桑海帝国军队和萨迪（Saadian）
军队进行的一场决定性战役，结果推翻了桑海统治者阿斯基亚，导致桑海帝国毁灭，帝
国首都加奥被占领，廷巴克图和杰内等贸易中心遭到洗劫。——译者注

方式的模仿（无论好坏抑或不分好坏）在整个非洲蔓延开来。到19世纪末，非洲的衰退就有组织的人类手段所能企及的水准而言已臻于完美。代表着人类千年奋斗文化的酋长被戴上二手伦敦礼帽，而欧洲人在私下窃喜。

弗罗贝尼乌斯（Frobenius）在其著作《非洲文明史》（*Civilisation Africaine*）中说：

> 当他们（中世纪末期的第一批欧洲航海家）在几内亚湾和在瓦伊达（Vaida）登陆之时，船长们惊奇地发现，街道被精心打理，边上种着两排树，长达几里格（leagues）；很多天以来，他们穿过了一个有着良田美景的国家，居住在这个国家里的人身穿华丽服装，这些衣物竟然是他们自己编织的！更有甚者在刚果王国的南部，一群群人穿着丝绸和天鹅绒；各国井然有序，甚至在细枝末节上也如此，强大的君主，五花八门的行业——文明到骨子里去了。东部沿海国家——例如莫桑比克——的情况也完全相同。
>
> 15世纪到17世纪的航海家所透露的事实提供了绝对证据，证明一直延展到撒哈拉沙漠南部的黑非洲正处于全盛期，和谐融洽、形态绝佳的诸文明全部绽放着光芒，而欧洲征服者在他们前进的过程中毁灭了这一繁荣时期。因为美国这个新国家需要奴隶，而非洲能提供奴隶，几百个、几千个，甚至整船整船的奴隶。然而，奴隶贸易从来就不是一件让人问心无愧的事情，他需要正当理由；因此，他们把黑人做成了一件一半是动物的商品。同样，物神崇拜（葡萄牙

语为 "*feticeiro*"）的观念被发明出来作为非洲宗教的象征。至于我，我在非洲的任何地方都没有看到过黑人崇拜物神。"黑人野蛮"的观点是欧洲人的发明，结果在欧洲一直流行到本世纪初。[22]

这些被世界捕猎了 500 年的黑人现在都是些谁呢？为了捍卫奴隶制和奴隶贸易，以及为了建立资本主义工业和殖民主义帝国，非洲和黑人被解读为差不多不属于人类的范畴。他们在现代思潮中丧失了自己的历史和文化。在非洲所有属于人类的东西都被认为是欧洲的或者亚洲的东西。非洲不是世界的组成部分，因为世界蹂躏了非洲，还必须假装它没有伤害人，伤害的只是个物件。

鉴于当前的世界灾难，我希望回顾一下非洲的历史。我想重新讲述它的历史，尽可能地不让歪曲的科学掩盖和丢弃这段历史。我想诉诸过去，以便解释现在。我知道这种方法是多么不受欢迎。我们现代人，我们这些智者中的智者，与死寂的过去又有什么关系呢？然而，"所有在地球表面活动的东西，对于在地球怀抱里沉睡的部落来说，不过是九牛之一毛"，那么，我们是谁，那些在兄弟们试图完成的工作任务中的愚蠢冒失鬼，我们又凭什么忘记他们呢？

我记得有一次给编辑送去一篇文章，一开头就谈到上个世纪的经验。"哦，"他说，"撇开历史回到现在吧。"我真想千里迢迢赶到他的面前，抓住他的衣领对他说，"亲爱的，亲爱的笨蛋！过去就是现在；没有过去发生的东西，*现在*什么都不是；在无限

的死亡中，活着的不过是些微不足道的部分罢了，难道你不明白
这些道理吗？"

　　所以，现在我要求你们跟着我一起回到 5000 年前甚至更远
的年代，去询问一下：什么是非洲，黑人是谁？

注释

　　［1］玛丽·威廉明尼·威廉斯（Mary Wilhelmine Williams）在《社会科学百科全书》(*Encyclopedia of the Social Sciences*) 中有关奴隶制的条目，纽约：麦克米兰出版公司（The Macmillan Co.），1934 年，第 14 卷，第 80 页。关于本章中的其他事实和典故，参阅约翰·W. 布莱克（John W. Blake）的《欧洲人踏上西非》(*European Beginnings in West Africa*)，纽约：朗文格林出版公司（Longmans, Green & Co.），1937 年。

　　［2］查普曼·科恩（Chapman Cohen）：《基督教、奴隶制和劳工》(*Christianity, Slavery and Labour*)，伦敦：先锋出版社（Pioneer Press），1931年，由世俗社有限公司（The Secular Society, Limited）发行，第 46—47 页。

　　［3］同上，第 44 页。

　　［4］豪伊特，前引书，第 309—310 页。

　　［5］同上，第 262 页。

　　［6］卡尔·马克思（Karl Marx）：《资本论》(*Capital*)，芝加哥：克尔出版社（C. H. Kerr & Co.），1909 年，塞缪尔·穆尔（Samuel Moore）和爱德华·艾威林（Edward Aveling）译，第 1 卷，第 823 页。

　　［7］同上，第 1 卷，第 832—833 页。马克思引用了艾肯（Aiken）的著作（1795 年），第 339 页。

　　［8］同上，第 1 卷，第 833—834 页。

　　［9］埃里克·威廉斯（Eric Williams）：《资本主义与奴隶制》(*Capitalism and Slavery*)，教堂山：北卡罗来纳大学出版社（University of North Carolina Press），1944 年，第 52 页。

　　［10］同上，第 51 页。

[11] 戴夫南特是《公共税收论文集》(*Discourses on the Publick Revenues*) 的作者，该书于 1698 年在伦敦出版。

[12] 埃里克·威廉斯，前引书，第 53 页。

[13] 布赖恩·爱德华兹（Bryan Edwards）:《英属西印度群岛殖民地的内政与商业史》(*The History, Civil and Commercial, of the British Colonies in the West Indies*)，费城：詹姆斯·汉弗莱斯出版社（James Humphreys），1805年，第 1 卷，第 340 页。

[14] 埃里克·威廉斯，前引书，第 50 页。

[15] 英格拉姆（Ingram）:《奴隶制和农奴制史》(*History of Slavery and Serfdom*)，伦敦，1895 年，第 152 页。

[16] 戈德温·史密斯（Goldwin Smith）:《英国政治史》(*The United Kingdom: A Political History*)，第 2 卷，第 247 页。

[17] 利兰·詹克斯（Leland Jenks）:《1875 年前英国资本转移》(*Migrations of British Capital to 1875*)，纽约：阿尔弗雷德·A. 克诺夫出版社，1927 年，第 64 页。

[18] E. D. 穆尔（E. D. Moore）:《象牙：非洲的祸根》(*Ivory: Scourge of Africa*)，纽约：哈珀兄弟出版社（Harper & Brothers），1931 年，第 54 页。

[19] 同上，第 63 页。

[20] 亨利·M. 斯坦利（Henry M. Stanley）:《至暗非洲》(*In Darkest Africa*)，纽约：查尔斯·斯克里布纳之子出版社（Charles Scribner's Sons），1891 年，第 1 卷，第 240 页。

[21] 威廉·H. 伍德沃德（William H. Woodward）:《英帝国简史》(*A Short History of the British Empire*)，伦敦：剑桥大学出版社（Cambridge University Press），1924 年，第 307 页。

[22] 利奥·弗罗贝尼乌斯（Leo Frobenius）:《非洲文明史》(*Histoire de la Civilisation Africaine*)，由巴克（Back）和埃尔蒙（Ermont）根据德文版翻译成法文，巴黎：伽利玛出版社（Gallimard），1936 年，第 6 版，第 56 页。这部著作从来没有被翻译成英文，因此我详加引用，由于这位最伟大的非洲学者现已去世，目前德文版也停止出版了。

51

52

第四章　非洲的定居者

这是一个基于科学并根据我们所知道的关于非洲民族自然发展的事实进行科学推论的故事。

先知们说，在整整20亿年里，这个世界被酷热的雾气笼罩，一个被熔化的金属覆盖的黏稠的带壳球体绕着太阳旋转。地壳渐渐凝固，固体和液体分开，在沸腾的海面上隆起了跌宕起伏的山脊。面积五倍于非洲的那块陆地浮现了出来，但又沉到海底去了。最后，至少在10亿年前，一大块坚硬的岩石把它那水晶般的背脊探出水面，并保持了下来。原始非洲从埃塞俄比亚的城墙一直延伸到最终在南非发现铜、钻石和黄金的地方。更多的陆地出现了，可能在3亿年以前，非洲与南美洲、印度和澳大利亚是连接在一起的。因为海洋盆地下沉，非洲东半块慢慢隆起，形成宽阔而平坦的拱形地带。

这片拱形地带的东边坍塌了，形成了印度洋，拱形顶部坍塌的地方出现了大裂谷。这条巨大的裂缝从赞比西河（the Zambesi）延伸到埃塞俄比亚和叙利亚，绵延6000英里，据说这是火星人在繁星点点的夜晚遥望地球时所能看到的唯一东西。所有的东非大湖都位于那条主裂缝上，毫无疑问，红海和加利利海也是这个庞大奇观的组成部分。后来，大约在 1000 万年以前，出现了第二次开裂，而且开裂和倾斜可能一直持续到我们这个时代的 10 万年前。

地理和气候出现了周期性变化。欧洲和非洲通过陆地合并到一起，后来又分离开来。下埃及被淹没，地中海延伸到了波斯。最后，地质学家所称的现代世界诞生了。在埃及，各条大河从红海之间的山丘奔流倾泻而下，尼罗河流入了新旧峡谷。星罗棋布的河流穿过撒哈拉沙漠，汇入更加宽阔的乍得湖，把尼日尔河、刚果河、尼罗河连接起来。

冈瓦纳大陆（Gondwanaland）是包括连成一块的非洲、南美洲和亚洲的古老大陆，裂谷带来的那些新变化把它分成三个部分。地球内部的放射性让地壳分裂开来。我们通过地图可以看出，非洲是如何从南美洲分裂出来，欧洲又是如何从北美洲分裂出来的。气候变化是太阳、地球的内热以及非洲两次主要的冰川期所引起的。降雨发生了变化，导致在两次冰川期之间出现了洪水期。

在其最终的现代形态中，人们把非洲大陆描写成一个问号，一个倒置的碟子，世界各大洲的中心。包括马达加斯加在内，它的面积是欧洲的三倍，是美国的四倍；整个欧洲、印度、中国和美国都可以塞进其边界内。在实际的测量中，它几乎是个正方形：长 5000 英里，宽 4600 英里。但是，它的北半部要宽得多，南半部则逐渐变窄。在中间，赤道穿过非洲，整个大陆基本上属于热带地区。

至于非洲的地形面貌，它相对流畅的海岸线对其历史产生了最为深刻的影响。尽管非洲在面积上大约是欧洲的三倍，但欧洲的海岸线则比非洲长4000英里。换句话说，非洲几乎没有半岛、深海湾，或者天然海港。它那又低又窄几乎水平的海岸迅速上升成为中心有片洼地的中央高原。正因为如此，各条大河都是突然流入大海，急流和瀑布阻碍了航行。

它的五个区域包括平均海拔超过3500英尺的原始大高原，那里的山被积雪覆盖，海拔从13000英尺到20000英尺不等。长久以来，大象、犀牛和水牛等成群结队的野生动物在这些开阔的空间里漫步遨游。

第二个区域是大洼地，刚果河盆地面积将近150万平方英里。其平均海拔为1000英尺，它是之前一个内海的海底。正如斯坦利所描述的那样："想象一下整个法国和伊比利亚半岛，被密密麻麻的高度20英尺到180英尺不等的树木填满，其长满枝叶的树冠纵横交错，遮天蔽日，每棵树的直径小则几英寸，大到4英尺。"[1] 比属刚果、法属赤道非洲、利比里亚和英属西非殖民地都位于这个地区。

第四个区域是撒哈拉沙漠，它从大西洋延伸到红海。它占地350万平方英里，分为沙漠和土地肥沃的山岛。过去，撒哈拉沙漠土地肥沃，人口众多。现如今，它的表面通常低于海平面100英尺。东部是埃及和埃（及）属苏丹。北非位于地中海沿岸，这里有阿尔及利亚、突尼斯、利比亚和埃及。从某种意义上说，"非洲始于比利牛斯山脉"的说法是正确的，同样"欧洲止于撒哈拉沙漠一带"也是正确的。

我们可以区分一下非洲赤道气候和热带气候，然后分清楚较小地区的气候甚至特定区域的独有气候。赤道气候分为中非气候以及几内亚和东非气候。前者恒热、多雨、潮湿；后者恒热并且雨量较小。在这两个地区，都生长着繁茂的植物和稠密的森林。东非气候炎热。这里有稀树草原和各类植被。属于热带气候的有苏丹型气候，炎热且少雨，还有沙漠型气候，特别炎热但每天温差大，几乎不下雨。除此之外，还有地中海特有的气候，夏天炎热，冬天下雨。至于好望角地区，夏天和冬天则更加温和，降雨量较小。

54

这就是今天非洲的气候，但是，在过去漫长的岁月里，非洲的气候已经发生变化，而且可能是巨大变化。这些变化随着陆地和水的分布、陆地的上升和下沉、大陆从亚洲和南美洲分离，以及那些影响气流和洋流的印度和欧洲山脉的隆起而发生。巨大的内陆高原塑造了非洲大部分地区，其边缘在海岸线附近下降到海平面的高度，而且是陡然下降，这就让流经高原的诸河河谷无法蔓延成广阔的冲积平原，也无法吸引定居人口。假如非洲有一条圣劳伦斯河、亚马孙河、幼发拉底河、恒河、长江，或者在撒哈拉沙漠南端有一条尼罗河，热带非洲的历史就会截然不同。大陆内部地势差异带来的反差千奇百怪。

6000万年以前，巨大的爬行动物和恐龙在非洲这块大陆上四处游荡。许多年过去了，它变成了一座动物园，里面有各种各样的野生动物。最后，出现了家庭饲养的牛、绵羊和山羊，昆虫得以进化。哈里·约翰斯顿爵士（Sir Harry Johnston）说得好："非洲是真正恶魔的主要大本营——大自然的反作用力敌视人类

的存在。在这里，苍蝇王别西卜这个魔王统帅着自己的蛆虫和节
肢动物寄主——昆虫、蜱虫和线蠕虫，其种类比其他大陆上的都
要多，黑亚洲除外。它们把各种微生物注入人类和其他脊椎动物
的皮肤、血管、肠道和骨髓，导致了各种致死、毁容，或者让人
衰竭的疾病，或者它们自己创造了让人类、野兽、鸟类、爬行动
物、青蛙或鱼类受到迫害的病态条件。"[2]

非洲是一片美丽的陆地——不仅清秀怡人，而且到处是湿地
和丛林；恐怖的魅力，幽暗的深景，饱满的色泽，这些都体现了
它的庄严美；直上云天的峰峦，无边无际的银色沙滩，河流的力
量、宽度和广度，湖泊的深度，烈日的热度，碧蓝的天空。存在
着无数的生物，风暴的声音，瘟疫和伤痛的亲吻，旧的东西与曾
经的新的东西，新的东西与古老得令人难以置信的东西。

至少在 50 万年以前，智力发达的类人猿开始直立行走，以
手为工具，在地球上发展演变。在非洲、亚洲和欧洲，以及各
种海岛上，都发现了类人猿的踪迹。许多演进出来的物种无疑
消失了，但一个物种幸存了下来，在严寒和饥饿的驱使下到处流
浪，在地震和冰川的作用下与时代隔绝，并团结起来抵御饥饿和
野兽。

这一物种的各个群组一定是在数万年间近亲繁殖并进化出
了亚种。在后来进化出的亚种里，科学家通常识别出来的至少
有三种，他们相互杂交，全都子孙兴旺。随着时间的推移，他
们产生了很多过渡群组和中间类型，因此，在今天现存的民族
中，至少有三分之二可以明确地划归到这个或者那个确切的亚
种中。这些亚种包括多少有点卷发的长头黑种人，我们称之为

黑种人（Negroids）；头发硬直的宽头黄种人，我们称之为蒙古　　55
人（Mongoloids）；以及一个介于两者之间的种类，也可能是两
者结合形成的，他们皮肤白皙，头发软硬适中，被称为高加索人
（Caucasoids）。

这些变种在中非、在亚洲草原和在欧洲出现后不久，他们
再次融合了。这些类型的重要性不在于他们的身体差异和相似
性，而在于他们的文化发展。正如弗罗贝尼乌斯所言：“今天在
盲人的显微镜片之外，在活着的人们中间开始出现一种人类文化
统一性的新观念，它非常重要，且重要性与日俱增。”探究式的
搜寻已经表明，“这里有希腊人，那里有古老的墨西哥精神；这
里有欧洲的经济发展，那里有冰川时代的图画；这里有黑人的雕
刻品，那里有萨满教；这里有哲学，那里有机器；这里有精灵故
事，那里有政治”[3]。

非洲是人类的摇篮吗？它见证了人类从类人猿到智人的第一
次进化吗？我们不得而知。查尔斯·达尔文认为，“我们早期的
祖先更有可能生活在非洲大陆，而非其他地方”。G. E. 史密斯爵
士（Sir G. E. Smith）赞同这种观点并指出，非洲“可能是个塑造
典型特征的地区，或者用一个更亲切的词语说，是个摇篮，是类
人猿和人类大家庭的摇篮”。一方面，起源于非洲的黑人可能进
入了亚洲和欧洲。另一方面，起源于亚洲或者甚至欧洲的人类可
能入侵了非洲，并在热带气候中因长期隔离变成了黑人。但是，
所有这些都纯属猜测。关于黑人种族或者其他人类种族的起源问
题，我们一无所知。但是我们的确知道，更新世时期（可能是在
50 万年以前）非洲有人类定居。

阿尔弗雷德·鲁托特（Alfred Rutot）是一位著名的比利时科学家，他正是在第一次世界大战爆发之前向比利时学院（Académie de Belgique）科学部门提交了一份回忆录，并引起了极大轰动。随之而来的是一系列半身像，数量为 10 个，在路易斯·马萨克尔（Louis Mascré）先生的精心督导下完成。这些半身像非常引人注目。他们尝试努力再现猿猴直立行走以来各种各样的史前人种，其做法被认为是"大胆的"，当然，必须对引用的事实和理论予以多方证实。

这篇论文主要关注的是重构格里马迪（Grimaldi）的黑人，即所谓在法国芒通（Mentone）发现的黑人，并在朗德省（Landes）和下奥地利州的维伦多夫（Wellendorff）发现的类似遗迹中得到了佐证。这些外表如此聪明的黑人代表是如何在迅速出现的高加索人面前找到自我并把预示着先进文明阶段的雕刻艺术引入他们中间的？科学家用我们星球上接二连三的灾难性变化来解释这种现象。在第四纪时期，西西里岛是意大利半岛的组成部分，直布罗陀海峡并不存在，人们经陆路从非洲穿越到欧洲去。就这样，一个差不多类似于埃塞俄比亚类型的种族慢慢流入居住在我们这个纬度的人们中间，后来又撤退到他们的原始栖息地。

有人从某些法国出土的黑人遗骸的位置得出结论说，这个种族携带并使用弓箭。这是无法确定的；但是有充分理由可以肯定，这些到访者把雕刻的秘密带给了白种人，因为他们的骨头几乎总是和高浮雕或浅浮雕的滑石或石制物件被同时发现。有些雕像已经全部完工，就像维伦多夫的维纳斯，用一块石灰岩雕刻而成。说到这个维纳斯，鲁托特的人类的黑人原型像就是用猛犸象象牙制成的仿制品。四排贝壳串链用来装饰这位艺术祖先的头部，它忠实地复制了在芒通的儿童洞穴（Grotte des Enfants）中发现的环绕着头盖骨的装饰。为了这位古代黑人妇女，马萨克尔前往拉絮斯（Lausses）（多尔多涅［Dordogne］）发掘现场，站在被发现的浮雕人像面前。右手握着的那个显眼的角正是美洲野牛的角，手镯和臂章都是对芒通出土的装饰品的精确复制。

这些黑人半身像都拥有最迷人而睿智的外表，并未夸大黑人的特点。这个多尔多涅的克罗马农人（Cro-magnon）是马格德林时期（Magdalenian）的，同一时期黑人遭到入侵。比例精致的颅骨表明其确凿无疑的智力。这个种族在佩里戈尔（Périgord）洞穴留下的物品揭示了其雕刻和绘画动物的高超技术，而那个时代的黑人专门研究描绘他们自己的物种。根据《阿基坦尼亚活化石》（*Reliquiae Aquitaniae*）的描述，那个时代的匕首都是被嵌入驯鹿角中的，由于马格德林人不遗余力地驱赶其艺术对手黑人——他们最终成功了，这些武器可能被改进过很多次。[4]

　　曾经存在一条从中欧到南非的黑人文化"连续带"。格里菲斯·泰勒（Griffith Taylor）说："到旧石器时代末期，欧洲一定存在非常多的黑人。布里（Boule）援引了在布列塔尼、瑞士、利古里亚、伦巴第、伊利里亚和保加利亚发现的他们的骸骨，博拖库多斯人（Botocudos）和巴西东部拉戈阿桑塔（Làgoa Santa）的头骨表明类似之人是从哪里慢慢流入新世界的。"梅西（Massey）说："在整个地球上的或者葬在地底下的土著居民中，人们可以追踪到的唯一一种族便是矮小黑人（Negrito）型的黑色人种。"[5]

　　似乎有理由认为，起源于非洲或者亚洲的黑种人（Negroids）最初是作为矮黑人（Negrillos）出现的。在那个时代，撒哈拉沙漠可能被河流和绿色的草木覆盖，北非与地中海沿岸的欧洲紧密相连。矮黑人的移民潮出现了，他们都是些猎人和渔民，使用石器。非洲石器时代的遗迹分布地域很广，且数量惊人，在非洲发现的工具和在欧洲发现的存在着相似之处，以至于我们用相同的名字来称呼它们，虽然略有差别。欧洲的文化序列类似于非洲的序列，尽管它们不是同一时期的。

　　最原始的石器类型——被称为鹅卵石工具——是在乌干达发现的。相同的鹅卵石工艺延伸到坦噶尼喀和德兰士瓦。这种工艺被手斧文化取代，手斧延展到北美、撒哈拉沙漠、赤道非洲、西非和南非。制作精良的手斧及其他工具便是证据。接着，旧石器时代中期的石片工具文化遍布非洲广大地区，南非及其他地区的完美工具证明了这一点。这些遗迹表明，存在着一个穴居民族，他们使用各式各样的工具，还有珠子和陶器。

　　在更新世时期，出现了新的石器时代，这个时代有农业、家畜、陶器、打磨和抛光的石器工具。在埃及和北美、西非的撒哈拉沙漠、东非和南非都发现了这种文化的证据。

　　新石器文化具有重要意义。在埃及，公元前5000年就已经出现了这种文化。1000年后，燧石变成了铜器。代表这种文化的王朝统治以前的埃及人是定居民族，他们打猎、捕鱼、种植谷物，制作衣服和篮子，使用铜器，体格上明显属于黑色人种。或许他们来自南方，来自现在被称为努比亚的地方。后来，埃及出现了相当于现代贝贾人（Beja）的其他类型的民族，他们在定居群落中生活，使用铜器和金器。这种棕褐色黑种人就像现代贝贾人、加拉人（Galla）和索马里人那样，不断地与亚洲人混血，但是他们的文化是属于非洲的，并通过上至尼罗河以及远至索马里半岛以外的那条未被中断的线路延展开来。

第一波黑人浪潮是猎人和渔民，他们使用石器。他们逐渐成为定居者，开垦土地，他们一定是发展出了早期的艺术天分和强烈的宗教情感。他们建造了在黑非洲发现的石碑和在冈比亚发现的石堆和石刻。他们没有和矮黑人结合，也没有驱赶他们，反而承认他们拥有祖传的土地所有权，并抢夺了未被占领的土地。在第一波黑人移民浪潮之后的几千年里，又出现了另一批移民。新来者向北部和西部推进，撵走了矮黑人，把他们驱赶到中部的森林和沙漠中去。他们更多地与矮黑人结合，发展出了农业，使用牛和家禽。他们发明了冶铁方法和制陶方式。同时，那些向北迁移最远的人不同程度地与地中海地区的种族结合，因此有时候产生的人口似乎是白人与黑人的混血，其他情况下则是黑人与白人混血。语言以各种方式糅杂在一起。因此，我们有了各种各样的利比亚人和埃及人。所有这些移民和结合都发生在埃及第一王朝时代之前的很长一段时间里。

今天，在非洲存在着一个相当完整的、相互密切关联的种属序列，从南方古猿到诸如罗得西亚人（Rhodesian Man）和弗洛里斯巴人（Florisbad Man）这样广为人知的原始非洲种属。如果这些种属与博斯科普人（Boskop Man）密切相关（即便事实上不是他们的祖先），那么，所有这三种类型在非洲南半部的共同存在是可以用来说明所有这些种属都在这块大陆上从一些共同祖先演化出来的有力证据。

"黑人"这个名字最初包含着一个清晰的人类文化学概念——拥有黑色皮肤、所谓的"羊毛卷"头发、厚嘴唇大鼻子的非洲人。但把这个人种限定在一个小区域，甚至限定在非洲，是现代科学的一大成就。从这点看，加拉人、努比亚人、霍屯督人、刚果人种以及班图人都不是"真正的"黑人，于是我们发现，非洲大陆住满了除"真正的"黑人之外的其他各个种族。

"尼格罗人"（Negro）这个词语的"纯正"含意已不复存在，正如魏茨（Waitz）所说，它存在于"一片延伸不超过10纬度或12纬度的土地，可以从塞内加尔河河口追溯到廷巴克图"。如果我们要问，是什么原因让限定范围如此狭窄，"我们发现，面目狰狞的黑种人是观察家曾经看遍整个非洲后所想象出来的东西，但正如利文斯通所言，它真的只是被看作烟草商店前挂着的标牌，以更仔细的目光加以审视，它已经从非洲几乎所有地方消失了。提出这个概念是为了解决没人知道这个地区到底是怎样的问题。倘若我们知道一种极端情况可能被当作真正纯粹的形式，即便这样我们也领悟不到其地理限制和位置坐落的理由。我们现在面对的是科学的改进，以公正的眼光看，这种科学很难站得住脚"[6]。

帕尔格雷夫（Palgrave）说："至于面孔，黑人面容的独特性在漫画艺术中广为人知，但是，更加真实的类型可以从那些希望在大英博物馆埃及陈列厅雕像中天天研究它的人那里得知：温柔的大眼睛，丰满但绝不翘凸的嘴唇，圆润的轮廓，和善、舒适、怡人的表情。这便是真正的非洲模特儿。这种人在欧洲或美洲的大街上并不常见，在那里，像雕塑一样的非洲人很容易让人仔细瞧他一瞧，甚至引起他周围面孔的反常行为；但在村庄和田野里，他按照自己的方式居住在他自己的人民中间，这是再平常不过的事情——最为常见的是在宁静幽僻、气候宜人的苏里南种植园里。在那里，你也可能会发现一种人，既不属于亚洲人的也不属于欧洲人的类型，但显然是非洲人：男性的相貌非常独立且具有活力，女性在某些方面如果不是完全达到了美的标准，那也是近乎于美。拉美西斯（Rameses）和他的王后是独一无二的。"[7]

　　出现在模糊的史前时期并成为今天非洲人的那些民族到底是什么？答案一直被这样的假设所困扰，即非洲存在着"真正的"黑人，这个纯正的原始种族与一个神秘的"含米特种族"（Hamitic race）相结合，而这个"含米特种族"显然不是来自欧洲和亚洲，也非来自非洲，而是其自身在非洲黑人中构成了一种"白人成分"。我们可以姑且不把"含米特种族"作为一种完全没有必要的前提假设，而把现在的非洲人大致描述如下：

　　早在公元前3000年前后的一段时间里，北非沿海平原之人与早期的埃及人几乎完全相同，并出现了两种类型：长头黑人和宽头亚洲人。今天的柏柏尔人是高个子且中等头长的人，他们脸庞宽大，皮肤黝黑，眼睛黑黑的。他们拥有很多黑人的特征，尤其接近南方人。除此之外，还有矮个子、宽头的人。

　　这些柏柏尔人类似于古埃及人以及与法国新石器时代的居民关系密切的人。今天，在他们中间，黑人元素得以广泛体现。它分布在毛里塔尼亚的各个角落，在那里，统治家族本身显然是黑人的后裔。在阿尔及利亚也可能发现了大量的黑人血脉。

在东非，我们有马赛人（Massai）、南迪人（Nandi）、苏克人（Suk）以及其他民族，他们是长头、细高个儿的人。就拿马赛人来说，他们的鼻子更窄些，皮肤略带红褐色。巴里人（Bari）个头很高，卢托克人（Lutoko）则非常高。另外还有尼罗河流域的尼罗河人（Nilotics），他们分布于喀土穆南部到吉奥格湖（Lake

59

图2　12世纪的世界各民族

资料来源于根特图书馆（Library of Ghent）的兰伯图斯（Lambertus）

Kioga）。在身体特征方面，就像希卢克人（Shilluk）和丁卡人（Dinka）一样，他们是高个子、皮肤非常黑、头很长的人，通常面容好看，薄嘴唇，高鼻梁。生活在科尔多凡（Kordofan）山区的努巴人（Nuba）个儿高、头长。科尔多凡东部生活着方族人，周围还有很多部落，也有很多亚洲血统的人；还有诸如邦戈人（Bongo）和阿桑德人（Asande）这样的宽头人部落，他们是红皮肤、长头的混血民族。

　　在非洲的另一侧，塞内加尔河的中下游形成了一条分界线，把西非型黑人和苏丹型黑人区分开来。河流的南部是乔洛夫人和塞利尔人（Serers）。和这些人居住在一起的是塞内加尔人，包括土库勒人（Tukolor）的部落和曼丁哥人的部落。他们是长头人，有宽鼻子的也有窄鼻子的。他们相当高，有些特别高，他们的皮肤非常黑。曼丁哥人，或者叫曼迪人，是法属塞内加尔最重要的族群之一，在大西洋和尼罗河上游之间的地带生活。他们都是细高挑儿，面容清秀，蓄着胡子，与附近的黑人相比肤色更浅些。

　　富拉尼人（Fulani）是苏丹南部最有趣的西非民族之一，他们从尼罗河上游一直延伸到塞内加尔河。他们是黑色人种，也可能拥有亚洲人的血统。他们是直头发、直鼻梁、薄嘴唇的长头人，身材苗条，皮肤呈现红褐色。桑海人（Songhay）个头很高，长脑袋，鼻子形状漂亮，皮肤呈现铜棕色。卡内姆的人民和巴吉尔米人（Bagirmi）聚集在乍得湖周围。他们是宽鼻子的长头人，与尼罗河流域的黑人类似。在非洲东部和南部，居住着瓦恰人（Wachagga）和方族人，特别是斯瓦希里人（Swahili），他们是混种人，其语言在东非占主导地位。他们具有从阿拉伯人到黑人的

60

所有可能的身体特征。在南非，居住着个子矮小、头发密而卷的布须曼人。在其附近居住着霍屯督人，他们可能是布须曼人和班图人结合的产物，后来布须曼人又与荷兰白人结合，产生了所谓的"有色"人种。

几内亚湾附近的黑人现在可以按照他们的语言来划分，人们称之为苏丹语。这里流行着三种主要语言：特维语（Twi）、加族语（Ga）和埃维语（Ewe）。说这些语言的有：阿散蒂人，他们个头稍高，头长，也有些宽头的人；达荷美人，他们个子高，头长，皮肤黑；约鲁巴人（Yoruba），包括贝宁和伊博（Ibo）的民族，他们的皮肤是深褐色的或者黑色的，头发稠密且卷曲，中等长头，宽鼻梁。他们的嘴唇很厚，有时会外翻，有相当一批人下巴前突。克鲁人（Kru）世代都是水手，通常是体格健壮的黑人。苏丹中部的豪萨人皮肤很黑，头长但下巴不前突，鼻子很窄。

最后是班图人，他们是各民族的集合体，主要居住在中非和南非，占据了黑非洲南部的三分之二。班图人是按照纯粹的语言标准来定义的。"班图"（Bantu）一词主要意味着，其中各部落所说的语言有同样的特征，即把名词分成很多类，通过不同前缀（通常是12种到15种）来加以区分，在语法上不存在性与性别，存在头韵一致，每一类（名词类）的前缀都以某种形式反复出现，即反复出现在句子里与此类任何名词相符的所有单词中。正是这个前缀在与名词相符的每一个词语开头一再出现，才使班图语言产生了押头韵的效果。

南方的班图人在数量上超过了南非其他任何族群，他们大概是白人数量的四倍。他们被分成为数众多的部落单元，每一个都有与众不同的名字。在社会组织和宗教制度上，他们相互之间具有极大的相似性，但是在历史的细节上，又存在着很多重要的差异，而这些差异让他们分成以下四个群组：

1. 罗得西亚南部和葡属东非的绍纳人（Shona peoples）。

2. 祖鲁-科萨人（Zulu-Xosa），主要居住在德拉肯斯堡山脉（Drakensberg Mountains）南部和东部的沿海地带。

3. 苏托-茨瓦纳人（Suto-Chwana），居住在奥兰治河（Orange River）北部高原的大部分地区。

4. 赫雷罗-奥万博人（Herero-Ovambo），居住在西南非洲的北半部以及安哥拉南部。

从阿马斯瓦济人（Amaswazi）的黑色到某些贝专纳人的黄棕色，肤色差别很大。普遍存在的肤色是巧克力黑，略带些红底色。头发一律很短，且像羊毛。头部通常扁而宽，鼻梁形状优美，鼻孔狭窄。下巴适当前突，额头突出，高颧骨，肥嘴唇。黑人式的面部在所有群体中占据主导地位，但是，在祖鲁人和桑格人（Thonga）的居住地同样有长着相对较长的窄脸、薄嘴唇和高鼻梁的人。

纳塔尔（Natal）和祖鲁兰（Zululand）的居民最初被划分为100多个各自独立的小部落，现在全部被统称为"祖鲁人"（Zulus），这个名字源于其中的一个部落，该部落在沙卡统治下吸纳并征服了其他大部分部落，这样便形成了祖鲁民族，而这个民族在19世纪南非政治史上扮演着非常重要的角色。

部落规模参差不齐，部落成员从几百人到几千人不等。还有些较大的部落，比如巴克维纳人（Bakwena），11000人；巴

塔瓦纳人（Batawana），17500 人；巴芒瓦托人（Bamagwato），
60000 人；奥凡多哥人（Ovandonga），65000 人；奥瓦克万亚马人
（Ovakwanyama），55000 人；再者，阿马斯瓦济人（Amaswazi），
110000 人；与此同时，巴苏陀人（Basuto）是迄今为止他们中间
最大的部落，或许可以称其为民族，其人口将近 50 万。

西班图地区包括喀麦隆地区（法属）、里奥木尼（Rio Muni）
（西属）、加蓬湾（法属）、法属赤道、刚果（比属）、安哥拉（葡
属）和罗得西亚，以及赞比西河以北葡属东非部分。这片辽阔的
区域是真正的"非洲心脏"——刚果河流域的热带雨林。约翰
斯顿列举了这一地区的 150 多个部落，他们都说班图语或者半
班图语。西班图的南部界限模糊不清，隆达（Lunda）帝国的形
成、雅格人的袭击，以及接下来巴乔克韦人（Bajokwe）——基
奥克奥人（Kioko）——的侵犯，都对部落组织造成了严重破坏。
巴特克人（Bateke）占领了刚果河右侧的广大地区，现在那里主
要居住着方族人，他们在各种探险和征服中给奥果韦河（Ogowe
River）北岸的大多数部落留下了烙印。最后，在非洲中部有矮黑
人或者俾格米人（Pygmies），这些人身材矮小，皮肤是红褐色或
者乌黑色，短颅。[8]

这些不过是各形各色非洲居民中的几个例子罢了。因此，不
存在一个非洲种族，也不存在一个黑人人种。非洲和欧洲或者亚
洲一样，有着丰富的物质和文化多样性。

这便是朗斯顿·休斯（Langston Hughes）① 所吟诵的非洲：

---

① 朗斯顿·休斯（1902—1967），美国诗人、小说家、剧作家、哈莱姆文艺复兴的代表人
物，是 20 世纪美国最杰出的黑人作家之一。——译者注

我了解河流：

我了解像世界一样古老的河流，

它们比人类血管里流动的人血更加古老。

我的灵魂变得像河流一样深邃。

趁着晨曦初开，

我在幼发拉底河沐浴。

我在刚果河边盖了间茅屋，

静静的河水催我入眠。

我仰望尼罗河，

金字塔坐落于其上。[9]

62

注释

［1］斯坦利，前引书，第 2 卷，第 76 页。

［2］哈里·H. 约翰斯顿（Harry H. Johnston）:《新世界中的黑人》（*The Negro in the New World*），伦敦：梅休因出版社（Methuen & Co.），1910 年，第 14、15 页。

［3］弗罗贝尼乌斯，前引书。

［4］弗朗西斯·霍根（Francis Hoggan）:《史前黑人及其对文明的贡献》（"Prehistoric Negroids and their Contribution to Civilization"），《危机》（*The Crisis*），1920 年 2 月，第 174 页。

［5］J. A. 罗杰斯（J. A. Rogers）:《性与种族》（*Sex and Race*），纽约：由作者自行出版，1942—1944 年，第 1 卷，第 32 页。

［6］弗里德里希·拉泰尔（Friedrich Ratzel）:《人类的历史》（*The History of Mankind*），由 A. J. 巴特勒（A. J. Butler）根据德文版翻译，伦敦：麦克米兰出版社（Macmillan & Co.），1904 年，第 2 版，第 2 卷，第 313 页。

［7］W. G. 帕尔格雷夫（W. G. Palgrave）：《荷属圭亚那》（*Dutch Guiana*），伦敦：麦克米兰出版社，1876 年，第 192—193 页。

［8］在对非洲各民族的描述中，我主要依靠的是 C. G. 塞利格曼（C. G. Seligmann）的著名研究成果。

［9］朗斯顿·休斯：《黑人话河流》（"The Negro Speaks of Rivers"），《危机》，1921 年 6 月，第 71 页。

第五章　埃及

这是从公元前 5000 年到公元前 2000 年这 3000 年间的故事，讲述了第一瀑布（the First Cataract）下尼罗河流域人类文化的发展变化。

文明沿着诸大河流域流向人类，那里土壤肥沃，人类无需害怕饥饿，大河之水把他送到其他正在思考人类生活问题并以各种各样的方式解决问题的民族面前。有人说，人类文化起源于长江流域和黄河流域；有人说，它起源于黑非洲；还有人说，它起源于幼发拉底河；但人类文化在公元前 4000 多年就已经生发了。

底格里斯河和幼发拉底河流入波斯湾，再从那里流进印度洋，美索不达米亚便处在这一流域，其发展引人注目。在公元前 4000 年以前，有证据证明，黑色人种达罗毗荼人（Negroid Dravidians）和蒙古人种苏美尔人（Mongoloid Sumerians）统治着南亚、小亚细亚和底格里斯河-幼发拉底河流域。黑人在萨尔贡（Sargon）的治下追随他们，萨尔贡吹嘘说，"他指挥着黑人的脑袋，并统治着他们"。

但正是在尼罗河流域，人类最为重要的连贯文化兴起了，说它重要并不是因为它绝对是最古老或者最优秀的，而是因为它导致了欧洲文明，而今天全世界都在吹捧欧洲文明，并在很多方面认为它是人类文化中最伟大的，也是人类文化的定论。

　　尽管如此，人们在 19 世纪几乎一致认为，埃及不是非洲的一部分，这是有文字记载的非洲史的惊人结果之一。埃及的历史与文化同非洲其他居民分开了；甚至有人断言，埃及其实属于亚洲，实际上，在阿诺德·汤因比（Arnold Toynbee）的《历史研究》（*Study of History*）一书中，埃及文明被明确地看作"白人的"或者欧洲的文明！然而，埃及人认为自己是非洲人。希腊人把埃及看作非洲的一部分，不仅在地理上，而且在文化上亦如此。一切历史事实和人类学都证明，埃及人属于非洲种族，他们与非洲其他民族的差异，就好比斯堪的纳维亚人之于其他欧洲人，或者日本人之于其他亚洲人这样的群体之间的差异。对于 19 世纪的这种科学奇想，只有一种令人满意的解释：它是由于奴隶贸易和黑人奴隶制的需要。它是出于这样的事实：资本主义的兴起以及人们对资本主义的支持需要人们在侮辱和贬低黑人民族的基础上进行合理化解释。特别重要的是，埃及学（Egyptology）这门科学正是在棉花王国在美洲黑人奴隶制的基础上达到其权力最高峰之时兴起并繁荣起来的。那么，我们可以毫不迟疑地忽略这种广为流传的历史论断，并把埃及历史视为非洲历史不可或缺的组成部分。

　　"埃及这片土地长 600 英里，周围是两条光秃秃的石灰岩山脉，这两条山脉时而相互接近，时而彼此远离，它们之间的平均距离只有 7 英里。在北边，这两条山脉变宽并消失了，取而代之的是一片湿地草原，一直延伸到地中海海岸。在南边，这两条山脉不再是石灰岩，而是花岗岩；它们变窄并合拢成一个点；它们离得很近，几乎要连在一起；穿过这样形成的山门，尼罗河飞流而下，咆哮着流进山谷，一路往北奔向大海。"[1]

这是一条神奇罕见的山谷，一条大河从中非高地和非洲之角的群山中流出，两边的悬崖峭壁为它凿开了一条路，悬崖顶上是沙漠。如此这般形成的山谷"炽热而肥沃，温暖而欢快"。北风驯服了太阳的炎热，让土地变成了"草地上的绿色，丰收中的金色，葡萄藤枝丫里的红色，在两片炎热的沙漠中间，成为水、果实和鲜花的天堂"。河水随着春季洪水和夏季炎热的日积月累而涨涨落落。洪水泛滥的壮观景象——水源的奥秘直到 19 世纪才解开，这些都对人类、对埃及人和他们之后的所有人产生了巨大影响。

从事狩猎和捕鱼的黑人出现了。或许，他们从努比亚而来。他们开始定居下来，并耕种土地。他们是 5000 多年前的塔萨人（Tasians）[1]；在法尤姆（Fayum）和马里姆德（Marimde）的种族，即巴达里人（Badarians），他们是定居民族，既打猎捕鱼，又栽培农作物。他们用亚麻和兽皮制作衣服，编织篮子，制作陶器，磨制斧头和器皿。他们有铜，用各式各样的燧石工具来加工木材。象牙被当作工具来使用。

阿姆拉特人（Amratians）姗姗而来。他们属于贝贾人那一类。他们使用铜和金。于是我们发现，在公元前 3200 年美尼斯

① 塔萨人，即塔萨文化的居民。塔萨文化为埃及新石器时代晚期的一种最早的定居农耕文化，遗址在上埃及尼罗河东岸的塔萨（Tasa），因此而得名。——译者注

（Menes）统治前的尼罗河流域，许多种类和类型的黑人犹犹豫豫地缓慢融入，并逐渐安居下来，这是人类文明的第一次伟大尝试。

可以说，尼罗河流域发明了农业。它显然是在舒适条件下一种轻松生活的方式。清新肥沃的土壤每年都滚滚而来，运送土壤的水让土地湿润肥沃。灌溉变成了当务之急，还有控制洪水。使用附近的建筑材料——木材、砖块和石头——成为自然而然的事情；纤维被拿来织布；尝试用干旱季节保存下来的建筑物对死者表示敬意，建筑学便随之而来。

工具被发明出来。最初的工具是石头、原始石器和石斧。然后金属出现了：出现了铜，尤其是来自努比亚的铜，然后是铁。大小船只在河流和海洋中航行。埃及学到的并从那个遥远的日子传给我们的东西不胜枚举：刨削艺术、假发、短裙和凉鞋、乐器、椅子、床、靠垫，以及珠宝。毫无疑问，在欧洲发现的葬俗来自非洲，由非洲入侵者带来。后来，由埃及人进行的改进在西西里和意大利被效仿。从这方面来看，埃及文化是希腊文化的先驱。

与此同时，其他人种，蒙古人种，从亚洲慢慢融入。时光荏苒，埃及人这个固定不变的类型开始发展演进。埃及具备古代文明进行首次长期实验所需要的一切条件：一条水量充足的山谷，外围的沙漠和山脉可抵御敌人和野兽；有利的温暖气候，拥有与外国人接触的机会，并能够对此进行管控以防止侵略者进入，还能与其交易货物、交流思想。公元前 4241 年，埃及人发明了固定历法，埃及文明由此开始。

关于非洲西北部的民族，人们采取了各种叫法，把他们称为利比亚人、柏柏尔人、"含米特人"以及阿拉伯人，这存在着很多矛盾和不确定性。利比亚人或者柏柏尔人与埃及人有血缘关系。他们十有八九是在史前时期出现的，是黑种人和蒙古人种相结合的产物，其中黑人来自中非，蒙古人是从亚洲迁徙过来的。时至今日，人们可以清晰地区分长头人和宽头人这两种类型。靠近东部和尼日尔三角洲的是埃及人，他们是今天被称作贝贾人、加拉人、索马里人和达纳基尔人（Danakil）的几个民族的祖先。

前王朝时期（predynastic）[①]的埃及人当时属于矮个子、黑头发、黑眼睛的民族，就像在地中海两岸发现的民族那样。同样的人从上埃及到努比亚都有分布。他们的身体特征具有明显的同质性。他们的头发是深褐色或者黑色的，有的卷着，有的呈现波浪形。男人们脸上不长毛发，除了下巴上留有一缕胡须。他们的额头又长又窄，枕骨突出。他们的脸是长窄的椭圆形，与欧洲人相比，他们的鼻子更宽而且更平。

前王朝时期的埃及人很矮，几乎很少超过 64 英寸，他们是长头人，鼻形指数大约在 50，具有全部这些特征的族群被称为贝贾人。这是个黑人族群，他们居住在埃及的东部沙漠，英埃苏丹的红海省，并经意大利的厄立特里亚殖民地延展到阿比西尼亚。贝贾人分为四种，其中的一种便是英国士兵队伍里的"毛毛"（Fuzzy-Wuzzy）。他们是贝贾人部落中变化最小的人，是前王朝

---

① 前王朝时期是埃及文明的第一时期，大约指公元前 5000 年出现最早文明记录到公元前 3100 年的时期，此时埃及分为上埃及和下埃及，埃及人在各地建立了城邦，并创造了象形文字。——译者注

时代的古埃及人世系在现代的代表。

　　在埃及，有证据表明，从王朝时代开始，人口就逐渐发生变化，结果到了金字塔时期，埃及人体格更大，头骨更宽，嘴唇更厚。这便是被刻画在诸如吉萨和卢浮宫的狮身人面像这些金字塔时期宏伟艺术作品中的人物，他们无疑代表了古代王国相当大的一部分人口。他们是埃及人所能创造出来的最精美的雕像、壁画和浅浮雕的创造者，第二十六王朝故意仿古的埃及人努力模仿他们的作品，以此来代表国家艺术的最高发展。这仅仅适用于上埃及。我们不知道尼罗河三角洲在整个王朝时代和前王朝时代发生了什么事情；各种遗迹都掩藏在大量的冲积沉积物下面。

　　上述这种人在整个王朝时代持续存在，并且可能数量也增加了，它就是今天被称作法拉欣（fellahin）①的这类人。现代埃及人的身高大约有 66 英寸，由此可见，在上埃及和下埃及之间没有巨大差异。这是一种长头人。此外，有人已经指出，在向南方迁移的过程中，眼睛和皮肤变黑了，罕见宽鼻的比例上升了，螺旋卷发则更为常见。

　　始于埃及的文明史主要不是朝代和时间的问题。它是在尝试解决某些共存问题——有关政府、国防、宗教、家庭、财产、科学和艺术的问题等。我们必须记住的是，在人类奋斗的七条道路上，正是非洲的埃及开了先河并掌握了节奏。

　　在某些方面，他们所做的事情甚至到了 20 世纪也没有得到巨大改进。在原始部落，政府就是家庭。但是，尼罗河流域必须

---

① 法拉欣，其单数为 "fellah"，通常是指中东北非的农民或者农业劳动者，该词语源于阿拉伯语，用来指代犁田者或者耕种者。——译者注

扩张、重建和实施这一点。它设计出一位统治者、一个统治家族和一个统治阶层。它把他们永久性地置于王位之上，这个王位变得如此古老和稳定，以至于没有人记得没有埃及的时候是什么时候，也没有人记得另一个值得了解的世界是存在于何时。这个政府必须从家庭和氏族开始建立起来，而这是通过宗教实现的。

埃及人的宗教自然而然源自非洲森林的原始万物有灵论，继而演变成对太阳神、对生命的赐予者，以及对作为整个世界的尼罗河河谷之美的崇拜。太阳神拉（Ra）的对立面是奥西里斯（Osiris），后者是掌管水域和生育的神，他的妹妹和妻子伊希丝（Isis）是个黑人女性。因此从很早很早的时代以来，埃及的女人便拥有非常突出的地位与权力。诸神反映了河谷的物理事实。希腊人把埃及人称作"最笃信宗教的人"。在那里发展出了一个由诸神和祭司组成的寡头统治体系，而祭司则成了科学知识的中心；他们研究自然法则，并发明了数学公式。

国家的工作——耕种和收获的苦活，灌溉，承受负担——必须被组织起来。工作被组织起来了，广大劳动者在皮鞭下辛勤劳作，但他们干的都是有计划的苦活。从他们的辛勤劳作中产生了财产的观念，产生了供国王、祭司和贵族使用的财富的观念。权力集中在法老的手里，法老领导着各部落和各省。在漫长的史前时期，尼罗河流域开展了群王争霸，但最终出现了集中与统一，并存在了相当长一段时间。

埃及并非一直都是一个暴君统治的国家：祭司和贵族组成的寡头政治集团最终从法老手中夺取了权力。后来非常及时地爆发了一场民众革命，解放了平民百姓。埃及人民没有沦为奴隶。他们被描写成"一个顺从的快乐种族，很容易满足，在辛勤劳作时歌唱，有品位有耐心地工作"。这是一个非常有益的经济组织所产生的后果。没有必要让人挨饿、受冻或者陷入贫困。如果河水泛滥得到控制，河谷中便物产丰富。

67　　　　政府的首要责任便是控制尼罗河，这催生了国王的权力、祭司的科学、劳动者的独立自主。公元前1500年第十八王朝统治下的埃及，被称为国家社会主义的第一个人类典范，其发展达到了惊人的水平。埃及人既不一板一眼也不因循守旧。从早期呆板的传统艺术中，他们发展出了在表达方面的个性。他们的精神在这块知识"像世界一样古老"的土地上探究新的知识。象形文字的艺术在公元前3500年历史的开端之时已经完备，它被使用了3000年，直到公元前4世纪，它才被科普特语和希腊语取代。

除此之外便是非同一般的气候赋予的礼物：干燥的空气与灼热的太阳为保存人类描绘、雕刻与建造的东西提供了机会，因此埃及的艺术和文学率先降临人间，并把极其宝贵的财富传递到后来的各民族手里。埃及人研究和认识人类：他们把同时代的人分为黑种人和棕种人，黄种人和白种人。他们自己是棕色人种和黑色人种，因此在纪念碑上把自己描绘出来。很多来自东方的黄种人慢慢融入，逐渐进化成我们所知道的被叫作"黑白混血儿"（mulatto）类型的人，尽管这个词语带来了主要种族结合体这样一种观念，但这个观念在埃及并非真实存在。在这里，从埃及人开启历史的时代到耶稣基督降生之时，在这5000年的时间里，进化出一种人类文化模式，并成为世界各地追求的目标，到处被人模仿。当人们希望学习科学、艺术、政府或者宗教之时，他们就去埃及。希腊人受亚洲人启发转而向非洲学习，罗马人反过来学习希腊和埃及。

　　了解最先发展出文明的埃及人对种族和肤色持怎样的看法，将是非常有趣的一件事情。对于现代意义上的种族，他们似乎没有任何概念。埃及人根据各种族的肤色和头发在纪念碑上描绘他们。头发以很多方式来处理：有时候是直发，描绘的是蒙古人种；可能更常见的是卷发，这是黑人的。偶尔还是卷曲的，并被假发遮挡住。埃及人通常把自己涂画成棕色，有时是深棕色，有时是红褐色。其他民族，包括埃及人和非埃及人在内，被画成黄色。通常棕色皮肤的埃及人与黄皮肤的女人成双配对，这要么意味着女子很少暴露在太阳底下，要么表示埃及人与蒙古和白人通婚。少数人被画成白种人，这指的是北美和欧洲的某些部分。

　　在埃及人看来，按照肤色划分人类似乎不如按照文化身份来划分那么重要：黑皮肤的法老和黑皮肤的女人；棕皮肤和黄皮肤的法老与黄皮肤女人。他们对待人民的态度，无论黑人还是白人，都建立在文化联系的基础之上。黑皮肤的人和黄皮肤的人经常被描绘成被征服的人，他们向棕皮肤的征服者屈服示敬。有时候，他们以平等身份出现，交换礼物并礼貌寒暄。有时候，蒙古人、黑人和白人都是被束缚的奴隶，但在埃及人的纪念碑上，奴隶制从来都不是单独归因于黑人民族。

　　因此我们得出结论说，埃及人是黑人，不仅如此，而且根据传统，他们相信他们自己不是白种人或者黄种人的后裔，而是南方黑人种族的后裔。然后，他们寻根溯源，在更早的时候，他们

68

就把死人的脸转过来朝着南方埋葬。

当然，埃及人逐渐变成了一个被隔离开来近亲繁殖的民族，其特征与邻人截然不同。他们有着棕色皮肤，也这样绘制自己，但他们也认得其他肤色和族裔的人。他们与南方黑人的联系从未间断。他们偶尔也会把黑人变成奴隶，就像他们对西方的白种人和东方的黄种人所做的那样。但在大多数情况下，他们与黑人的交往包含着与一个民族的贸易和斗争，他们在与这个民族斗争时必须拼命地捍卫自己，但他们在贸易和移民上却依赖于这个民族。作为埃及公民的黑人脸孔反复出现了。在公元前5世纪，希罗多德（Herodotus）把埃及人描述成卷发黑人。戴维·兰德尔-麦克弗（D. Randall-MacIver）博士写道："我们对努比亚和苏丹了解得越多，越多的证据就会表明，埃及前王朝时期文化最为突出的特点便是非洲内部的交往以及那种永久黑人元素的直接影响力，而这种黑人元素从最遥远的时代到我们生活的今天一直存在于埃及南部的人群之中。"[2]

弗林德斯·皮特里爵士（Sir Flinders Petrie）以同样的口吻写道，焕然一新的生机与活力是如何从南方来到了埃及，这是值得注意的事情。[3] 塞利格曼（Seligmann）言道："在一块可以追溯到大约公元前3200年伟大的早期王朝时期（proto-dynastic）①的石板上，描绘了俘虏和死者，他们的头发呈现羊毛状或卷曲状，其所描绘的割礼形式与今天在肯尼亚殖民地的马赛人和其他

---

①　早期王朝时期，古埃及历史分期概念，指埃及开始统一和形成王朝的时期，一般认为即涅伽达文化三期（Naqada Ⅲ，前3200—前3000年），也有称该时期为"第零王朝"的。——译者注

黑人部落所实施的一模一样。因此，虽然没有也不可能有任何肤色记录，但是完全有理由认为，这些人就是'黑人'，就像今天很多东非部落一样，'黑人'这个名字通常指的就是他们。此外，在努比亚进行的考古调查发现了一座墓，里面有典型的黑人头发，可以追溯到大约公元前2000年的中王国时期（Middle Kingdom）[①]，在一个单独的墓里还发现了4具黑人女尸，时间可以追溯到前王朝时期晚期，也就是说大约在公元前3000年。"[4]

牛津大学埃及学系的兰德尔-麦克弗和解剖学教授亚瑟·汤姆森（Arthur Thomson）在一篇关于古埃及人骨骼材料迄今最广泛最完整的调查报告中指出，在他们所研究的从前王朝时期早期到第五王朝的古埃及人中，24%的男性和19.5%的女性被归类为黑人。"在我们测量的每一项特征中，他们都精确符合黑人类型。"

对于从第六王朝到第十八王朝的这段时期，在研究标本中，大约20%的男性和15%的女性被列为黑人组。对于这两个时期，有相当大比率的标本——被称为"中间者"——都显示出一些黑人特征，但在"中间者"身上，黑人的特征并不足够多或者并不是特别明显，没有正当理由把这些骨骼归类为黑人。[5]在美国，所有这些特点在法律上都属于黑人。

根据牛津大学的F. L.格里菲斯（F. L. Griffith）博士在《古王国的黑人》(*Negroids of the Old Kingdom*)中的说法，"可以追溯到不止一个努比亚人（nh'si）——黑皮肤的人或者黑种人，其在第四王朝和第五王朝时期、在埃及甚至在孟斐斯（Memphis） 69

---

① 中王国时期，古埃及历史分期概念，包括第十一王朝和第十二王朝，时间为公元前约2133—前1786年。——译者注

的王室宫廷中身居要职。"

在波士顿美术博物馆里，收藏着两尊精美的石灰石雕像，根据它们的发现者赖斯纳（Reisner）博士的说法，它们来自古王国时期①，呈现的是一位埃及王子与其妻子约会的场景。王子身上实际上没有任何传统上被认为明显属于黑人的特征，但王妃却带有极其典型的黑种人的每一项特征。

玛丽埃特（Mariette）在阿比多斯发现了著名的乌纳石碑（*Stele of Una*），它是"古王国时期最长的叙事铭文和最重要的历史文献"。布雷斯特德（Breasted）博士对文本的理解是，且不说别的，它记录了第六王朝国王佩皮一世（Pepi Ⅰ）的军官乌尼（Uni）如何在西奈半岛北部消灭一群亚洲人，并率领一支"数万人"的军队入侵巴勒斯坦，而组成这支军队的士兵是从"伊尔特（Irthet）的黑人、马佐伊（Mazoi）的黑人、亚姆（Yam）的黑人、瓦瓦特（Wawat）的黑人、卡乌（Kau）的黑人、泰姆赫（Temeh）之地的黑人"中招募的。在此提到的每一个区都与埃塞俄比亚的区相一致。自此之后，埃及的居民便是一个把闪米特的（Semitic）、尼罗河流域的、苏丹的黑人元素融为一体的黑人民族。

在第一王朝之前，必定有一长串来自南方的统治者，他们征服人民，巩固自己的权力。从历史上看，上埃及总是优于下埃及，第一王朝来自非洲心脏的方向。这个王朝被我们所知的国王有八个，其间文字的使用逐渐取得发展。孟斐斯被确定为首都，

---

① 古王国时期，古埃及历史分期概念，包括第三王朝到第六王朝，时间为前2686—前2181年。——译者注

尼罗河河谷的东部边界被牢牢地占领了。

第一王朝似乎是从蓬特（Punt）开始向外发展的。通往第四王朝的第三王朝，在萨纳赫特（Sa Nekht）身上出现了明显的埃塞俄比亚面孔；第十二王朝，我们可以追溯到加拉人的血统；第十八王朝的统治者是因婚姻变得肤色苍白的埃塞俄比亚人；第二十五王朝来自遥远的苏丹麦罗埃（Meroe）。

早期各王朝的法老的雕像或者被发现的尸骨表明，其中一些人带有明显的黑人血统，包括第一王朝的国王登（Den），第二王朝的国王哈塞克海姆（Khasekhemui）。

哈里·约翰斯顿爵士写道：

> 王朝时代的埃及人在体型上与今天的加拉人差不太多，但是他们可能拥有原始闪米特人的某些元素；他们的语言对分类者来说仍然是个谜，尽管其特征主要是古实语（Kushite）。显然，王朝时代的埃及人集中到尼罗河两岸肥沃的狭长地带，而不是大张旗鼓地对红海沿海地区进行殖民。到大约 8000 年前，他们已经变成了下埃及和上埃及的征服者和统治者。

在第三王朝，石头开始用于建筑。在第四王朝，出现了伟大的吉萨金字塔，它是"人类历史上最伟大的纪念碑"。它还是世界上最早的建筑之一，所使用的石头比其他任何竖立起来的建筑都要多。希罗多德告诉我们，在洪水泛滥的季节，当普通劳动力空闲之时，国家一次就征募 10 万人，为期 3 个月。即便按照这

70 个速度，建造这座建筑也用了 20 年时间。

71   当所有人都空闲之时，雇用一小部分人从事这项工作，这可能不是什么难事，而且这种锻炼和技能对国家非常有益。

在第四王朝，建造了众所周知的斯芬克斯塑像，狮子的身体和黑人的脑袋被完整地雕刻在当地的岩石上。它一定是在一座小山的圆形岩石上雕刻出来的。在这个王朝，也存在着人类对抗大自然的艺术尝试。巨大的建筑背靠小山或者矗立在天然高地上。人造小山被建了起来，人类的一些伟大作品被放置在小山上。大量的东西被用来进行建造。雕刻家想方设法与大自然抗衡，甚至超越大自然。画家则进行着色和渲染色调。

在第五王朝，祭司的权力明显增强，宗教的根基出现了，早期建筑的那种大胆主张随之减少。在第六王朝，埃及东部的利比亚人遭到一些大规模袭击。成千上万的士兵，特别是来自苏丹的黑人，把这片土地打得服服帖帖。然后，法老的军队转向南方和西方，穿过努比亚，迫使正在由南向北对埃及施压的黑人臣服。贸易探险队被派往埃及蓬特。这是一个积极对外征服和探索的时代。有位国王从苏丹把一个小矮人带回了埃及。

第七王朝和第八王朝形成了一个早期的中间期。在孟斐斯，国王的权力似乎已经衰落，或许是尼罗河三角洲遭到外敌入侵所致。在第九王朝和第十王朝，入侵的种族把他们的统治延伸到上埃及。中王国时期从第十一王朝开始，当时底比斯的诸王公再次获得独立。统治者乌瑟提森一世（Usertesen Ⅰ）被描绘成战胜亚洲人和黑人的胜利者。显然，当埃及变得伟大和富裕之时，防御入侵者变成了一个严峻的问题。阿门内姆哈特（Amenemhat）

给政府注入了新活力，他向努比亚人和亚洲人开战。萨尼哈特（Sinuhi）的历史便是那个时代的例证。因为父亲死亡，他逃到了叙利亚，并成为那里的统治者。"它为埃及与叙利亚在第十二王朝初期的关系提供了一个非常奇特的视角。一个逃亡的埃及人比叙利亚人优越，他凭借着学识和能力可以迈上高位，这非常像当前这个时代一些英国冒险家在中非所做的事。"[6]

阿梅尼（Ameny）给我们留下了一份记录，记载了他那个时代一个有权有势的贵族为劳动人民所做的事情。

> 我是受欢迎的，并深受爱戴，我是一个热爱自己城市的统治者。此外，我担任羚羊省（Oryx nome）的统治者已很多年了。王宫的所有工作都交到我的手里。瞧，国王派我管理羚羊省牧民土地上的监工，以及他们役用的3000头公牛……我没有亏待过穷人的女儿，没有欺压过寡妇，没有反对过农民，没有妨碍过牧民。我没有从五人一组的工头那里夺走他的组员去干活。我周围没有乞丐，在我的治下没有忍饥挨饿的人。遇到饥荒之年，我便挺身而出。我耕种了羚羊省的全部土地，从南耕到北。我养活居民，为他们提供食物；在这个省里没有饥饿之人，我给予寡妇的就像她丈夫还在时我给予她的那样多：我给予任何东西时，也都不会偏爱老年人胜过年轻人。后来，尼罗河河水大涨，小麦和大麦长出来了，所有东西都长出来了，我没有向农场催债。[7]

在这个王朝，法老开始把他们的继承者与他们联系起来，以便减少他们死后发生剧变的危险。摩里斯湖上筑起了堤坝，于是，人们用一条长 20 英里的宽阔路堤来整治尼罗河泛滥的洪水。

　　当时黑人正在从南方对埃及造成威胁，第十二王朝的国王乌瑟提森三世（Usertesen Ⅲ）特地战胜了他们，这位法老划定了一条边界，禁止努比亚人跨越。现在我们能看到为庆祝这场在黑人埃及与中非之间发生的冲突而作的现存最早的埃及诗歌的文本：

> 他来到了我们这里，他占领了有水井的土地，
>
> 双王冠戴在他的头上。
>
> 他来了，他合并了两块土地，
>
> 他把下埃及的土地并入上埃及的王国。
>
> 他来了，他已统治了埃及，
>
> 他把沙漠也置于权力之下。
>
> 他来了，他保护着这两块土地，
>
> 他给这两个地区带来了和平。
>
> 他来了，他让埃及活着，
>
> 他消灭了苦难。
>
> 他来了，他让老年人活着，
>
> 他打开了人民的呼吸。
>
> 他来了，他蹂躏各国，
>
> 他袭击了安努人（Anu），他们不懂他的恐怖。
>
> 他来了，他保护着边疆，
>
> 他拯救了被抢掠之人。
>
> 他来了……

他强有力的臂膀带给我们的东西。

他来了，我们抚养我们的孩子，

我们用他的大恩大惠埋葬我们的老人。[8]

人们可以从这首诗中看到，当停止中非各部落的进一步侵略时，埃及出现了怎样的民族喜悦之情。

第十二王朝标志着稳固的国家组织和在有能力的领导者治下出现的内部繁荣及其带来的辉煌发展。然后，乌瑟提森三世治下出现了一股对外征服浪潮，阿门内姆哈特三世（Amenemhat Ⅲ）治下呈现出辉煌景象，紧接着是衰落的时代。该王朝的艺术作品精致完美，技术非常精湛。

从第十三王朝到第十七王朝，出现了一段模糊不清的时期。在这个时代，埃及被希克索斯（Hyksos）诸王征服，他们可能来自阿拉伯沙漠。但是，无论是这一时期的开始还是结束，我们都无法确定具体时间。在第十三王朝统治结束之时，拉-奈赫西（Ra-Nehesi）登场了，他是国王的长子，显然可以把他称作黑人。当然，这显示了在 2000 年的时间里埃及发生的变化。一个黑白混血的埃及种族已经发展成熟，他们在肤色和其他体征上都与非洲中部的人存在差异。无怪乎说，埃及的伟大胜利就是征服了这些非洲人。

但是，这并不意味着埃及不存在黑人民族。尽管黑白混血种族得以普遍发展，黑人类型还是到处出现，尤其是拉-奈赫西的例子。或许，这位黑人法老是最后一个抗击希克索斯人——这些希克索斯人从叙利亚而来，并开始征服埃及——保卫埃及的人，对此，历史学家曼涅托（Manetho）这样描述说："从前，我们有个国王，他的名字叫蒂迈欧（Timaios）。在他的那个时代，上天对我们很生气，我不知道怎么发生的，但的确发生了：一群出身卑微、举止奇怪的人从东方而来，他们有把握侵略我们的国家，并且未经任何战斗轻而易举地用他们的力量制服了这个国家。当他们接管统治时，他们烧毁了我们的城市，拆毁了各种神庙，对居民施以种种暴行，他们杀害了一些人，把另一些人的妻子与孩子贬为奴隶。"[9]

把埃及从希克索斯人手中救赎出来，是在第十八王朝通过埃塞俄比亚的力量实现的。希克索斯人可能统治了埃及 500 年时间，接下来是西拜德的雅赫摩斯（Aahmes of the Thebaid）①的统治。与雅赫摩斯相关联的是黑人王后诺弗里泰丽（Nofritari）或者奈菲尔泰丽（Nefertari）。

埃及取得了最傲人的成功，其历史洪流现在汇入埃塞俄比亚这块黑人土地的洪流。这样，埃塞俄比亚的历史被认为是黑人文化的主流，从月亮山到地中海，它在尼罗河下游绽放光芒，但从未切断与非洲腹地大湖区的联系。

注释

[1] 温伍德·瑞德（Winwood Reade）：《人类殉难记》（*The Martyrdom of Man*），伦敦：约翰·莱恩出版公司（John Lane Company），1912 年，第 20 版，第 1 页。

---

① 西拜德（Thebaid），古埃及的一个地区，包括上埃及 13 个最南部的行省。雅赫摩斯（Aahmes），古埃及第十八王朝的法老和创建者，其名雅赫摩斯的意思是"月神之子"。——译者注

［2］亚瑟·汤姆森和戴维·兰德尔-麦克弗:《西拜德的古代种族》（ *Ancient Races in the Thebaid* ），伦敦，1905 年。

［3］W. M. 弗林德斯·皮特里:《从早期到第十六王朝的埃及史》（ *A History of Egypt from the Earliest Times to the XVI Dynasty* ），伦敦：梅休因出版公司（Methuen & Company ），1903 年，第 5 版，第 1 卷。

［4］C. G. 塞利格曼:《非洲的种族》（ *Races of Africa* ），纽约：亨利·霍尔特出版公司（ Henry Holt & Co. ），1930 年，第 3 章，第 52 页。

［5］汤姆森和兰德尔-麦克弗，前引书。

［6］皮特里，前引书，第 1 卷，第 156 页。

［7］同上，第 1 卷，第 160—161 页。

［8］同上，第 1 卷，第 183 页。

［9］同上，第 1 卷，第 233—234 页。

第六章　脸膛晒黑之地

　　本章讲的是从公元前2000年到公元500年尼罗河流域这2500年间 [1] 的故事。

　　在希腊传说中，埃塞俄比亚是块"脸膛晒黑之地"，它位于非洲红海的两侧，黑人民族居住于此。最终，黑人与黄皮肤的亚洲人结合。公元前5世纪和公元前4世纪以后，埃塞俄比亚这个词通常被用来指非洲的地区，对应的是我们现在所知的努比亚或者埃（及）属苏丹。苏丹被埃及人和希伯来人称为卡施人（Kash）或者古实人（Cush）[2]。在希伯来的民间传说中，含的后代"是古实人和埃及人"。

　　如果说已经下功夫把埃及的历史从非洲和黑人种族那里分离开来，那么对埃塞俄比亚下类似的决心甚至更显得自相矛盾。多年来，科学试图把人类分割成几个大群，称之为种族，最初的目

---

[1]　此处的"2500年间"原文为"1500年间"，疑为作者笔误。——译者注
[2]　《圣经·旧约》把埃塞俄比亚翻译成"古实"，该词语从希伯来语"Cush"或者"Kush"而来，古实是含（Ham）的儿子，古实的后代被称为"古实人"，其居住的地方被称为"古实地"，语言为"古实语"。——译者注

标是通过人类的差异性来解释人类历史。然而，种族差异的科学基础似乎越来越站不住脚，一方面是因为观察和测量变得越来越精确。3个、5个、20个种族被区分出来，直到最后，显然人类无法准确符合任何科学界定的种族类别：无论使用何种标准，大多数人都属于中间类别，或者具有个体独特性。绝对清晰的种族群体理论因此被抛弃了，"纯粹的"种族类型开始被认为只是理论上的抽象概念，从来没有或者极少存在过。

另一方面，人类中间的个体变异是异乎寻常且耐人寻味的，在体格上和文化习惯上的群体差异也同样非常有趣。因此，假定根据体格和文化把人类大致划分为三五个大型群组，其目的只是临时性地保证进一步研究的便利，当然并非妨碍研究，那么这样做对科学是有益的。这便是20世纪早期种族理论的科学地位，根据这一点，我们谈到了三个"种族"——高加索人种、尼格罗人种和蒙古人种，以此来涵盖整个人类，但我们心知肚明：在科学上准确定义这些种族，而不把人类的大多数排除在界限之外，这是无法做到的事情。

然而，对于这种普遍共识，反反复复出现例外的情况。高加 75
索人种包含了居住在欧洲且体格存在着天壤之别的各种人；蒙古人种一词甚至定义更加模糊、更加不确定，几乎被人们废弃不用了。但作为一种清晰的、科学的种族划定，"尼格罗"（Negro）这个词继续存在着，其他领域的顶尖科学家带着誓死的决心捍卫它。尽管事实情况是，符合当前"黑人"一词定义的人类在空间上和数量上一次又一次地萎缩，甚至在非洲也只剩下了一小部分残余，然而，在很多知名作家使用这个词时，他们的思维里确实出现了两类人：人类和黑人。本书的主题是，这种异乎寻常的结果来自18世纪非洲至美洲的奴隶贸易和19世纪在此基础上建立的资本主义工业。所涉及的这些事实在考古学、人类学和历史学对埃塞俄比亚的处理上得以印证。要不是结果如此悲惨，有关这片土地和人民的矛盾将会是滑稽可笑的。

如果我们遵循内在的可能性、古老的证词，以及民间传说，以下似乎就是非洲东北地区的历史：

在埃塞俄比亚，人类文化开始萌芽，并向尼罗河流域蔓延。

埃塞俄比亚，这片黑人的土地，由此成为埃及文明的摇篮。

在埃塞俄比亚之外，在非洲中部和南部，有俄斐（Ophir）的黄金和蓬特的发达贸易，埃及的繁荣很大程度上依赖这些贸易。

埃及从黑非洲带来奴隶，就像她从欧洲和亚洲带来奴隶那样。但是，她也从黑非洲带来了公民和领导者。

当埃及征服亚洲时，她使用了大量黑人士兵。

当亚洲击败埃及时，埃及向埃塞俄比亚寻求庇护，就像孩子回到了母亲的怀抱，埃塞俄比亚因此在几个世纪里主宰着埃及，并成功入侵了亚洲。

希腊、罗马和阿拉伯人均未成功征服埃塞俄比亚，尽管它们在非洲东部和中部对她进行反击并围堵住了她，阻碍了她的人民与世界产生所有联系，一直持续到殖民帝国主义的时代。

但是，这种对黑人历史的解释与黑人民族天生、永远劣等的理论相矛盾，这种理论使他们成为19世纪工业的天然奴隶和廉价劳动力。那些依靠奴隶制和殖民主义谋生和过上奢侈生活的人，自然而然地（通常并非有意为之）渴望去寻找一种科学和历史，以此来否定这种对非洲历史的解释。他们逐渐开始一个劲地宣布，埃及在三角洲地区开创了她的文化，埃塞俄比亚是遥远的边区和一个奴隶集市；蓬特和俄斐位于东非的尽头或者在亚洲；亚洲对埃及的征服标志着后者的衰落，埃塞俄比亚软弱无力的尝试显示出她处于一个颓废的时代；即使埃塞俄比亚展现了一些模仿性的文化，这也并非由于黑人民族，因为埃塞俄比亚人并不是黑人！

　　因此，科学家对这些问题的态度几乎完全受到他们看待现代黑人奴隶制的态度之影响。法国人沃尔尼（Volney）在走访后把尼罗河文明称作黑人文明。但后来接触他的人接二连三地否认说，他收回了之前的结论，这不是因为进一步调查的结果，而是19世纪的科学舆论所致。赖斯纳在埃塞俄比亚发掘出了一种黑人民族的文明，但他赶紧宣布他们不是黑人！赖斯纳出生在美国黑人奴隶制浸淫生活的时代，他从来不会忘记这一点。弗洛拉·肖（Flora Shaw）记述了苏丹最黑的人及其光辉灿烂的文明，但是警告读者说，他们不是黑人！

　　因此，在埃塞俄比亚这个"黑人的土地"、"脸膛晒黑"之国，我们接连不断地面对着这个愚蠢的悖论——这个黑皮肤的民族不是黑人。那么黑人是什么？谁是非洲人？为何整个埃塞俄比亚的历史被人忽视或者被归结到白种的"含米特人"身上？又为何每一位历史学家和百科全书编纂者，每每写到尼罗河的文明之时，总要被迫重申，这些黑皮肤的人"不是黑人"呢？

　　不过，人们总是提到三个种族之间的混血，以此解释黑人的进步和白人的倒退。这科学吗？一个"白人"或者亚洲人的贵族阶级反复被拿来引证，用以说明苏丹的崛起、乌干达的政府、布

76

松戈人（Bushongo）的工业，甚至阿散蒂人的艺术。黑人血统在欧洲和亚洲的影响从来不曾被提起，可是今天我们可以看到鲜明的黑人特征遍布欧洲的各个角落。当一名黑种犹太人向他的宗教朋友吹嘘"我是黑人，但很漂亮，啊，耶路撒冷的女儿们"之时，他应该是被晒黑了；当叙利亚人和阿拉伯人在头发和肤色上表现出黑人血统时，这一点完全被忽略了，他们的文化叫作"白人"。当被描绘成有着黑色卷发的佛陀出现在亚洲各地时，科学几乎没有下功夫去调查或者解释。

在非洲，各种族过去曾经、现在也还存在着普遍混血的情况，但是这与总体上的论调相一致，也即非洲主要是黑人和黑种民族的土地，就像欧洲是高加索人种的土地、亚洲是蒙古人种的土地一样。如果我们愿意，我们可以完全放弃划分种族的企图，但是如果头脑清醒的话，我们就不能把世界分为白种人的、黄种人的和黑种人的，然后称黑人为白人。

就拿埃及的案例来说，我下面会假定埃塞俄比亚人是黑人，并试图用事实证明他们对文明作出的贡献。

在公元前1000年的希腊人眼里，甚至在伯里克利的时代，黑皮肤的非洲人虽与希腊人不同，但被认为是与希腊人平等的，要优越于欧洲和亚洲的野蛮人。早期希腊人对待非洲的态度的确意义重大。非洲对他们来说是理想之地。在传说中，这里是他们的神休养生息的地方。在希腊文学诞生之初，在《伊利亚特》（Iliad）中，我们得知诸神在"无可指责的埃塞俄比亚人"中间尽情地吃喝。

根据神话故事，希腊人自己就是异族通婚的结果。众神

之父宙斯（Zeus）与美丽的希腊少女伊俄（Io）交媾，生下了
黑白混血儿厄帕福斯（Epaphus），他出生在埃及。埃斯库罗斯
（Aeschylus）谈到了这种结合："你将生下黑孩子厄帕福斯，他是
以宙斯生育的方式来命名的……作为他的第五个后代，五十名少
女将返回阿尔戈斯（Argos，即希腊），这不是她们的选择，而是
为了逃离与她们表亲的婚姻。"还有，"把这叫作宙斯的杰作，他
的种族起源于厄帕福斯，你将发现真相"[1]。

　　希腊最杰出的两位作家——伊索（Aesop）和萨福
（Sappho）——被称为黑人。普拉努得斯（Planudes）明确肯定了
这一点；曾德尔（Zundel）、尚弗勒里（Champfleury）等人认为，
德尔福斯（Delphos）硬币上的"羊毛卷儿状头发的黑人"是伊
索。奥维德（Ovid）明确指出，古人并不认为萨福是白人。她被
拿来与埃塞俄比亚黑人国王赛菲斯（Cepheus）的女儿安德洛墨
达（Andromeda）作比较。奥维德说："安德洛墨达长着她国家的
棕色皮肤（*Andromede patriae fusca colore suae*）。"在奥维德《烈
女志》（*Heroides*）（由里德利［Ridley］译）的第 15 封书信体诗文
中，萨福对法翁（Phaon）说："我身材矮小，但我有一个响彻整
个大地的名字。我自己为我的名字创造了更高的声誉。虽然我不
漂亮，但是安德洛墨达，赛菲斯的女儿，她国家的肤色很讨珀尔
修斯（Perseus）的欢心，而她是黑黝黝的。白鸽也经常与有斑点
的鸽子交配，黑色斑鸠通常受到绿色小鸟的钟爱。"[2]

　　保罗·拉克鲁瓦（Paul Lacroix）提到萨福："尽管柏拉图用
漂亮的尊号为她增光，尽管阿忒纳乌斯（Athenaeus）因柏拉图的
权威信服了她的美貌，但更可能的是，如我们所见，提尔的马克

77

西穆斯（Maximus of Tyre）把她画成娇小的、黑色的人，这样才符合更加正宗的传统。"[3]

蒲柏（Pope）翻译奥维德时这样写道："和我一样有着棕色皮肤，一位埃塞俄比亚女人。"

另一个黑人在荷马传说中被提到，名叫欧律比亚德斯（Eurybiates）。荷马谈到他"羊毛卷儿般的头发"和"黑貂皮般的皮肤"，并把他与最伟大的英雄尤利西斯（Ulysses）相媲美。

> 欧律比亚德斯！只在他高大的灵魂中
> 尤利西斯看到了他自己的形象。

希腊传说中的埃塞俄比亚人提托诺斯（Tithonus）被认为是第二瀑布的黑人神德顿（Dedun）。

"在所有古典国家里，埃塞俄比亚是最浪漫、最遥远的国家。根据希腊人的说法，它位于世界的尽头；它的居民都是最正直的人，朱庇特每年两次和他们一起吃饭。他们在散发着紫罗兰香味的泉水里沐浴，这赋予他们长久的生命、高贵的身体，以及光滑的皮肤。他们给犯人戴上金镣铐；他们的弓除了他们自己没人能拉开。可以肯定的是，埃塞俄比亚在古代世界强国中占有一席之地。这在犹太人的记录里和亚述人的楔形文字铭文中均有提及。"[4]

在非洲，有很多伟大且强大的王国。当希腊诗人列举地球上的王国时，自然而然且不可避免地提到埃塞俄比亚国王门农，他曾率领一支大军围攻特洛伊。当像历史之父希罗多德这样的作家想要周游世界时，他理所当然地会前往埃及，就像美国人要去伦敦和巴黎那样。当发现埃及人正如他描述的那样有着"黑色卷发"时，他并不感到惊讶。

希罗多德说，几乎所有希腊的神名都源自埃及，当然，希腊不断地向埃及寻求文化灵感和科学知识。荷马公开地从埃及借用了尤利西斯的故事，遗忘诸岛的传说则是基于埃及的故事。

埃塞俄比亚人与太阳的升起和下落紧密相连。赫西奥德（Hesiod）说，厄俄斯（Eos）的儿子门农是他们的国王。埃斯库罗斯把埃塞俄比亚人描绘成深色皮肤的民族，并住在太阳的温泉附近。米利都的阿尔克提努斯（Arctinus of Melitus）①写到门农站在特洛伊人一边参加战胜涅斯托尔（Nestor）之子安提洛科斯（Antilochus）的庆典的场面，他最终死在了阿喀琉斯（Achilles）的手里。在公元前 5 世纪的一个神话里，安德洛墨达被描绘成埃塞俄比亚统治者赛菲斯和卡西俄珀（Cassiopeia）的黑人女儿。她被绑在一块岩石上，珀尔修斯在与美杜莎战斗归来时救了她。索福克勒斯（Sophocles）和欧里庇得斯（Euripides）都写过关于安德洛墨达的戏剧，珀尔修斯、门农以及安德洛墨达在非洲、在埃塞俄比亚被奉为英雄。

埃及的文化传遍了整个地中海，在克里特岛点燃了星星之火，启发了从阿拉伯半岛到叙利亚和西小亚细亚的亚洲。在克里特艺术中，黑人头像出现了，在弥诺斯（Minoan）文化时代晚期，在海外扩张的时代，一位弥诺斯黑人队长率领了黑人军队。毫无疑

① 阿尔克提努斯，古希腊米利都的诗人，著有《埃塞俄比亚人》《伊利亚特》的续篇）、《洗劫伊利乌姆》《提坦神之战》等，其作品已失传。——译者注

问，弥诺斯人在他们最终征服希腊的过程中派出了黑人军团，从公元前 6 世纪下半叶的花瓶上，我们似乎清晰地看到，埃塞俄比亚人甚至在薛西斯（Xerxes）时代之前就进入了希腊。希罗多德告诉我们，薛西斯的军队中有埃塞俄比亚人，他们身穿豹皮和狮皮，装备着弓箭。他把东方埃塞俄比亚人和西方埃塞俄比亚人加以区分：两者都是黑人，但前者的头发更直，后者的头发接近卷发，他们说着不同的语言。

希罗多德把埃塞俄比亚的族裔减至四个：两个是当地的，两个是外来的；当地的是埃塞俄比亚人和利比亚人，外来的是腓尼基人和希腊人。在利比亚人中，希罗多德和埃及人把黑色人种和蒙古人种加以区分：黑色人种来自南方，而蒙古人种来自东方。他们以各种各样的方式进行融合，以至于人们读到了黑皮肤的格图利人（Getuli）和白皮肤的埃塞俄比亚人。赛莱克斯的《伯里浦鲁斯游记》（Periplus of Scilex）记载了四种利比亚人，狄奥多罗斯·西库路斯（Diodorus Siculus）讲到了三个利比亚部落，其中一个是黑人部落。因此，在邻近的亚洲、在北非，以及在尼罗河流域和非洲的中部与西部，非洲的黑人种族都有代表。

希腊文化在早期影响了非洲，非洲反过来影响了欧洲。根据弗雷泽（Frazer）[1] 的说法：“人们再也无法将阿里西亚（Aricia）祭司职位的继承规则视为例外；它清楚地为一项广泛存在的制度提供了例证，其中数量最多、相似度最高的案例迄今为止都已在非洲被发现。这些事实在多大程度上说明了非洲对意大利的早期影响，或者

---

[1] 詹姆斯·弗雷泽爵士（Sir James Frazer，1854—1941），英国人类学家、民俗学家、古典学者，著有《金枝》《图腾崇拜和族外婚》《旧约中的民间传说》等。——译者注

甚至说明了在南欧存在着非洲人口，我不敢擅下结论。"[5]

今天我们承认，前希腊时代诸民族汇集了相当多的重要科学知识。个体用演绎的逻辑力量和系统化的方法处理他们遇到的问题。在公元前 2000 年，一名埃及医生就把心脏作为人体系统的中心，测量脉搏，并写下了观察结果和建议。

在艺术上，没有任何种族像黑人那样引起了希腊和罗马艺术家们的强烈兴趣。在希腊化时代和罗马时代，古典世界中的其他种族很少被描绘出来；在希腊艺术最理想主义的时期，黑人形象被忠实地表现在艺术作品中，体现了对这种类型的美的极度欣赏。黑人形象在最初就已出现，并在整个希腊古典艺术时期继续广受欢迎。赫拉克勒斯（Hercules）和布西里斯（Busirus）的神话被画在一个可以追溯到公元前 6 世纪的花瓶上，赫拉克勒斯被描绘成黑皮肤、卷头发的人，布西里斯的埃及人被描绘成黑皮肤和黄皮肤的，5 个埃塞俄比亚人组成的卫队正在向布西里斯的防御工事行军。

在欧洲和非洲之间有着密切和相当频繁的联系。在史前时期，各大陆间有陆地相接。没有任何阻止移民的障碍让它们隔离开来。大量分散在地中海的岛屿充当着桥梁，各种半岛从欧洲延伸到非洲。非洲殖民者从克里特岛开始经过各岛屿来到希腊。他们穿过努米底亚抵达西西里岛、意大利以及法国南部，经由直布罗陀进入西班牙。有证据表明，在小亚细亚，远至黑海和高加索山脉，都有黑人的血脉。

埃塞俄比亚的历史包括公元前 3500 年以前的史前（prehistoric）时期、从公元前 3500 年到前 1723 年的原史（protohistoric）时期、从公元前 1723 年 ① 到公元 355 年的历史（historic）时期。在史前时期，埃塞俄比亚人把他们自己看作埃及文明的发源地，根据狄奥多罗斯·西库路斯的说法，他们还宣称埃及的法律和习俗起源于埃塞俄比亚。后来，埃及人自己断言，他们的文明出自南方，现代研究在很多方面都证实了这一点。

　　如果说埃及文化的历史开端是在三角洲——这似乎是有可能的，那么毫无疑问，有一长串的文化从南方传过来，直到它们遇到海洋和沙漠的屏障并接受三角洲肥沃土壤的邀请为止。在埃塞俄比亚，希腊文化固定不变，扎根于土壤，在农业和灌溉领域展现自我；但与此同时，它受到持续从南方而来的黑人的改写与挑战。

　　埃及人焚香拜神，其所需的香被带到非洲沿海；苏丹黑檀木生长在青尼罗河（the Blue Nile）上游，埃及人对此视如珍宝。从红海海岸到尼罗河河谷，人们可以追溯到两条贸易路线。一条沿着青尼罗河航道，穿过平坦的平原和瓦迪班纳卡（Wady Ban-Naga）② 的尼罗河口岸。另一条穿过陆地来到阿特巴拉河（Atbara），从这里到肥沃的河谷，终点在麦罗埃。第四瀑布和第五瀑布避开了尼罗河，穿过沙漠来到纳帕塔（Napata）。这些贸易路线可以往前追溯多久，从前王朝时代的石板上就能推断出来，这些石板上描述了埃及人正在侵略一个头发像羊毛卷的种族的国家，长颈鹿在那里吃着棕榈叶，珍珠鸡到处可见。自新石器时代

① 此处原文为公元前 723 年，疑为印刷错误或作者笔误。——译者注
② 瓦迪班纳卡，今苏丹麦罗埃的古实王国的古镇名称，位于尼罗河东岸，距离麦罗埃约 80 公里。——译者注

开始以来，长颈鹿和珍珠鸡的家就在青尼罗河附近。

一方面，早期埃及历史是埃塞俄比亚和埃及之间的一部斗争史，也就是上尼罗河的古代非洲文化对决盘踞在尼罗河流域的埃及定居文化。在埃及的历史长河中，生物差异和文化差异都曾出现。埃及人变成了一个定居型民族，皮肤呈现棕色和黄色，有着辉煌发达的文明。

另一方面，埃塞俄比亚人是更纯种的黑人，皮肤是棕色和黑色，头发卷卷的。他们分属各种各样的王国和部落，不断袭击埃及，或者防范埃及来袭，主要是为了贸易利益。他们最终成为埃及和中非、中南非之间的贸易商和中间人，并间接成为埃及和印度之间的贸易商和中间人。他们自身的发展在某种程度上被如下的事实所改变和引导，即他们的领导人有雄心也有能力，不断地融入埃及文明，并在很多情况下成为埃及的领导人。随着埃及扩张，埃塞俄比亚人从第一瀑布退回第二瀑布、第三瀑布和第四瀑布。

在埃及的中王国时期，一种自力更生的埃塞俄比亚文化发展起来了，它以纳帕塔和麦罗埃为中心，在黄金、象牙、宝石、木材和手工艺品等方面广泛开展贸易。在这个时代结束之时，亚洲的希克索斯人征服了埃及，埃塞俄比亚成为被征服的埃及人在物质和文化上的避难所。埃及贵族家庭移民到埃塞俄比亚，并与当地人通婚，其中一个这样的家庭建立了伟大的第十八王朝，拯救了埃及。自此之后，更多的地方被并入埃及，一位法老的儿子得到了"古实王子"（Royal Son of Kush）的称号。然而，当利比亚人在第二十一王朝推翻埃及王室之时，埃塞俄比亚人独立地组织起来，从公元前 750 年至公元 355 年，记录在册的埃塞俄比亚统治者有 76 人。

让我们转回到早期的埃及，看一看埃及一步步走向衰落与埃塞俄比亚崛起之间的关系。从公元前 3115 年至前 2360 年，这 1000 年来，埃及古王国一直处在专制君主的严酷统治之下；但是随着第六王朝金字塔建造者的权力出现崩溃，在公元前 2360 年至前 2150 年，广大埃及人民获得了宗教和政治权利。在中王国时期，开始允许人们参加宗教仪式，这不再是祭司独有的秘密。

以底比斯为中心的君主制持续了 1000 年，从公元前 2160 年到前 1100 年。法院变成了社会法律的中心，到第十八王朝时期，国家社会主义框架已建立起来。在这些日子里，根据现代的观念，埃及不再是大国。在底比斯君主制时期，人口大约有 800 万。到了最后，正是从三角洲来的赛蒂（Saiti）国王们开放了埃及，吸引一批外国人涌入。希腊人来了，埃及转而成为世界的教师；它的文化传播开来。亚历山大和罗马皇帝（the Caesars）拜倒在它的脚下。

随着第十八王朝的到来，新帝国诞生了，说到日期，我们有可靠的历史根据。新帝国于公元前 1580 年开始掌权，一直持续到公元前 1345 年。它的权力中心是底比斯，距离孟斐斯有 300 英里，距离地中海南部 400 英里。它距离第一瀑布这个传说中的埃及南部边界不到 100 英里。雅赫摩斯的权力可能因为他与埃塞俄比亚公主奈菲尔泰丽（或称诺弗里泰丽）联姻而加强，在埃及艺术中，奈菲尔泰丽始终如一地被描绘成黑人模样，不过正如皮特里所言，她是"埃及历史上最受尊敬的人物"。

都灵博物馆馆藏的奈菲尔泰丽雕像把她描绘成拥有黑色皮肤的人。在德尔麦地那（Deir el Medineh）陵墓中，她同样被绘成黑人，站立在阿蒙诺菲斯（Amenothes）前面，该作品现藏于柏林博物馆。因此，这位黑皮肤的女王被认为是黑人，是埃塞俄比亚法老的女儿，或者至少是努比亚部落酋长的女儿；[6]人们认为，雅赫摩斯必须娶她，以确保在战争中获得黑人部落的帮助，人们还认为，正是因为这种联盟，他才成功赶走了希克索斯人。[7]

81

　　这位黑人女王的传说自然而然地在白人埃及学家中间引起了反省：他们称她为"利比亚人"；当然，利比亚人在种族上有一部分是黑人；但是，既然利比亚人通常被算作"白人"，为何利比亚的诺弗里泰丽是黑人？

　　诺弗里泰丽与阿蒙诺菲斯共同统治过一段时间，我们知道她的统治一帆风顺，她得到了臣民的尊敬。对诺弗里泰丽的记忆在他们心中始终是清晰的，对她的狂热崇拜蔓延开来，直至成为一种流行的宗教。[8]

　　在第十八王朝，所有的劳动者都被组织到国家下面的行会中。有法律学家来引导他们并宣讲法律。存在着地方集会以停止对"自由人"的压迫。在法律上，法老拥有一切土地，但是土地被分配给个人，并通过长子传下去。法老一直保有土地征用权。士兵获得了不动产终身保有权，祭司拥有大量的地产；然后才是把土地进一步分配给农民、分配给佃户。

　　除了神庙使用的宗教土地和坟墓用地，法老代表国家，他对所有的土地、工人和佃户都有征用权。一切收入来源都属于国家，土地和贸易的开拓者必须向国家报账，这通常是通过家族的负责人来进行。未经法老或其代表同意，所有权不能变更。通常情况下，国家征收五分之一的庄稼作为税款。工匠在国有的工作场所干活儿。关于外国人的奴隶制受到与酋长们达成的条约限制。国家控制着一切商业。

底比斯在当时是一座拥有 10 万人的城市，也是国家的首都，这比罗马早了 1000 年。它是一座有规划的城市，埃及人所有的社区都被规划好了，社区中心是个广场，广场周围有四堵墙，社区还有六条街道，沿街两侧是工人的房子。每幢房子都是二层小楼，配备四个房间。

雅赫摩斯的统治时期是从公元前 1580 年到前 1577 年，其子阿蒙诺菲斯一世（Amenophis I）的统治时间是从公元前 1577 年至前 1536 年。阿蒙诺菲斯一世最终征服了一个叫科尔马（Kerma）的埃塞俄比亚王国，该国对第二十王朝或者大约公元前 1785 年以来的埃及一直造成威胁。然后通过联姻，图特摩斯一世来了，他征服了叙利亚和幼发拉底河流域，在那里，埃及人可能历史上第一次看到了被积雪覆盖的山脉。图特摩斯一世把埃及人的统治推进到第三瀑布之外。图特摩斯一世之后是他的儿子图特摩斯二世，图特摩斯二世与他同父异母的姐姐哈特谢普苏特（Hatshepsut）共同统治了两三年，然后同意把王位传给他跟一个侧妃所生的儿子图特摩斯三世。图特摩斯二世死后，哈特谢普苏特夺取了全部的权力，成为埃及公认的统治者。德尔麦地那神庙是"出类拔萃的"（Sublime of the Sublime），它是图特摩斯二世设计的，由哈特谢普苏特在公元前 1500 年建造完成，展现了她对蓬特的远征。蓬特的国王和王后被描绘成现代霍屯督人的样子，王后是典型的脂多臀肥。哈特谢普苏特死后，图特摩斯三世开始全面掌权。

现藏于大英博物馆的他那花岗岩头像具有明显的黑人特征。他把埃及的权力扩张到东部和南部。他发动 17 场战争征服了叙利亚，并跨过幼发拉底河。他曾在利比亚和埃塞俄比亚打仗。正如皮特里所言，他的统治毫无疑问是"埃及历史上最伟大、最重要的时期之一"。他制止了抢劫与不公，征用俘虏大肆建造和装修神殿；他把亚洲被制服国王的孩子们作为人质带到埃及，把他的帝国建得固若金汤，这可能是埃及历史上的第一次。他的帝国从纳帕塔一直延伸到幼发拉底河。亚述人和巴比伦人把女儿们嫁给他，叙利亚统治者的后代被他的父亲征服，并在埃及接受教育，他把他们当作法老的奴隶一样加以统治。贡品不断涌入埃及。他统治了 36 年，直到赫梯人从北方、卡贝里人（Khabiri）从东边开始向叙利亚施压。他的儿子阿蒙诺菲斯二世统治了 26 年，即位之初曾与其父共治，最后把王位传给了图特摩斯四世。

这位君主与一位黑人女性穆特姆亚（Mutemua）结婚。他们的儿子阿蒙诺菲斯三世大约在公元前 1400 年继承了王位。他在凯尔纳克（Karnak）① 建造了卢克索神庙（Temper of Luxor）。他遗传了其母的黑人特征，并娶了才华横溢的塔亚（Taia）。有可能希腊人由这位法老衍生出了"埃塞俄比亚国王门农"的名字。J. G. 威尔金森（J. G. Wilkinson）谈到阿蒙诺菲斯三世时说："仔

82

---

① 凯尔纳克，上埃及的村落，指的是尼罗河东岸底比斯遗址的北半部，这里有埃及最大的神庙阿蒙庙。——译者注

细查看一下埃及诸国王的肖像，这位国王的相貌定会打动每一个人，因为与其他任何一位法老相比，他拥有更多和黑人一样的特征。"[9] 安娜·格雷夫斯（Anna Graves）说："显而易见，在梅森和狄克森线（Mason and Dixon）① 以南，阿蒙诺菲斯三世或者叫阿孟霍特普（Amenhotep）三世（前 1411—前 1375）会被称为'有色人'（colored man）。他的正王后塔亚一定比她的丈夫拥有更多的黑人血统。的确，从收藏于柏林美术馆的她的半身像可以判断出……她可能是几近纯粹的努比亚人。他们的儿子，阿蒙诺菲斯四世或者叫阿孟霍特普（Amenhotep）四世（前 1375—前 1358），后来改名为阿克那顿（Akhnaton）或者阿肯那顿（Akhenaton），虽然比他的母亲拥有更少的黑人特征，但比他的父亲拥有更多的黑白混血儿特征，而他女儿们的半身像也表明，她们全都是漂亮的有四分之一黑人血统的黑白混血儿，虽然也可能是八分之一。这位黑白混血的法老阿肯那顿，不仅是历代王朝中最有趣的法老，而且在很多方面都是世上最负盛名的人物之一。"[10]

正是这位统治者，给埃及宗教带来了深刻革命，把它变成了帝国一神教，并引入了对自然力量的哲学崇拜。对太阳的伟大赞美诗便来自这个统治时期：

在从叙利亚到古实的山丘上，在埃及的平原上，

---

① 梅森和狄克森线，原为美国马里兰州和宾夕法尼亚州之间的分界线，1765—1768 年由 C. 梅森和 J. 狄克森测定，以解决宾夕法尼亚与马里兰之间的边界争端，后成为蓄奴州和自由州之间的分界线。1820 年，以密苏里大部区域位于该线以南为由，密苏里政府申请以蓄奴州加入联邦，最终国会通过《密苏里妥协案》。该线至今仍是区分美国北部和南部的象征性分界线。——译者注

你让人们各有各的住所，你安排了他们的生活；

让人们各有各的财产，计算着各自日子的长短；

他们所说的语言各不相同，

他们的天性就在皮肤的颜色里。

作为划分者，你把各种奇特的民族分隔开来。[11]

随着宗教上的这种改变，在道德上也出现了变化，对战争的赞美几乎消失了。"活得真实"成为法老的典型特征，家庭感情成为生活的理想。在艺术上，存在着一种对自然的直接研究，并抛开了传统习俗。

在阿蒙诺菲斯四世改革下，出现了普遍的人道主义：

你的确在你的心中创造了地球，地球上有人、畜群，以及洪水……他乡之地：叙利亚、努比亚、埃及。你让人们各得其所……他们说着各式各样的语言，他们在体型和肤色上千差万别。[12]

在他的继承者图坦卡顿（Tutankhaton）或者图坦卡蒙（Tutankhamen）——卡纳冯勋爵（Lord Carnarvon）和霍华德·卡特（Howard Carter）发现了他的陵墓——统治期间，出现了人们对更加古老的宗教形式的抗拒行为，直到在随后的统治时期阿肯那顿被定性为罪犯。

第十九王朝的创立者拉美西斯一世（Rameses Ⅰ）及其子塞提一世（Seti Ⅰ）在凯尔纳克等地建造了伟大的神庙。然后是征服者拉美西斯二世 67 年的长期统治，他在埃及和努比亚各地修建纪念碑，抗击利比亚人、叙利亚人和赫梯人。他的征服最终让这个国家消耗殆尽，成为利比亚人和从三角洲进逼而来的各族人民手中的牺牲品。

正是在公元前 2500 年左右，希伯来民族开始崛起。也许在拉美西斯一世时代，这个民族在埃及被奴役。它的历史在很多方面与埃塞俄比亚有关，犹太人向黑人示以最崇高的敬意。

在个人关系上，犹太人和埃塞俄比亚人之间有着千丝万缕的联系。一位名叫以伯米勒（Ebedmelech）的黑人大臣从狱中救出先知耶利米（Jeremiah）：

> 当王宫里的太监埃塞俄比亚人 ① 以伯米勒听见他们已把耶利米投入地牢里，国王当时就坐在便雅悯（Benjamin）的大门口。以伯米勒从王宫里出来向国王进言说，国王陛下，这些人作恶多端，他们加害先知耶利米，把他投入地牢。他在地牢里可能会被饿死，因为城里的面包不多了。于是，国王向埃塞俄比亚人以伯米勒下令说道，你从这里带上 30 个人，把先知耶利米活着从地牢里救出来。于是，以伯米勒带着这些人，进入王宫下面的库房，从那里取了些碎布和破烂衣服，用绳子系着把它们送给地牢里的耶利米。埃塞俄比亚人以伯米勒对耶利米

---

① 作者在这里引用的应是钦定版（KJV）《圣经》，该版本称以伯米勒和摩西的妻子西坡拉等人及其族群为"埃塞俄比亚人"（Ethiopian），称该国为"埃塞俄比亚"（Ethiopia）；汉语各译本和英语新国际版（NIV）都记为"古实人"（Cushite）和"古实"（Cush）。另见第 132 页译者注。——译者注

说，现在把这些破布烂衣放在绳子上，垫着你的胳肢窝。耶利米照做了。于是，他们用绳子把耶利米向上拉，把他从地牢里拽了上来，耶利米仍留在监狱的院子里。[13]

摩西（Moses）娶了一个黑种女人：

> 米里暗（Miriam）和亚伦（Aaron）因为摩西要娶的这个埃塞俄比亚女人而说他的坏话，因为他所娶的是个埃塞俄比亚女人。[14]

据说耶和华让米利暗患上麻风病，以惩罚这些反对者。亚伦承认：

> 我们做得很愚蠢。

《所罗门之歌》（Song of Solomon）的作者为埃塞俄比亚人的肤色进行辩护：

84

> 我是黑人，但很好看，啊，耶路撒冷的女儿们啊！

犹太作家把埃塞俄比亚描绘成他们那个时代最强大的国家之一，实力与埃及、波斯、亚述和巴比伦相当：

> 埃塞俄比亚和埃及是她的力量，而且是无穷大的；弗人

和路比人都是你的帮手。[15]

拥有战车 1200 辆，骑兵 6 万人，跟随他出埃及的路比人、苏基人，以及埃塞俄比亚人不计其数。[16]

先知以赛亚（Isaiah）向埃塞俄比亚人写下了脍炙人口的呼吁书：

> 啊！翅膀嗡嗡叫的土地，
> 它位于埃塞俄比亚河以外，
> 它派遣大使过海，
> 在水面上坐着纸莎草纸船：
> 向高大时髦者的国家致敬，
> 向远近惧怕的国家致敬，
> 向强大成功的国家致敬。[17]

犹太人希望埃塞俄比亚人能够皈依犹太教：

> 诸王公将会走出埃及；埃塞俄比亚人很快就会向上帝伸出她的双手。[18]

哦，以色列的孩子们，在我看来你们不是和埃塞俄比亚的孩子们一样吗？耶和华说道。我难道没有领以色列人出埃及地吗？没有领非利士人出迦斐托，也没有领叙利亚人出吉珥吗？[19]

因为我是耶和华你的上帝，以色列的圣者，你的救世

　　　　主：我让埃及给你作赎金，把埃塞俄比亚和西巴给了你。[20]
　　　　含的儿子：古实、麦西、弗、迦南。[21]
　　　　含的儿子：古实、麦西、弗、迦南。[22]

　　埃塞俄比亚的沙巴卡（Shabaka），犹太人把他叫作"埃及之王"，[23]他导致了以色列末代国王何西亚（Hoshea）被推翻。以赛亚召集埃塞俄比亚人攻打西拿基立（Sennacherib）。犹太人屡次与埃塞俄比亚人结盟。

　　　　他听见有人谈论埃塞俄比亚国王塔哈加（Tirhakah），说此人要现身与你开战。他听说后，便带信儿给希西家（Hezekiah）……[24]

　　他确信，有了这个强大的盟友，以色列的神会推翻叙利亚人。
　　塔哈加（Taharqa）按照与希西家签订的协定加入攻打西拿基立的战斗。西拿基立的军队奇迹般地被摧毁了，就像犹太人认为的那样，塔哈加收复了巴勒斯坦的城市，而它原本属于埃及。　　85
　　犹太人羡慕埃塞俄比亚人拥有丰富资源：

　　　　上来吧，你们的马匹；愤怒吧，你们的战车；让勇士们勇往直前；埃塞俄比亚人和利比亚人①，他们手持盾牌；利比

———————————
① 一般认为"利比亚"（Libya）是古代对北非之一部的称呼。——译者注

亚人，他们张弓搭箭。[25]

但是，他会掌管金银财富，驾驭埃及所有贵重之物：利比亚人和埃塞俄比亚人会在他的掌控之中。[26]

他们威胁说，尽管埃塞俄比亚人非常强大，但以色列的上帝最终将会战胜他们及其他敌人：

于是上帝说道，埃及的劳动力、埃塞俄比亚的商品、身材高大的西巴人，这些都会来到你的跟前，他们都将是你的：他们会跟随你。他们戴着锁链而来，他们会跪倒在你的面前，他们会祈求你，说上帝肯定站在你那边，没有别的，也没有别的上帝。[27]

刀剑将逐鹿埃及，埃塞俄比亚会痛不欲生，当杀戮降临埃及，他们会掳走她的民众，她的根基会坍塌。埃塞俄比亚、利比亚和吕底亚，以及所有的混血种族，库布人（Chub）①，还有盟约之地的人，都将与他们一起倒在刀剑之下。

波斯人、埃塞俄比亚人和利比亚人也随他们一起；他们所有人都带着盾牌和头盔……[28]

拉美西斯三世时代意味着埃及的颓废和土地所有权被集中

---

① 库布人（Chub），这个词在《圣经》里只出现过一次，指的是尼布甲尼撒时代与埃及结盟的一个民族，现无从考证。有人认为库布人可能与今天埃塞俄比亚的港口科巴（Coba）有关联，也可能之前是一个地区的名字。——译者注

到祭司手中。这个王朝于公元前1100年结束，自此之后，埃及衰落了。首先，从公元前1100年到前945年，在三角洲出现了利比亚王朝。第二十二王朝和第二十三王朝出现了诸王公的内斗，他们试图重新建立对埃及的控制。但与此同时，埃塞俄比亚崛起了，埃塞俄比亚人皮安基（Piankhi）在公元前712年成为第二十五王朝的首领。

当新帝国开始衰落之时，一名总督造反了，埃塞俄比亚王国被建立起来。这是一个由棕色人种和黑色人种、牧羊人和野蛮人、埃及人和黑人组成的自治领，被一位国王和一群祭司统治着。每年去黑人乡村的旅行，以及象牙、金粉和树胶的商队贸易，让该地区变得富裕起来。这里还通过在红海的港口接受东印度的商品和阿拉伯人的产品。其首都麦罗埃获得了伟大城市的声誉——它拥有像埃及那样的神庙和金字塔，只不过小了点。鼎盛时期的埃塞俄比亚帝国包括现代埃及的科尔多凡省和塞纳尔省（Senaar），以及西奥多统治下存在的阿比西尼亚山地王国。

苏丹的第一个首都是纳帕塔。在这里，第十八王朝的拉美西斯二世把一名叙利亚北部的叛乱王公带了回来，将他处死，并把尸身挂在城墙上，以警告苏丹人的部落。纳帕塔要比第十八王朝古老多少，这尚未可知。

只要苏丹继续是埃及帝国的一部分，它就会被埃及总督统治。底比斯之神阿蒙（Ammon）的名字以及对它的崇拜被带往南方，也可能当时纳帕塔在底比斯的祭司手里，阿蒙才变成了最高神。考虑到利比亚的希沙克人（Shishak）在公元前10世纪篡夺了法老们的王位，据信第二十王朝底比斯祭司王们的后裔当时已经撤退到纳帕塔，并在那里建立了一个神权君主国。布巴斯提特（Bubastite）王朝的衰落让其中一个名叫皮安基的人再次宣称他的家族拥有埃及王位，并占领了尼罗河流域，差不多打到了地中海。他带领埃塞俄比亚人抗击叙利亚人，并推翻了他们；他让埃及成为埃塞俄比亚的附庸国。这位王位继承人被称为"埃及王子"。皮安基于公元前 710 年去世，沙巴卡随即成为这两片土地的国王。希罗多德说，他在埃及废除了死刑。卡什托（Kashto）、萨赫巴托（Sahbatok）、塔哈加、塔努特-阿蒙（Tanut-Amon）继承了皮安基的大统，建立了埃塞俄比亚王朝，从公元前 715 年开始统治埃及，一直到他们被亚述人赶回埃塞俄比亚为止。

　　他们的名字表明，在苏丹的统治阶级是埃塞俄比亚人，他们在上埃及被誉为国家的合法领主和古代法老的继承者。在亚述国王以萨哈顿（Esar-haddon）的石碑上，塔哈加被描绘成戴着唇环的黑人；但是，塔哈加决不是落在亚述人手中的囚犯。现在我们明白，埃塞俄比亚人出现在上埃及的偏远地区，并企图在世界上充当帝国角色，但是他们在公元前 750 年到前 500 年这些年里碰到了西亚的帝国建设。

　　很难总结西亚和小亚细亚在这一时期的历史概况，但在很早的时代，我们发现，底格里斯河-幼发拉底河流域的苏美尔人显然是蒙古人种。他们企图在那里发展，就像在尼罗河流域的发展一样。于是在阿拉伯半岛之外，开始涌现出一系列的民族。巴比伦人在公元前 3000 多年出现了。公元前 8 世纪，赫梯人从亚洲向东迁移，对埃及人的权力造成威胁，直到拉美西斯二世在卡叠什（Kadesh）①打败他们为止。然后，亚述人从幼发拉底河东北的山地下来，"如同狼入羊圈"。他们在公元前 612 年攻克了尼尼微，他们自己却在斯基泰人（Scythians）和米底人（Medes）面前俯首称臣。新的巴比伦帝国主义随之而来，然后是波斯的居鲁士。在公元前 6 世纪，萨迪斯（Sardis）陷落了，很快"巴比伦沦陷了，沦陷了"的喊声传遍了东方。

亚洲本身加速了非洲的沉沦。埃及文明在蒙古人种入侵者面前凋零了。正当获得新生的埃塞俄比亚王国开始掌权之时，尼罗河流域被巨大的力量扫荡一空。那是黑人帝国主义的全盛期。黑非洲仍然在受到来自大陆中心的挤压，就像它数千年来所遭遇的那样。亚洲黄种人正在向埃及施加压力，一波又一波的不同民族即将来到。腓尼基正在鼓舞迦太基，并开始向北非发展，这对埃及西部造成压力。在这些力量中心，极其古老的埃及帝国倒塌了，首先是倒在希克索斯王朝面前，后来又倒在其他东亚部落面前。埃塞俄比亚复活了她，但是在面对武装敌人力量的不断增强时，尼罗河流域的封闭形势并未引起或者激起扩张的欲望。因此，埃塞俄比亚帝国虽然引人注目且令人印象深刻，但也仅仅维持了两个世纪。

亚述人打败了埃及的军队，并击退了埃塞俄比亚人，直到从公元前 688 年到前 663 年的最伟大的埃塞俄比亚国王塔哈加在位时期。

87

---

① 卡叠什，叙利亚西部古城，公元前 15 世纪被埃及国王入侵，到前 14 世纪中期被赫梯人统治，前 1275 年成为埃及国王拉美西斯二世与赫梯穆瓦塔利斯之间一次著名战役的战场，前 1185 年受海上民族入侵，该城从历史中消失。——译者注

他的统治时期是一个繁荣昌盛和文化进步的时代。威格尔称他的统治"是个令人震惊的黑人统治时期";兰德尔-麦克弗说:"一个非洲黑人能够以任何正当理由自称世界的皇帝,这似乎匪夷所思。"塔哈加于公元前 688 年即位,那时其年龄在 42 岁左右。15年间,他促进了埃塞俄比亚和埃及的经济、文化和宗教生活的发展。国家的贸易额增加了,也有钱去修缮古老的神庙和建造新的神庙。塔哈加与西亚和亚述建立了友好联盟。《希伯来圣经》在西拿基立的毁灭中记载了这一点,并提到了埃塞俄比亚的贸易。[29]

塔哈加在凯尔纳克的建筑被规划为古代世界最引人注目的建筑之一。在底比斯建造的神庙中,有一座浮雕,代表着尼罗河世界四个地区的四个王庭:德顿,埃塞俄比亚伟大的神,代表着南方;索普德(Sopd),代表着东方沙漠;塞德克(Sedek),代表着西方沙漠;何露斯(Horus),代表着北方。根据皮特里的说法:"这说明南方是如何成为思想中心的,而整个埃及被算作北方。一些作家说,塔哈加率领的远征队伍最远抵达了直布罗陀海峡。"[30]

最终,亚述人太过强大,塔哈加不得不放弃埃及,撤退到埃塞俄比亚,并出现了"死亡之夜"。他的继承者塔努塔蒙(Tanutamen)暂时挡住了亚述人的猛攻,[31]但是埃塞俄比亚和埃及的力量最终被粉碎。埃及神庙被摧毁,征服者亚述巴尼拔(Ashurbanipal)宣布:"我占领了底比斯,就像洪水一样势不可挡……"

纯种黑人阿斯佩卢塔(Aspeluta)可能从公元前 593 年统治到前 567 年。前 524 年,波斯人冈比西斯(Cambyses)征服了埃及，他尝试入侵努比亚，但战败了，他的舰队被摧毁。哈西奥蒂夫（Horsiatef）（大约前372年至前361年在位）对麦罗埃南部的好战部落实施了9次远征，雷赫瑞萨人（Rehrehsa）在其酋长阿鲁阿（Arua）的带领下攻击失败。其中一位继承者是纳斯塔森（Nastasen）（大约前328年至前308年在位），他把首都从纳帕塔迁至麦罗埃，但纳帕塔仍然是宗教首都，埃塞俄比亚国王仍在这里的黄金宝座上加冕。纳斯塔森被麦罗埃和纳帕塔的阿蒙祭司们拥立为王。他自称图肯塞特（To-Kenset）（或称努比亚，包括栋古拉［Dongola］）国王和阿鲁特（Alut）城国王。阿鲁特是麦罗埃的别称。

麦罗埃地处阿特巴拉河和青尼罗河之间，它建造的时间比纳帕塔要晚，有可能在公元前8世纪前后建造。城镇的地址选得相当好。它坐落在尼罗河岸边，身处第五瀑布和第六瀑布之间，位于一个山谷的尽头，这条山谷蔓延数英里，一直延伸到内陆。在雨季，山谷中有条简陋马路，为从红海而来穿越阿特巴拉河的车辆提供便利。麦罗埃城是从东方至此、更加靠北边的史前贸易路线在尼罗河上的天然出口。紧挨着它的北面是些小山，里面有大量的采石场，开采出来的石头被用于建造城中的建筑。向北则可沿着尼罗河顺流航行至柏柏尔，在那里，离开尼罗河便可踏上通往纳帕塔的沙漠道路。

尼禄（Nero）派去寻找尼罗河源头的考察团报告说，麦罗埃距离纳帕塔360罗马里[①]，在阿特巴拉河以南70罗马里。城市的

---

① 罗马里（Roman mile），古罗马长度单位，1罗马里等于1481米。——译者注

对面是塔杜（Tadu）岛，它保护港口免遭西北风侵袭。在罗马人到访的时候，这座城市由于被敌人占领且部分遭到破坏似乎已经衰败，但据说它曾供养过 20 万名士兵和 4000 名工匠。根据普林尼（Pliny）的说法，它当时被一位名叫坎迪丝（Candace）的女王统治，在她之前还有 44 个人曾执掌王权。

从公元前 308 年到前 225 年的这段时期里，出现了 10 位统治者，其中 5 位在纳帕塔统治，5 位在麦罗埃统治。托勒密王朝并未侵犯努比亚，但试图凭借和平手段来开展贸易。埃尔加梅尼斯（Ergamenes）（公元前 225 年至前 200 年在位）在托勒密二世的宫廷里长大，他统一了埃塞俄比亚的"9 个民族"。整个埃塞俄比亚共由 6 个国王进行统治；后来共有 9 个国王，其中 4 个在麦罗埃统治，5 个在纳帕塔统治。后来又有 3 位国王继承了王位，他们统治着一个统一的埃塞俄比亚。内特卡梅因（Netekamane）这位伟大的建设者出现了，他和王后阿曼妮塔丽（Amanetari）被绘制在尼罗河畔的很多处神庙上。

埃塞俄比亚[32]的这段历史意味着，几千年来移民从南向北迁徙，为的是定居和贸易，为的是向法老的军队提供士兵，为的是获得更好的气候和防御的机会。向南便到了非洲炎热的中心地带，人类不得不与昆虫和疾病作斗争，并发现没有保护他们免受外来者侵犯的天然屏障。也许出现了从大湖区向南方和西方的迁徙，但是埃及的诱惑吸引着更大的迁徙流，正如张伯伦所言，这种迁徙对中非既有利也有害。它连续不断地吸走有才能的人和敢于冒险的人，使其进入埃及更大的机遇中去。埃及受益于这些新的灵感源，并不断在此基础上发展壮大。个别黑人变成了埃及人，并占据了高位，但他们自己的南方兄弟却因这种能力和力量的不断丧失而变得更加贫困。

达利恩（Dalion）、阿里斯托克瑞翁（Aristocreon）、巴斯利斯（Basilis）、彼翁（Bion）和小西摩尼得斯（Simonides the Younger）都写过关于埃塞俄比亚的书籍，小西摩尼得斯还曾在麦罗埃居住过 5 年。[33] 早在公元前 431 年，埃及的贸易就在雅典广为人知。帆船和莎草纸卷来自埃及，象牙来自利比亚。奴隶通常不是来自非洲，而是来自亚洲。

希求征服世界的亚历山大，通过攻克埃及并在那里建立自己的首都亚历山大城（Alexandria），来给他的征服画上一个圆满的句号，这是自然而然的事情。亚历山大让黑人加入他的军队。其中最著名的人物之一是他的爱将克利图斯（Clitus），他把克利图斯封为巴克特里亚国王和他的骑兵指挥官。克利图斯的母亲卓普西卡（Dropsica）是亚历山大的保姆，普卢塔克（Plutarch）等人提到了克利图斯，并把他称为克利图斯·尼格尔（Clitus Niger），也即"黑人克利图斯"。[34]

有很多关于亚历山大大帝拜访麦罗埃女王坎迪丝的传说。也许这些都是虚构的故事，但它们彰显了她的名气。据说，坎迪丝不让亚历山大进入埃塞俄比亚，并警告他不要因为她的人民是黑人就蔑视他们，因为他们在灵魂上比他的白种民族更白。"她给他送去了黄金、少女、鹦鹉、狮身人面像，以及一顶镶嵌着翡翠和珍珠的王冠。她统治了 80 个部落，这些部落时刻准备着惩罚那些胆敢攻击她的人。"[35] 托勒密王朝与阿比西尼亚人有联系。最早的托勒密人是白人，但随着时间的推移，他们变得越来越接近黑人。"亚历山大二世身上的黑人血统非常明显，在托勒密十三世身上则还要更加显而易见，后者是最出名的克娄巴特拉（Cleopatra）的吹长笛的父亲。托勒密的母亲是个奴隶。根据传统说法，克娄巴特拉本人被认为拥有黄褐色的或者黑白混血儿的皮肤。"[36]

从公元前332年亚历山大大帝征服埃及，一直到耶稣基督诞生后罗马征服埃及，埃及文明受到越来越多的希腊化影响，受到越来越多的希腊移民的影响。在奥古斯都·恺撒的时代，埃及首都亚历山大城里存在着一个女性俱乐部。大约在公元前240年，据说亚历山大图书馆里的手稿就有49万卷。这座图书馆的馆长都是杰出的文学家和科学家。

当希腊落入不断扩张的罗马的统治之下时，新帝国最大的战利品是埃及——并不单单是尼罗河流域，而是从直布罗陀海峡向东一直到穿过红海的整个北非。罗马人把迦太基附近的地区称为非洲。这里不仅有来自欧洲的高加索人和亚洲的蒙古人，还有棕色皮肤的摩尔人和黑色皮肤的努米底亚人。罗马人的远征向南直至非洲的中心，在那里他们发现了其他黑人民族和诸如犀牛这样的大型野兽。公元80年，在皇帝图密善（Domitian）的统治下，由尤里乌斯·马提努斯（Julius Maternus）率领的罗马人进行了一次远征，目的是在苏丹寻找金矿。

欧洲和非洲之间的决斗随着布匿战争而到来：第一次是从公元前264年至前241年；第二次是从公元前218年至前201年；最后一次是从公元前149年至前146年。这些战争的起因是抵抗非洲的移民和征服，努力保卫意大利，因为蒙古人和黑人伙同一些渗透进来的欧洲人在非洲建立了迦太基城。在这座城市里，所有种族都有代表。迦太基在西西里岛安插了一个据点，第一次布匿战争便是为了摧毁这个据点而发起的。

随着迦太基入侵西班牙和迦太基军队浩浩荡荡进入意大利，第二次布匿战争开始了。最终，首领汉尼拔被赶回了非洲。汉尼拔及其非洲军队一定是把强大的黑人血统带进了罗马人群。13年来，他们一直统治着从那不勒斯到阿尔卑斯山脉的半岛。如果我们相信汉尼拔硬币，很可能就认为汉尼拔本人是个长着羊毛卷头发的黑人。他的妻子是西班牙人。[37]在罗马，第二次布匿战争后，种植园制度传播开来，于是到处都在使用奴隶，但是这些奴隶均来自希腊和西班牙。

正是在接下来的50年里，大加图（Cato the Elder）掀起的呼声"迦太基必须被摧毁"传遍了罗马，罗马与黑人起义者马西尼萨（Massinissa）建立了共同事业。罗马人再次进攻，迦太基沦陷了。5万名迦太基人被卖为奴隶。马西尼萨于公元前143年去世，他的儿子米西普萨（Micipsa）和孙子朱古达（Jugurtha）① 先后即位。正是朱古达把罗马称为"一座待售的城市，一旦找到买主便注定毁灭"。战争在非洲重新开始，但最终朱古达遭到伏击，成为战俘被带到罗马。他和他的两个儿子是马略（Marius）赫赫战功的组成部分。他在卡皮托尔山脚下的监狱里被杀身亡。

在努米底亚，罗马发现自己遭到了黑人国王塞普哈克斯　90

---

① 朱古达（前160—前104），罗马统治下北非努米底亚的国王，在叔父米西普萨死后继承王位，与堂弟共同执政，杀死一个堂弟又占领另一个堂弟的首都，罗马派兵干预被击退，但最终于前105年被俘。——译者注

（Cyphax）的反对。在戴克里先（Diocletian）[①] 治下，努米底亚从非洲分离出来，成为大陆的七省之一。它在君士坦丁的统治下达到了很高的文明水平，但在公元 428 年被汪达尔人（Vandals）[②] 推翻，在 8 世纪又被阿拉伯人推翻。

克娄巴特拉死后，埃及变成了罗马帝国的一个行省，奥古斯都向那里派去了一名长官。在从西方来的入侵者面前，埃塞俄比亚的力量已经衰落。公元 29 年，长官加卢斯（Gallus）召集这些酋长，并授予他们在罗马统治之下的独立地位。在他死后，黑人起义了，并向北推进。罗马人派出了一支由 1 万名步兵和 800 名骑兵组成的大军前去镇压 3 万人的叛军。罗马人胜利了，并向纳帕塔的埃塞俄比亚人进军。纳帕塔正由坎迪丝统治，她是"一个具有男子气概的独眼女人"。她可能是《使徒行传》第 8 章第 27 节中所提到的那个"坎迪丝"[③]：

> 他就起身去了。看呀，一个埃塞俄比亚人，一个在埃塞俄比亚女王坎迪丝手下大权在握的太监，他掌管着她所有的财富，来到耶路撒冷做礼拜，现在回来了，正在车里坐着……

佩特罗尼乌斯（Petronius）占领了纳帕塔，把 1000 名俘虏

---

① 戴克里先（245—313），罗马皇帝，由禁卫军部属拥戴登基，开创四帝分治局面，迫害基督徒，于 305 年退位。——译者注

② 汪达尔人，日耳曼民族的一支，429—534 年在北非建立王国，455 年洗劫罗马。信奉阿里乌基督教，在非洲迫害天主教徒。拜占庭攻入北非时，摧毁了汪达尔王国。——译者注

③ 《圣经》各汉译本译作"干大基"，英文版则均作"Candace"。——译者注

送去恺撒那里做奴隶，许多人被拍卖。然而，佩特罗尼乌斯一离开，坎迪丝就袭击了罗马的驻军。埃塞俄比亚人强烈要求向恺撒陈情并获准，恺撒免除了贡赋。

在这一时期，埃及叙利亚地区诞生了一位社会改革家，名曰耶稣基督，身上带有蒙古人和黑人的元素。北欧人从未接受过他那向邪恶屈服、否定财富和热爱人类的信条，他们通常把他描绘成高加索人。他可能是个皮肤黝黑的叙利亚犹太人，鹰钩鼻子，卷头发；或许他甚至继承了埃塞俄比亚人的血统。他可能看起来就像希特勒在维也纳盯着看的那个犹太人："有一天，当我步行穿过市中心的时候，我突然遇到一个身穿长袍、头上长着黑色卷发的人。"[38] 希特勒积极的反犹主义便从那一天开始。耶稣尝试着让人类更好些、简单一点儿、多些真实，但他没有成功。他被指控为亵渎神灵和大逆不道，被用钉子钉着吊死。围绕着他个人的传说和理想，已经发展出诸多信条、教会、宗教法庭，以及梦想。最后，出现了有组织的、制度化的基督教会。

罗马皇帝尼禄（公元 54—68 年在位）计划入侵埃塞俄比亚，并派出一些侦察兵去刺探情况。他们一直深入到萨阿德（Saad）地区。在接下来的 200 年里，努比亚人和其他沙漠部落随心所欲地行事；埃塞俄比亚的力量继续衰落。从 3 世纪开始，来自东部沙漠的部落——有可能是现代贝贾人——侵入埃及并大肆掠夺；在奥勒利安（Aurelian）① 统治时期，他们成为埃及南部的主

---

① 奥勒利安（215—275），罗马帝国皇帝（270—275 年在位），让四分五裂的帝国重新统一，着手恢复罗马在欧洲的霸权，打败了北方的日耳曼人，赢得"世界光复者"称号，后被军官所杀。——译者注

人。罗马人继续在埃塞俄比亚边境遇到诸多麻烦，最后当阿比西尼亚人在东部出现之时，皇帝戴克里先邀请来自西部的努比亚人来击退他们。这些努比亚人最后接受了基督教，埃塞俄比亚北部开始被称为努比亚。罗马驻军撤退了，罗马人依靠达尔富尔和科尔多凡的努比亚人来保护他们的利益。戴克里先把土地赋予这些努比亚人，并每年给予补贴，同时也补贴贝贾人。在狄奥多西（Theodosius）和查士丁尼（Justinian）统治时期，这些部落一而再再而三地发生叛乱，令罗马寝食难安。

黑非洲对罗马产生了广泛的影响。罗马的很多伟人因其出身被称作"非洲人"，也有很多人具有黑人血统。泰伦提乌斯·阿佛尔（Terentius Afer），又名"非洲人泰伦斯"（Terence the African），曾经是个奴隶，苏埃托尼乌斯（Suetonius）[1] 把他皮肤的颜色描述成"黑色"（*fuscus*）或者深褐色。泰伦斯是最伟大的拉丁语文体学家，是六部诗剧的作者。然而，他主要因为一句话而闻名："*Homo sum; humani nihil a me alienum puto*"——"我是人，人类对我来说毫不陌生。"[2]

维吉尔提到了一位漂亮的黑人少年：

> 虽然他面色黝黑，而你却是皮肤白皙
> 哦，美貌的少年，别太相信你的颜色：

---

[1] 苏埃托尼乌斯（69—122年以后），罗马传记作家和文物收藏家，出身骑士阶层。其作品包括文学人物传记《名人传》《诸恺撒生平》等。——译者注

[2] 这句话源自泰伦斯的喜剧《自责者》第一幕第一场，该句的拉丁文可直译为"我是人，凡是人所具有的东西，我都有"。——译者注

白色女贞花凋谢，黑色覆盆子被采摘。

两则拉丁语诙谐短诗称赞埃及猎人奥林匹亚斯（Olympius）：

深棕色无损于你的美丽……

你久享的美貌名誉将永留人世，
迦太基将一直诉说你的名字。①

公元 330 年，东罗马帝国在君士坦丁堡建立。它变成了希腊的而非罗马的，变成了基督教的，甚至早于罗马皈依。这个帝国与非洲有着很强的联系：它不仅与尼罗河流域进行贸易，甚至还与非洲西海岸有贸易往来。正如莫姆森（Mommsen）所言：“正是通过非洲，基督教才变成了世界宗教。德尔图良（Tertullian）②和西普里安（Cyprian）③均来自迦太基；阿诺比乌斯（Arnobius）④来自西卡韦纳里亚（Sicca Veneria）；拉克坦提乌斯

---

① 这两首诗的拉丁语原文为 “*Nil tibi forma nocet nigro fuscata colora ...*” 和 “*Vivet fama tui post te longaeva decoris, Atque tuum nomen semper Karthago loquetur*”。——译者注

② 德尔图良（160?—220?），迦太基基督教神学家，用拉丁文写作，使拉丁语成为教会语言及西方基督教的传播工具，著有《护教篇》《论基督的肉体复活》等，参加孟他努教派运动，后自立新派，该派在非洲延续到 5 世纪。——译者注

③ 西普里安（200?—258），早期非洲基督教神学家、迦太基主教，主张教会可宽恕背信之罪，在罗马皇帝瓦莱里安统治时期被处死。——译者注

④ 阿诺比乌斯（?—330?），早期基督教护教论者，拥有柏柏尔人血统，在皈依基督教之前，他是努米底亚著名的修辞学家。有人认为，拉克坦提乌斯是阿诺比乌斯的学生。——译者注

（Lactantius）①，可能同样还有米努西乌斯·菲利克斯（Minucius Felix）②，尽管他们有拉丁语名字，但他们都是非洲本地人，奥古斯丁（Augustine）也同样如此。在非洲，宗教找到了最热忱的信仰忏悔者和最有才华的捍卫者。"[39]

奥利金（Origen）③、亚大纳西（Athanasius）④、圣西里尔（Saint Cyril）⑤均来自尼罗河流域。在罗马天主教会等级制度的最高层，有3位教皇出生在非洲：维克托一世（Victor Ⅰ，187—198年在位），他捍卫罗马的复活节日期；米尔提亚德斯（Miltiades，311—314年在位），在皇帝作为基督徒进入罗马之时，他是教皇；以及基拉西乌斯一世（Gelasius Ⅰ，492—496年在位），他捍卫教皇的权利，反对国家。

这里所指的非洲是撒哈拉沙漠以北的非洲。正如我们所看到的那样，黑人血统分布广泛，在尼罗河流域，更直接代表黑非洲的科普特教会（Coptic Church）被组织起来。在4世纪，该宗主教区设有100个主教职位。在330年，亚历山大城宗主

---

① 拉克坦提乌斯（240—320），古罗马基督教作家之一，著有大量解释基督教的作品，博采众长，在文艺复兴时期仍有广泛的影响力。——译者注
② 米努西乌斯·菲利克斯（?—250），早期的拉丁基督教护教论者，被人称为罗马最著名的律师之一，主要著作有《奥克塔维厄斯》(Octavius)，从中可以看出斯多葛学派的影响。——译者注
③ 奥利金（185?—254?），古代基督教著名希腊教父之一、《圣经》学者，其最伟大的作品《六文本合参》系《旧约全书》6种文本的对照。奥利金的作品受到新柏拉图主义和斯多葛哲学的影响，很多观点在当时受到谴责。——译者注
④ 亚大纳西（296?—373），古代基督教希腊教父，亚历山大城宗主教，捍卫基督教正统教义，反对阿里乌教派。——译者注
⑤ 圣西里尔（827—869），希腊基督教神学家、传教士，与其兄一起向斯拉夫人传教，共同创造斯拉夫语字母，用斯拉夫语翻译了《圣经》。——译者注

92

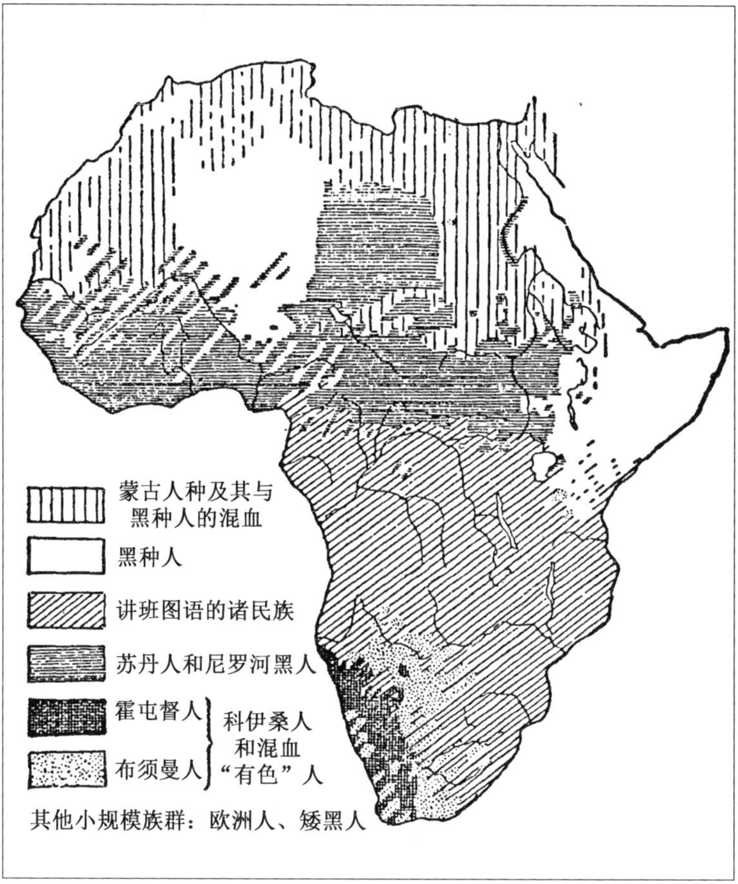

图例：
- 蒙古人种及其与黑种人的混血
- 黑种人
- 讲班图语的诸民族
- 苏丹人和尼罗河黑人
- 霍屯督人 ｝ 科伊桑人和混血"有色"人
- 布须曼人 ｝
- 其他小规模族群：欧洲人、矮黑人

图3　非洲的种族

引自《非洲的种族》(Les Races de L'Afrique)，巴黎：帕约出版社（Payot），1935 年。

教圣亚大纳西册封福罗门提乌斯（Fromentius）为埃塞俄比亚主教。

早在公元前 1000 多年，在埃塞俄比亚高地，尼格罗人和蒙古人种的人民就联合起来建立了一个贸易和政治中心。示巴女王（Queen of Sheba）的传说便来自这个阿克苏姆王国（Axumite Kingdom）。早在公元前 1800 年，约克旦（Jokdan）的后裔——以航海为业的阿拉伯人便征服了阿比西尼亚对面的红海海岸，并建立了也门。正是沿着这条路，法老尼哥（Necho）的探险队从东到西绕非洲而行。成书于公元 60 年至 80 年的《厄立特里亚航海记》（The Periplus of the Erythraean Sea）显示，围绕着这个非洲的东方之角，商业与日俱进。

有一段时间，阿比西尼亚控制了他们自己的国家和也门，国王卡莱布（Kaleb）于公元 525 年征服了也门，并占有了它 50 年。最终，阿比西尼亚被驱逐出阿拉伯半岛，他们自因于他们的高地里，在那里，正如吉本（Gibbon）所言，"在他们宗教敌人的包围下，埃塞俄比亚人沉睡了将近 1000 年，忘记了他们被遗忘的那个世界"。整个中世纪，祭司王约翰的基督教王国传说一直流传着。有段时间，阿比西尼亚人在麦罗埃建立了自己的地盘，但与罗马结盟的努比亚人把他们赶了回去。

终于，在公元 450 年，努比亚人在西尔科（Silko）的统治下接受了基督教，并定都古老的栋古拉。这座城市取代了纳帕塔和麦罗埃，到 12 世纪，这里有了教堂和砖房。

在公元 525 年，在阿比西尼亚和中非之间有着大量的贸易往来。人们进口香料和黄金，用来换取牛、盐和铁。

因此，当伊斯兰教的洪流涌向尼罗河流域之时，阿比西尼亚和努比亚坚固的基督教方阵抵挡了两个世纪之久。许多年来，欧洲人的梦想就是要与祭司王约翰和其他非洲基督教徒取得联系并结成同盟。直到 1270 年，萨拉丁（Saladin）才制服了努比亚人，吞并了努比亚。努比亚人的基督教王国终于在 16 世纪沦陷了。

注释

［1］埃斯库罗斯：《被缚的普罗米修斯》(*Prometheus Bound*)，第 850 行；《乞援女》(*The Suppliant Maidens*)，第 859 行。

［2］罗杰斯，前引书，第 1 卷，第 84 页。

［3］保罗·拉克鲁瓦：《卖淫史》(*History of Prostitution*)，纽约：柯维奇－弗列德出版社（Covici, Friede），1931 年，第 150 页。

［4］瑞德，前引书，第 37—38 页。

［5］詹姆斯·乔治·弗雷泽：《金枝》(*The Golden Bough*)，纽约：麦克米兰公司，1940 年，第 1 卷，第 vi 页和第 vii 页。

［6］爱德华·迈耶（Edward Meyer）：《古埃及史》(*Geschichte des Alten Aegypten*)，1887 年，第 224 页，注释 1。

［7］G. C. G. 马斯佩罗（G. C. G. Maspero）：《诸国之争》(*Struggle of the Nations*)，A.H. 塞斯（A. H. Sayce）编，M.L. 麦克卢尔（M. L. McClure）译，纽约：丹尼尔·阿普尔顿公司（D. Appleton and Company），1897 年，第 98—99 页。

［8］马斯佩罗，前引书。

［9］J. G. 威尔金森（J. G. Wilkinson）：《古埃及人》(*The Ancient Egyptians*)，伦敦：1878 年，引自罗杰斯，前引书，第 1 卷，第 42、54 页。

［10］安娜·M. 格雷夫斯：《本韦努托·切利尼对青铜没有偏见》(*Benvenuto Cellini Had No Prejudice against Bronze*)，巴尔的摩：韦弗利出版社（Waverly Press），1943 年，第 xix 页。

［11］皮特里，前引书，第 2 卷，第 216 页。

［12］参阅詹姆斯·H. 布雷斯特德（James H. Breasted）译：《古埃及人的历史》（*History of the Ancient Egyptians*），纽约，1908 年，第 275 页；亚瑟·韦戈尔（Arthur Weigall）：《阿肯那顿的生活和时代》（*Life and Times of Akhnaton*），伦敦：1922 年，第 132 页。

［13］《耶利米书》，第 38 章，第 7—13 节。

［14］《民数记》，第 12 章，第 1 节。

［15］《那鸿书》，第 3 章，第 9 节。

［16］《历代志下》，第 12 章，第 3 节。

［17］史密斯（Smith）和古德斯皮德（Goodspeed）：《圣经全集》（*The Complete Bible*），芝加哥：芝加哥大学出版社，1944 年。（这段经文引自《以赛亚书》第 18 章，第 1—2 节。——译者注）

［18］《诗篇》，第 68 篇，第 31 节。

［19］《阿摩司书》，第 9 章，第 7 节。

［20］《以赛亚书》，第 43 章，第 3 节。

94

［21］《历代志上》，第 1 章，第 8 节。

［22］《创世记》，第 10 章，第 6 节。

［23］《列王纪下》，第 17 章，第 4 节。

［24］《以赛亚书》，第 37 章，第 9 节。

［25］《耶利米书》，第 46 章，第 9 节。

［26］《但以理书》，第 11 章，第 43 节。

［27］《以赛亚书》，第 45 章，第 14 节。

［28］《以西结书》，第 30 章，第 4 节、第 5 节；第 38 章，第 5 节。

［29］《以赛亚书》，第 18 章，第 2 节；第 37 章，第 9 节。

［30］皮特里，前引书，第 301 页。

［31］《那鸿书》，第 3 章，第 1—19 节。

［32］关于埃塞俄比亚的历史，我很大程度上依赖于霍华德大学的利奥·汉斯伯里（Leo Hansberry）教授提供给我的手稿材料。

［33］J. 加斯唐（J. Garstand）、A. H. 塞斯和 F. L. 格里菲斯（F. L. Griffith）：《麦罗埃》（*Meroe*），牛津：克拉伦登出版社（Clarendon Press），1911 年，第

4—5 页。

[34] 普卢塔克:《亚历山大大帝》(*Alexander the Great*);狄奥多罗斯·西库路斯:《历史丛书》第 17 卷,第 2 章。

[35] W. E. B. 杜波依斯:《黑人民族:过去与现在》(*Black Folk: Then and Now*),纽约:亨利·霍尔特公司,1939 年,第 32、33 页。

[36] 罗杰斯,前引书,第 1 卷,第 57 页。

[37] P. R. 加鲁奇(P. R. Garrucci):《古代意大利的硬币》(*La Monete dell' Italia Antica*),罗马,1885 年,第 2 部分,第 58 页;第 75 幅插图,第 11 号、12 号、13 号、14 号、15 号硬币。

[38] 希特勒(Hitler):《我的奋斗》(*Mein Kampf*),第 73 页。

[39] 西奥多·莫姆森(Theodor Mommsen):《罗马帝国的行省》(*The Provinces of the Roman Empire*),由迪克森(Dickson)根据德文译出,伦敦:本特利出版社(Bentley),1886 年,第 2 卷,第 345 页。

95

第七章 大西岛

本章是关于非洲西海岸的故事，描述了从公元500年至1500年它与世界发展的关系。

长期以来，现代人相信欧洲的历史蕴含着文明史的精髓，除了那些微不足道的例外情况；相信白种人一直沿着一条自然、正常的道路走向人类文化的最高境界。即便今天它崩溃了，主流观点仍认为这不过是命运多舛的中途停顿罢了，在经过一段喘息恢复期后，必须也必将按原路继续前行。

此外，我们知道现代欧洲的历史非常短暂；与永恒埃及的历史相比，简直就是须臾之间。英帝国存续不超过250年；法国现在的地位可以回溯到300年前；美国建国仅170年；德国则不足100年。因此，如果我们把现代欧洲与已经灭亡的伟大帝国相比，它在寿命上与波斯帝国、亚述帝国、赫梯帝国，以及巴比伦帝国相差无几。埃塞俄比亚统治世界的时间比英格兰还要长。

当然，欧洲统治的是一个民族极其多、范围更加广的世界。但是，这是否表明欧洲人可以永远统治下去，是否可以证明其存在固有的优越性，或者只是说暂时具有一种奇迹般的、更加强大的野蛮力量？并非深厚的人类情感让欧洲成为世界的统治者，也不是创造性的天才或者正义的道德力量，而是机械的力量。以人和人相比，现代世界并未超越古代；但是，以人和枪，以手和电，以肌肉和原子裂变相比，这些都表明了我们的文化意味着什么，以及机器是如何征服并奴役现代人类的。在我们的文明中，明显属于英国的或者美国的有哪些？什么也没有。科学是在非洲建立起来的，宗教是在亚洲发展出来的。

难道人类的进步就没有其他路径可走了吗？难道就没有别的文化模式、行为方式、进步目标能够和可以引导人类走向更好更高了吗？非洲过去看到了上帝的星象；亚洲过去看到了人类的灵魂；欧洲过去和现在看到的都只是人类的身体。欧洲喂养它、打磨它，直到它变得肥胖、臃肿，甚至惨不忍睹。

让我们转向西非，人类在这里用了1000年的时间尝试走出一条与众不同的道路。首先我们面对着这样的疑问：因为黑非洲没有文字记载的历史，我们又如何知道人类在非洲做了些什么呢？这就带来了一种奇怪的假设，也即缺乏文字记载意味着缺少值得记录的事情和行为。被清晰准确地写下来的人类行为，对于人类经验的海洋而言，就像沧海一粟。要回忆那种经验，我们必须依靠书面文字记录——从直接叙述到间接暗示和证实等各种各样的记录；我们必须依靠记忆——那些当代旁观者的记忆，那些听到他们言语之人的记忆，那些多年来诠释这些言语并将其传递下去之人的记忆；我们必须依靠各种习惯、风俗和理想那无声却有力的证词——这些再现和反映了过去的漫长岁月。最后，我们同意，作为真实的历史和真正的事实，任何我们今天相信和愿意

相信的对过去行为的解释，都是真实的。最终的历史真相与实际
存在的真相之间的关系，可能在真假之间变幻莫测。

有着阳光和冰雪的气候让欧洲有机会去广泛发展亚洲和非洲
文字记载中的发明。炎热和雨水让西非几乎不太可能保存书面文
字记录，并迫使这片土地依靠人们的记忆，经过很多世纪发展出
一种了不起的民俗和传统体系。但是，这两种方法的背后，都存
在着被记录在文化模式、工业、宗教和艺术中的真实人类历史。

在环大几内亚湾的西海岸出现了非洲文明的超凡发展。弗罗
贝尼乌斯突发奇想称其为"大西岛"，并认为它可能是那个传说
中大西洋岛屿的文化发展产物。不管它的起源是什么，一个特别
的非洲国家在非洲西海岸成长起来。它的发展可以追溯到多久之
前，这无人能知。我们有自17世纪以来的相当可靠的历史，也
有16世纪和15世纪可信但却不连续的报告，在此之前的都只是
风俗、传统和传说。

海滨受到山脉、森林和沙漠的保护而免遭内陆侵害，西部受
到海洋保护，这里形成了以村落为中心的农业文化。在此基础上
及时发展出了工业和艺术。工业发展出了在城市之间的劳力分配，
每个城镇都拥有自身独特的工业，然后把剩余产品拿去和其他城
镇贸易。各城镇通过议会和酋长以一种松散的联盟联合起来。

公元前600年，腓尼基人在非洲西海岸从事贸易，一个世纪
之后则是迦太基人。从史前时代开始，这片海岸便居住着黑西非
类型的黑人。他们的文化中心位于贝宁湾的上方，其文化沿着奴
隶海岸，传播到东部和北部。人们可以从石碑、建筑、艺术品，
尤其是从文化模式追溯它。

到处都有制造布料和工具的，而且人们都悠闲从容地工作，非常适合热带太阳下的状态。因为在这里，人们与蚊子展开激烈斗争，就像在刚果那样，在东部，人们与舌蝇决斗；这场与疟疾、睡眠病以及十几种人类敌人进行的战役，就像人类的其他任何活动一样，都是为了生活和幸福而努力奋斗的一部分。尽管如此，不仅布料的制造、服装的加工和铁器的焊接发展到了较高水平，而且还形成了艺术，虽然原始但力道独特，这种艺术影响了现代世界，理应被称为这个世界上的三四种原始艺术形式之一。农业和渔业，制造业和制陶业，金属的焊接与加工，绘画和艺术的发展，这些都是黑人文化的特征。

在阿散蒂，人们用非常简陋的工具进行编织，这就需要高超的技术，结果导致布料具有艺术上的美感。还有木雕，形成多个不同的分支；雕刻家制作出来的物神、鼓和人物都是独特的和原创性的。"从某些现代审美倾向的视角看，它们具有个性和独到的价值，让很多第一次看见它们的人感到震惊。喜欢和欣赏艺术和美的东西，这不能说是属于我们所有人的特性。然而在阿散蒂，这些似乎是应被我们称为'未受过教育的大众'的他们所具备的特质。几乎所有能够进行艺术处理的物品都被用作装饰性设计的素材，这种设计给非洲人的心灵和眼睛带来审美上的愉悦：比如凳子、勺子、梳子、木盘子、葫芦瓢、大门、棍子、办公室的棍杖、独木舟、瓦里棋盘（*wari* boards）①、刀子、研钵、鼓、象牙、锅、管子、砝码和磅秤、各种类型的金属制品、神庙和民宅的墙

---

① 瓦里棋盘，非洲棋类游戏的一种，游戏在2排各有6个坑的棋盘上进行，主要在西非地区流行，也通过书籍和互联网在世界广泛传播。——译者注

壁、各种类型的纺织品。甚至用来达到这些效果的工具和器具、锻炉本身、梭子、用来织网的网格，都是点缀之物，被用于装饰以达到艺术效果，无论如何粗糙，这些都绝非庸俗的和无艺术趣味的东西。"[1]

真正的西非人在造型艺术上展现出高超的技艺。他在象牙和木头上雕刻，贝宁的青铜器是世界上最有价值的艺术品文物。当1897年贝宁被英国人占领时，他们发现了精雕细琢的象牙，用脱蜡法浇筑而成的青铜器，包括闻名于世的女黑人青铜头像——现存于大英博物馆，这是一件杰出的艺术品。

1910年至1912年，弗罗贝尼乌斯在尼日利亚发现了一尊青铜头像。通过这尊举世瞩目的人像，我们得到的可能是非洲人在造型艺术领域取得成就的最著名案例。用发现者的话说："嘴唇的设置，耳朵的形状，脸部的轮廓，如果单独检验的话，所有这些都证明了它整体上显然是一件完美的真正艺术品……它是用我们所说的'脱蜡法'或者空心浇铸法铸造而成，雕刻得非常精细，真的就像是最好的罗马作品。"[2]

通过对这尊青铜头像和赤陶标本不断进行研究，加上此前调查者报道的许多其他发现，弗罗贝尼乌斯大胆地得出结论说，这种艺术属于中非文明的古老仪式，其开端可能追溯到公元前2000年。他还认为，有充分的证据证实以下假设，即这种古代文化与古典时期和前古典时期在尼罗河两岸和地中海盆地繁荣发展的、著名的，且被大肆宣传的诸多文明之间，存在着重要联系。

最古老的艺术是陶艺，西非有着数不尽的陶器遗迹。在西海岸，陶器制作的踪迹可以追溯到500年前，甚至可能是1000年

前。制陶主要由女人来完成，这是一种由母亲手把手传授给女儿 98
的祖传手艺。

很有可能是西海岸的黑人首先给文明注入了焊铁的艺术，此
后这种艺术传遍非洲，然后最终传入欧洲和亚洲。当然也有可
能，焊铁艺术是在非洲之外的其他大陆出现的，但是在最早的时
代里，任何大陆都没有如此广泛地使用铁器。

根据博厄斯所言："看起来在欧洲人仍然对粗糙的石器工具
感到满足之时，非洲人已经发明了或者采用了冶铁的艺术。想一
想这项发明对人类进步意味着什么。只要锤子、刀子、钻头、锹
铲和锄头不得不用石头削制出来，或者用硬壳或硬木头制作而
成，虽然制作出实际的工业产品不是不可能的，但仍十分困难。
当人们在巨大的天然贵金属块中发现了铜并把它锻造成工具以及
后来将它融化成型之时，当青铜被开始使用之时，已经取得了
巨大的进步，但是，工业生活的真正进步是从人们发现硬铁开始
的。非洲黑人发现了通过融化来冶炼铁矿石这项壮举，这似乎并
非不可能之事。无论是古代欧洲，还是古代西亚，甚至是古代中
国，都不知道铁，所有的一切都表明，铁是非洲率先开始使用
的。在上个世纪末的非洲大发现时期，从南到北，从东到西，在
整个非洲都发现了铁匠。铁匠用简易风箱和炭火来冶炼矿石——
这种矿石在非洲大陆的很多地方都有发现——并且锻造出了非常
实用、漂亮的工具。"[3]

托尔道伊（Torday）说道："我确信，某些论断似乎证明了我
提出的令人满意的观点，也即我们要感激黑人，他们是我们现代
文明的真正基石，我们应感谢他们，是他们发现了铁。"[4]多哥

兰（Togoland）可能是非洲最古老、最著名的铁加工地区。

根据雷克吕斯（Reclus）^①的说法："铁的熔炼与加工是所有冶金学发现中最有用的一个，这要归功于黑人以及小亚细亚的查利比亚人（Chalybes）；白尼罗河（the White Nile）的邦戈人（Bongos）^②以及其他一些非洲部落，他们建造了一种非常精巧的熔炉。这些熔炼者和锻造者大多数情况下满足于粗糙的原始工具，然而在使用这些工具的过程中，他们展现了惊人的技能。奥果韦盆地的方族人制造出了绝好的铁，其质量就连欧洲人都难以望其项背。在大多数当地部落中，铁匠构成了一个特殊阶层，人们非常尊敬甚至惧怕他们那威名远扬的魔法艺术知识。"[5]

迈克尔·萨德勒爵士（Sir Michael Sadler）在谈到各个方面的西非艺术时说道："西非为世界艺术瑰宝作出了自己独特的贡献。"威廉·罗森斯坦爵士（Sir William Rothenstein）补充道："我对造就这些高贵作品的文化一无所知，也不知道是何种本土的或者外来的影响力激励了它们。我只知道它们都是质量极高的艺术作品，值得与任何时期最好的雕刻艺术作品相提并论。"根据美国评论家 J. J. 斯威尼（J. J. Sweeney）^③的说法："作为一种雕刻艺术传统，非洲艺术无可匹敌。"[6]

---

① 雅克·埃利泽·雷克吕斯（Jacques Elisée Reclus，1830—1905），法国地理学家、思想家和活动家，曾加入第一国际，主要著作有《地球及其居民》《无政府》《南部非洲》。——译者注

② 邦戈人，东非民族，一直到 19 世纪末都是一支强大的部落，人数在 10 万人左右，主要分布在白尼罗河西部和苏丹南部。到 20 世纪 20 年代，因奴隶贸易人口减至 5000 人，此后人数小幅上涨。邦戈长老把持着部落的政治权力和经济发展。——译者注

③ 詹姆斯·约翰逊·斯威尼（James Johnson Sweeney，1900—1986），现代艺术作家，曾担任美国现代艺术博物馆馆长，收藏包括抽象表现主义的绘画和雕塑作品。——译者注

著名的英国艺术评论家罗杰·弗赖（Roger Fry）[①]教授说：
"我们习惯性认为，有能力创造富于表现力的塑形艺术形式是人类
取得的最伟大成就之一，那些宏伟雕塑的名字世代相传，因此，
被迫承认某些连名字都未留下的野蛮人拥有这种能力，承认他们
不仅比此时此刻的我们拥有更高的水平，而且其能力比作为一个
民族的我们过去曾拥有的能力更高超，这似乎是不公平的。然而，
这正是找到自我的地方。我不得不承认，他们的作品中有一些是
伟大的雕塑，我想比我们曾在中世纪创作的任何作品都要伟大。
当然，他们在更高的水平上拥有雕刻艺术的特殊品质。他们的确
拥有完全的塑形艺术自由；也就是说，这些非洲艺术家真正构思
出了三维立体形式。现如今，这在雕刻艺术中非常罕见。"[7]

　　在鼓乐和弦乐方面，非洲音乐在原创性和完善度上达到了极
高水平。复杂的节奏形成了鼓的语言，鼓语的发展不仅让当地人
能在舞蹈和典礼上领舞，而且能以一种在电报界几乎很难遇到对
手的迅速和精准向整个大陆发出信息。冯·霍恩博斯特尔（Von
Hornbostel）[②]谈到非洲音乐尤其是多哥的音乐时说道："非洲黑人
在音乐上的天赋是非同寻常的，可能在平均水平上比白人更有天
赋。这不仅从非洲音乐的高度发展中可以明显看出，尤其是在复
调和节奏方面，而且有一个非常奇怪也可能是绝无仅有的事实使
其更加显而易见。这一事实便是，美国的黑人奴隶及其后裔放弃

---

① 罗杰·弗赖（1866—1934），英国画家、艺术评论家，推崇塞尚及后期印象派画家，曾任
剑桥大学教授，著有《塞尚》《美术和构图》等。——译者注
② 埃里希·冯·霍恩博斯特尔（Erich Von Hornbostel，1877—1935），奥地利民族音乐家，
他对音乐感受的研究使其成为民族音乐学的创始人之一，1912 年他与 C. 萨克斯共同提
出乐器分类的交叉文化体系，一直沿用至今。——译者注

了他们原先的音乐风格，让自己适应了他们白人主人的风格，并以那种风格创造出一种新的民乐。想必其他任何民族都无法做到这一点。事实上，种植园歌曲、灵歌，还有那些开创或帮助开创我们现代舞蹈音乐的蓝调和雷格泰姆音乐，这些都是移民带到美国的真正出色的音乐。"[8]

冯·卢尚教授认为，贝宁工人的手艺可与切利尼（Cellini）①创作的最好作品相媲美。然而在他们进行创作的时代，"在1550年，斯堪的纳维亚的农民房屋没有一幢是带窗户的；晚至1773年，约翰逊博士（Dr. Johnson）②和鲍斯韦尔（Boswell）③在赫布里底群岛游览时走进了一间茅屋，这间茅屋'有个窗口，也只是个小洞，用一块草皮堵着，偶尔取下来让光线照进来'。在大选帝侯（Great Elector）④时期（1681年）的柏林，首都的很多房屋都有猪圈，就在门前的窗户下。"[9]

谈到西非文化时，弗罗贝尼乌斯写道：

这些老船长所叙述的东西，这些探险队的首领——德尔贝斯（Delbes）、马尔谢（Marchais）、皮加费塔（Pigafetta），

---

① 本韦努托·切利尼（Benvenuto Cellini，1500—1571），意大利雕刻艺术家、金匠，受王室委托制作了许多雕塑，铜像《珀尔修斯》是其杰作，还撰有《自传》。——译者注

② 塞缪尔·约翰逊（Samuel Johnson，1709—1784），又称约翰逊博士，英国文人，18世纪英国杰出人物之一，其编写的《英文辞典》是第一部英语大辞典。他参与创立了文学俱乐部。——译者注

③ 詹姆斯·鲍斯韦尔（James Boswell，1740—1795），约翰逊博士的友人，苏格兰作家，世界上最伟大的日记作家之一，著有《约翰逊传》《赫布里底群岛游记》。——译者注

④ 大选帝侯是指腓特烈·威廉（Freidrich Wilhelm，1620—1688），勃兰登堡-普鲁士王国的奠基人。——译者注

以及其他所有人，他们叙述的东西都是真实的。它能够被证实。在德累斯顿的老皇家艺术馆中，在乌尔姆的魏德曼收藏馆里，在欧洲很多其他"奇珍异宝陈列室"内，我们仍然可以找到溯及这个时代的西非收藏品。一种极其柔软的、令人惊奇的长毛天鹅绒状的物件，它是用某种香蕉作物最嫩的叶子制作而成；柔软且韧性好的织物，鲜亮而精美，就像丝绸，用酒椰叶纤维编织，精心制作而成；威力十足的标枪，其尖头用铜以最雅致时尚的方式包裹着；弓的形状如此优美，装饰得如此漂亮，无论放在何种武器博物馆里都会增光添彩；葫芦，装饰品位极佳；象牙和木头雕件，其作品展现了非常丰富的用途和风格。

所有这些都来自非洲的边缘国家，在那之后移交给了奴隶商人……

但是，当上世纪的先驱者们冲破"欧洲文明"的这块区域和保护墙之时——当时正在其后面竖起的黑人保护墙依旧"完好无损"，他们到处都发现了和船长们在海岸所发现的一模一样的奇迹。

1906 年，当我深入开赛河和桑库鲁河（Kassai-Sankuru）流域之时，我仍然发现，村庄的主街道两边种着一排排棕榈树，长达数里格（leagues），村庄里的房屋，每幢都装饰得迷人时尚，也都堪称艺术作品。

人人都携带华丽的铁制或铜制武器，而且刀身都有镶饰，刀把缠着蛇皮。到处都是天鹅绒和丝制的东西。每一个杯子、每一杆烟斗、每一把勺子都是艺术品，完全可以和罗

100

马时期欧洲风格的作品相媲美。但是，所有这一切都不过是
用来点缀一颗成熟的极品水果所需的一朵特别娇嫩绚丽的
花——从小孩到老人，所有人的姿态、礼貌和道德准则，尽
管都保持在完全自然的限度内，但都刻上了尊贵优雅的印
记，无论王子和富人的家庭还是封臣和奴隶的家庭，皆是如
此。据我所知，任何北方的民族都无法与这些原始民族在文
明的整体性上相提并论。呜呼，这最后的"快乐群岛"！它
们也同样被欧洲文明的浪潮所淹没。和平宁静之美被洪水卷
走了。

　　但是，很多人有过这样的经历：探险家们离开了东部、
南部和北部的野蛮、尚武的高原，突然进入刚果平原、维多
利亚湖平原和乌班吉平原。像斯皮克和格兰特、利文斯通、
卡梅伦、斯坦利、施韦因富特、容克（Junker）、德·布拉柴
（de Brazza）这样的人，他们所有人，都发表了同样的声明：
他们从非洲战神铁律控制的国家来，从那时起，他们深入和
平盛行、对装饰和美充满喜悦的国家；深入古老文明之国、
古代模式之国、和谐风尚之国。[10]

西非的这一切工业都是围绕着非洲人的宗教观念发展而来
的：对树木、植物和动物的灵魂崇拜；对物神的崇拜；对精灵和
怪兽的存在的信仰。与此相伴的便是对医者和酋长的训练，对出
生、结婚、丧葬的详细规定。

关于宗教，弗罗贝尼乌斯说道：

在所有黑皮肤的非洲民族共同拥有的神灵里，没有一个能在重要性上比得上［西非］约鲁巴人的雷神闪格（Shango）。就像其人民所相信的那样，这个国家的第一位统治者是从闪格的腰里蹦出来的。其子孙后代依然有权为这个国家选定国王。

据神话讲述，闪格由万物之母叶玛雅（Yemaya）所生。他力量强大，好战威猛，在一个追求自我表达的民族的心目中，他是被创造出来的前所未有的伟大神明。他是风暴之主、雷电的投手，一个烧毁城市和劈裂大树的神。他非常残忍和凶猛，但也有灿烂和仁慈的一面。

他倾洒的洪水给予土壤以生命，让田地感到喜悦。人类害怕他，但也热爱他。因害怕他发怒，他们为他的现身祈祷。他们想象着他骑着一头公羊。他们把他描绘成双手布满了雷电，他的妻子们、湖泊和河流环绕在他的周围。他住在一座黄铜宫殿中，殿内光彩夺目，闪电从那里向外射出。他拥有一种强大的"符咒"，他把符咒吃进嘴里，等他张开嘴之时，火焰便会喷出来。[11]

西海岸的建筑惊人地融入了气候、地貌和文化。贝宁与阿散蒂的迷人建筑已经描述过。1835 年，有旅行者这样描述多哥兰酋长的宫殿："格勒勒（Glele）的宫殿非常巨大——曾经有段时间住了 2000 多人——但是大部分建筑正在被毁……这座宫殿是迄今为止我见过的最大、最精致的黑人建筑；正是因为这座宫殿，我认为大贝宁在西非最为重要。"[12]

　　1787 年，德布法勒骑士（Chevalier de Boufflers）在写给德萨布兰伯爵夫人（Comtesse de Sabran）的信中，谈到了他对塞内加尔美丽整洁城镇热情洋溢的赞美。

　　气候和物理环境在很大程度上制约了人类的发展。这里缺少石头和干燥的气候，而这些在尼罗河流域让人们很容易保存记载。西海岸的物质材料在潮湿和昆虫寄主面前消失不见了。这使得保存记忆和承续传统的艺术变得异常重要，在这里它发展到了惊人的地步。人们发明了书写体系，在几内亚海岸和喀麦隆至少有两种体系流传至今。可能还有其他的体系。于是，在欧洲从未被发明出来的字母，却通过亚洲和非洲传遍了世界。

　　某些西海岸国家在政治方面值得引起人们注意。莫西人（Mossi）建立的诸国家便是如此，其中的两个国家仍然存在至今。每个国家都由几个王国组成，其中的一个王国是领导者。根据德拉福斯（Delafosse）的说法："这种组织时至今日仍然在瓦加杜古（Wagadugu）和雅腾加（Yatenga）有效运转，根据阿拉伯的作者和廷巴克图的作家告诉我们的那些东西，这种组织在加纳、迪亚拉（Diara）、加奥（Gao）、曼丁哥曾经存在过，正如此前在库马西（Coomassie）、在邦尼（Bonney）、在赤道非洲的某些国家所观察到的那样，也像在塞内加尔的一些小王国（主要在乔洛夫）以及其他地方人们所研究的那样。"[13]

　　这似乎构成了一个自最遥远的古代起就在整个黑人的非洲被发展起来的类型，也许它在莫西比在其他地方更加完善，所有名副其实的国家无论大小都属于该类型。"如果曼丁哥帝国——它有可能是纯种黑人建立和领导的——仍然通过伊斯兰教的渠道从一些国外的影响中获益，如果阿散蒂王国和达荷美王国，就像塞内加尔和刚果的那些王国一样，能够从欧洲人那里汲取些灵感，那么似乎非常确定的是，莫西的诸帝国便一直免受一切非黑人力量的干涉，不被非黑人影响所干扰，其结果是，体现他们特点的且在整个黑非洲几乎随处可见的政治制度，都是土生土长的。"[14]

莫西人的国家没有进行领土征服，而且一直为防御伊斯兰教扩张构筑了一道防线。就其完整性而言，它代表了一种独特的、真正的黑人文明。

秘密会社一直在西非扮演着重要角色。它们包括各种各样的协会，其中大多数是互惠互利的俱乐部。会员身份授予人们社会荣誉，也是做慈善的方式方法。一些会社有六七个等级，并有司法功能，对冥顽不化者予以处决。其中一个会社可能是公元2世纪的地理学家托勒密所知道的，该会社与豹子相关，还给现代管理者造成了诸多困难。秘密会社使用面具并讲究仪式，这种组织是西非特有的。

整个非洲西海岸的文化复合体是土生土长和原汁原味的。它是一幅人类历史上独特的人类制度发展的画面，我们只能哀叹说，我们对此几乎没有什么了解，对此的研究是如此不尽如人意。这种文化体在西海岸苗壮成长且自给自足，并最终遇到了两股外部力量的突然冲击：来自北方的伊斯兰教和来自西方的基督教。

"西非人时至今日仍然处在那种完全的集体主义时期，我们的祖先在中世纪之前对此非常了解，然而我们已经转变为个人主义。其本身呈现出来的问题是，要去搞清楚我们是否的确在这方

面已取得决定性进步，因为我们的许多思想家、很多所谓的先遣
队，都认为集体主义有益，都要求重返集体主义，尽管形式有些
不同。这证明，黑非洲的人民并未与欧洲人民同步前行，但是丝
毫不能证明，前者比后者低下。实际上，谁又能知道后者是不是
走得太快了呢？"[15]

　　表现出显著智力发展的族群，包括阿布伦人（Abron），他们
的国家可以追溯到 15 世纪；阿坎人，包括阿散蒂人在内，他们
已知的历史可以追溯到 1600 年以前。此外，还有埃维人、约鲁
巴人、贝宁人、达荷美人，以及努比亚人。贝宁是最古老的国家
之一，它有一段传奇的历史，可以追溯到公元 880 年或者可能更
早。它是一个组织严密的国家，身上带着一种举世瞩目的本土文
化。正是贝宁，葡萄牙人在 15 世纪和它接触，进行奴隶和其他
产品的贸易。约鲁巴人有着著名的文化，他们因苏丹诸王国开始
扩张而向西迁移，并攻击了达荷美。

　　达荷美已知的历史可以追溯到 16 世纪之前；它是一个井然
有序的国家，存在着农民和工匠，但是他们在奴隶贸易中成了中
间商。在 19 世纪，他们与法国人签订了一项条约，然而最终战
争还是爆发了，这个国家变成了法国的保护国。

　　阿散蒂人在西非扮演着一个重要角色。他们征服了芳蒂人，并
与英格兰在 1803 年至 1874 年间进行了 6 次战争。他们最终在 1894
年被制服。他们的国王奥塞·图图·夸米纳（Osai Tutu Quamina）①

①　奥塞·图图·夸米纳（约 1660—1712 或 1717），阿散蒂帝国的建立者和第一任统治者，
　　曾是库马西的酋长，后来把很多分散的阿散蒂人建立的王国统一起来，在其统治下，阿
　　散蒂人的领土扩张了近 3 倍。——译者注

是一个聪明而有个性的人，要是他得到公平对待，他本可以为白人和黑人之间的接触创造有利条件。但是在当时，英国人在两种观点之间摇摆不定：一种是打压对美洲的奴隶贸易，解放西印度群岛的奴隶；另一种是更新颖的观点，即让西非沦为殖民地。曾经有段时间，他们犹豫不决，甚至在塞拉利昂建立了黑人国家，让获得自由的奴隶来统治，他们还在利比里亚与美国人合作开展类似的实验。然而到了最后，当人们开始明白殖民帝国主义的明确含义时，他们转而果断地对西非予以征服。芳蒂人帮助英国人征服了阿散蒂人，他们试图通过组建联邦维系与英格兰的关系，但是他们采用的宪法被认为具有叛国性质，那些起草宪法之人被投进了监狱，不过后来内政大臣把他们释放了。

103

整个欧洲的局势在19世纪后期发生了变化。普法战争已经打响，德国变成大国，英格兰正在巩固广阔的殖民帝国。非洲西海岸的本土文化经历了各种各样、连续不断的变化。早期的强国被苏丹的发展甚至尼罗河流域的发展压制了下去。他们在对西方的新贸易中找到了繁荣，并深受鼓舞，这种情形不断发展和蜕变成猎人行动——大多数海岸上的黑人王国变成了中介机构。在内战中捕获奴隶和囚犯不再是战争中的偶然事件，相反战争成了为贸易和出口而蓄意谋划搜集奴隶的行为。

奴隶海岸的文化特征缓慢地发生着变化；残酷的元素潜移默化地进入诸如贝宁和达荷美这样的国家，而约鲁巴等国家似乎在某种程度上进行了反抗。但是，大西洋沿岸的古代文化却被奴隶贸易、被杜松子酒的输入、被欧洲贸易毁灭了，欧洲商品淘汰了本土艺术和艺术产业。

关于西非文化发展的一切，我们的知识是支离破碎和残缺不全的，并被非洲奴隶贸易搞得乱七八糟。对这一海岸的人类历史尚未进行系统化和综合性的研究。当人们疯狂地、不遗余力地把黑人描绘成只适合奴役的猿猴，然后忘却所有可耻的插曲，把它从历史上抹去，却只强调欧洲的光荣和慈善之时，一切几乎都消失了。英国从贝宁偷走的无价艺术珍宝，从来没有恰当地得到分类或者展出，而只是摆放在大英博物馆里。

然而，西海岸可能是20世纪之前人类历史上进行的最伟大尝试，即试图在和平与美的基础上建立一种文化，试图建立一种工业共产主义制度，并按照人们的需求分配商品和服务。它被贪婪者钉死在十字架上，它的真正记忆被现代历史方法所亵渎。

毫无疑问，不论以何种标准来衡量——住宅、服装、艺术创作和鉴赏、政治组织和宗教上的连贯性——15世纪西非黑人民众的文化水平比北欧的水平还要高。"在整个中世纪，相比欧洲而言，西非有着更加可靠的政治和社会组织，获得了更强大的内部凝聚力，更加意识到了科学的社会功能。"[16]是什么阻碍并削弱了这种发展？是奴隶贸易，是那种从把财富看作对人类有益的东西到把人类看作财富的现代转变。这种标志着人类肉体实物交易新时代的完全颠倒的态度并未随着奴隶一起消失，而是在今天和在欧洲以武力统治人类的致命时代继续存在着，并主导着欧洲的思想。

104　**注释**

[1] 罗伯特·S.拉特雷（Robert S. Rattray）：《阿散蒂的宗教与艺术》

（*Religion and Art in Ashanti*），牛津：克拉伦登出版社，1927 年，第 269—270 页。

［2］弗罗贝尼乌斯，前引书。

［3］亚特兰大大学小册子（Atlanta University Leaflet），第 19 期。

［4］《皇家人类研究所学刊》（*Journal of Royal Anthropological Institute*），第 43 卷，第 14 页。

［5］埃利泽·雷克吕斯：《地球及其居民之非洲卷》（*The Earth and Its Inhabitants, Africa*），纽约：D. 阿普尔顿公司出版社，1882—1895 年，第 22 页。

［6］J. J. 斯威尼：《非洲黑人艺术》（*African Negro Art*），纽约：现代艺术博物馆（Museum of Modern Art），1935 年。迈克尔·欧内斯特·萨德勒爵士（Sir Michael Ernest Sadler）：《西非的艺术》（*Arts of West Africa*），伦敦：牛津大学出版社，1936 年，第 2 页。

［7］罗杰·艾略特·弗赖：《视觉与设计》（*Vision and Design*），伦敦：查托和温达斯出版社（Chatto and Windus），1920 年，第 65—66 页。

［8］《备忘录（四）》（Memorandum Ⅳ），国际非洲研究所（International African Institute），伦敦，第 33 页。

［9］R. F. G. 阿玛托（R. F. G. Armattoe）：《西非文明的黄金时代》（*The Golden Age of Western African Civilization*），伦敦德里（Londonderry）：洛姆希研究中心（Lomeshie Research Center），1946 年，第 41 页。

［10］弗罗贝尼乌斯，前引书。

［11］同上。

［12］阿玛托，前引书，第 29 页。

［13］莫里斯·德拉福斯（Maurice Delafosse）：《非洲黑人》（*The Negroes of Africa*），由 F. 弗莱格曼（F. Fligelman）根据法文版翻译，华盛顿：联合出版社（Associated Publishers），1931 年，第 xxxii 页。

［14］同上，第 69—70 页。

［15］同上，第 xxxii 页。

［16］阿玛托，前引书，第 33、35 页。

第八章　中非与班图人的挺进

　　本章是关于中非、刚果河流域、大湖区和中南部平原的故事，同时讲述它们的入侵者。

　　从未有人写过刚果河流域和大湖区的故事，除了一些在这里有特殊利益的人发表过零星的看法——包括探险家、旅行者、传教士、奴隶掠夺者，以及猎获象牙、猎物、黄金和领土之人。对于几千年以来生活在这里的数百万人，实际上没有连贯的记述，也没有任何研究成果可供社会学家或者历史学家参考。

　　然而，这是其他所有非洲人起源的那个非洲，这是那片伟大土地的炙热心脏——这片土地也许是第一个给予人类生命和生计的地方，先民从这里匍匐爬行，缓慢前进，最终征服了地球。后来，在这片土地巨大的动荡中，在各个国家、族群和人民更加剧烈的搅动中，这个区域的人民在逃避与追寻、探索与征服中，前后、上下、交叉流动，直到班图人最后一次决定性的、意义深远的挺进，他们才以类似于现在非洲民族的分布方式定居下来。围绕着这种前进与后退，这种无休止的战争与冲突勾画出了整个地球的命运，它的劳动，它的贸易，它的珠宝与黄金，它的征服、控制、奴役、权力和衰落。虽然它从未得到研究，但它值得人们研究。

从埃及向南走，左边看到的是阿比西尼亚高地，右边是尼罗河和现在的英埃苏丹——它的南部联通大湖区和刚果河流域。埃及的贸易正是从这些湖泊、森林和山谷中来的：黄金和象牙、鸵鸟的羽毛、树胶和香料，以及所有使埃及和南方联系得如此紧密的大量商品。长期以来，人们一直在争论这种贸易延伸到了多远的南方。从逻辑上讲，似乎黄金肯定是从南非矿脉中开采来的，这些矿脉至今仍是世界上供应黄金最多的地方；但是也有一些可能来自沿途的矿场和砂矿的采掘，甚至来自西非。

这里的人类组织形式每个千年、每个世纪都会发生变化。大湖区最早的定居者或者土生土长的居民可能是体型较小的矮黑人。接着，在漫长的时间中，高大的黑皮肤非洲人突然造访这里，他们可能来自亚洲，或者来自连接亚洲和非洲的陆地，也可能来自非洲的临近地区。这些非洲人从大湖区向北迁移，驱赶着他们前面的俾格米人。那时的撒哈拉还不是沙漠，而是有大量的河流和森林，甚至吸引了远至地中海沿岸的入侵者。这些使用石器的人逐渐成了农艺师，并发展出了艺术和宗教。

在这第一波黑人移民浪潮发生的几千年后，来了另外一波移民。新来者向北、向西、向南推进，掠夺了剩下的矮黑人的土地，并贪婪地将他们驱赶到中部的森林和沙漠。他们发展出了农业，使用牛和家禽。他们发明了冶铁和制陶。而且，那些向北方前进的人在不同程度上与欧洲人和亚洲人结合，以至于由此产生的人口，有时看起来是混合了黑人血统的白人和黄种人，在其他情况下则是混合了白人和黄种人血统的黑人。语言也以类似的方式混杂在一起。这样就产生了各种各样的利比亚人和埃及人。所有这些迁徙与混合早在埃及第一王朝之前的很长时间里就发生了。

随着埃及的发展，中非以及北非的人民向尼罗河流域出发。几千年来，一群群黑人沿着尼罗河顺流而下，他们是移民，是商人，是士兵，是奴隶。他们进一步发展了那个埃及的发源地——后来征服了尼罗河流域与整个世界的埃塞俄比亚。

后来，随着努比亚和栋古拉的崛起，来自西非和北非以及亚洲的民族开始威胁埃塞俄比亚。阿比西尼亚人从亚洲掉头往回走，从南方蚕食埃塞俄比亚。这些情况一定让从中非来的移民浪潮转向南方的好望角。霍屯督人和布须曼人是高个子人的部落和矮黑人结合并吸收其他种族而形成，他们至少在公元前1000年以前就离开了大湖区，迁移到南非。南非已经被人占领，定居者在3万年前或者5万年前来到这里，他们可能来自亚洲，长期生活在温和的气候中，与入侵者比起来更不像黑人。布须曼人在绘画和雕刻方面表现出非凡的天赋，他们不仅在南非，而且在北非和欧洲留下了绘画作品，导致人们对他们的起源和四处流浪迷惑不解。

与此同时，被称作班图人的族群开始发展起来。尼罗河流域和西苏丹的发展，西海岸的强势防御甚至进攻，导致与埃及、希腊和罗马发展贸易和建立文化联系，因此，各黑人部落开始被迫向西和向南迁徙。随着穆斯林在7世纪来到非洲，他们的迁徙成为一场稳定但缓慢的运动，持续了数百年之久。在他们迁徙的道路上有大量不同的部落和民族，它们处于不同的文化发展阶段。这些民族，有的征服别人，有的被征服和渗透、打败，根据其使用、采纳和再造的各种语言，他们开始渐渐被称作班图人。

　　班图人的迁移和形成是一场长期且缓慢的运动，它开始于公元前 1000 年或者更早，一直延续到我们这个时代的 19 世纪，其间有中断和加速。

　　这些最为古老的语言形成于赤道非洲大湖区的尼罗河源头附近。班图人显然从那里向南扩散开来，穿过刚果南部的山脉和高原到达大西洋，向东再向南抵达印度洋，向南穿过赞比西河来到南非。

　　在他们出现之前的好几千年中，非洲已经有居民了：俾格米人，或许还有其他森林居民和苏丹黑人。而在南非，可能大约在公元前 700 年，当班图人穿越赞比西河时，他们发现了被布须曼人和霍屯督人占领的土地。

　　班图人这场向南迁徙的运动通向了宽阔大海形成的那道屏障，导致了与欧洲奴隶制的崭新接触，找到了越过重重壁垒进入亚洲的新途径，赞比西河不得不在这些壁垒中间挤出一条道来。巨大的裂谷使其周围的山脉与山谷相映成趣。在那里，几千年中肯定发生了各种各样的文化大事：发达的王国和文化被推翻；成熟的生活中心——就像查加人（Jaggas）的那种生活中心，我们在东方和西方总是听说他们——遭到野蛮侵袭；不同起源和不同文化的人或多或少地逐渐融合在一起，直到最后出现了新的语言和一种占主导地位的班图语。

　　哈里·约翰斯顿爵士写道："班图语是什么？为什么它们在

107

语言学研究中受到青睐，成为人们特别感兴趣的对象，其程度远远超过了纯粹的非洲地区的其他语言谱系？它们被视为一种非常独特的语言，与黑人语族中的其他语言形成鲜明对比。其非凡之处在于，它有意大利语式的优美规则，它的元音简单且频繁出现，而且它相对容易，这使欧洲人容易学说标准的班图语。"[1]班图诸语言之所以吸引探险者，不仅是因为其元音和辅音的和谐安排，还因为其语法结构的逻辑，这在大多数班图语中为表达思想提供了广阔的范围和细致的区分。

　　班图人挺进的结果是异乎寻常的，但如今的学者很难区分前班图文化和班图文化。或者这样说可能更清楚些，即我们不知道特定文化是何时以及如何班图化的，也不知道在班图人涌入和影响之前这些文化是什么样子。

　　最早的古班图部落可能从艾伯特湖（Albert Nyanza）北部的山谷向东迁移到尼罗河山脉和大湖区。他们一直生活在现在英埃苏丹的西南部，直到公元前 300 年或者公元前 400 年，才开始向南迁移。也许在基督教时代的初期，班图人定居在印度洋，阿拉伯商人与他们建立了关系，并融合了他们的血统。最终，班图人入侵了刚果盆地，那里可能已经被西非类型的黑人和俾格米人占据。一开始，班图人四处游荡，没有穿过森林，但最终他们突破了森林，派遣移民穿过刚果直达海岸，在那里他们遇到了西非的黑人文化。

　　班图人类型众多。利文斯通、斯坦利以及其他人对许多非洲部落具有的埃及特征印象深刻，而中非和埃及之间的许多民族也是如此，因此，有些学者只好发明了一个"含米特"种族来解释他们，这种假设完全没有必要。班图文化包括牧人的手艺、使用锄头的农业、有关铁和铜的知识。极有可能的是，班图人手里的铁制武器助推他们的侵略行动。[2]

如今很难重建当时中非的文明图景。我们从旅行者那里了解到许多文化中心的存在：刚果王国的北部是安西卡（Ansika）王国；罗安达的诸王国，包括加丹加（Katanga）和其他各州，它们由卢巴–隆达人（Luba-lunda）建立，延伸到开赛河（Kasai）和赞比西河流域。这里也是著名的穆阿塔·扬沃（Muata Yanvo）的领地，他是 14 位统治者中的最后一位，是分布在 10 万平方英里的土地上的 300 个酋长、200 万居民的主人。

葡萄牙人踏上了前往印度的道路，并占领了东非海岸作为前往印度的中途停靠点。非洲诸王国的传说，尤其是听说索法拉（Sofala）有黄金，让他们兴奋不已。到 1506 年，葡萄牙人开始参与瓜分这些金矿中的财富。他们提到了维蓝加（Velanga）王国，特别是莫诺莫塔帕（Monomotapa）帝国。瓦斯科·达·伽马发现了繁荣忙碌的城市，有些是用石头和灰泥建造的。葡萄牙人在海岸上站稳脚跟，但无法深入班图内部。

当葡萄牙人在 15 世纪到达西海岸时，一个被称为刚果王国的庞大国家已经存在了好几个世纪，它横跨现代的安哥拉，向东延伸直到开赛河与赞比西河上游。该国君主皈依了基督教，王子们在葡萄牙接受教育。有几个刚果人成了牧师，还有一个当上了主教。

在其首都圣萨尔瓦多（San Salvador），有着为数众多的大教堂。

16 世纪早期，它成了一片基督教的土地，其财富与盛况令所有基督教国家赞叹不已。它的君主和朝臣与西班牙和葡萄牙的显贵竞相攀比奢华，它本土的高级教士是由罗马任命的。再也不会有哪个非洲王国能展现出如此的精致和这般的优雅。我们通过古代编年史的权威记载得知，在仪态着装和言谈举止上，他们根本不需要向欧洲上层学习什么。

然后到了 17 世纪，宫廷的权力开始减弱，区区一个来自欧洲的教区牧师就能威胁废黜国王。随着 18 世纪的到来，它开始衰落，到 18 世纪结束时，新的一代人已经丧失了对它曾经模样的记忆。[3]

被西班牙和葡萄牙国王腓力二世派往刚果的杜阿尔特·洛佩斯（Duarte Lopes）向教皇官员菲利普·皮加费塔（Filippo Pigafetta）讲述了自己的经历，皮加费塔则于 1591 年在罗马发表了他的记述。1574 年，探险家巴托洛米奥（Bartolomeo）的孙子保罗·迪亚兹（Paulo Diaz）到访安哥拉，当地居民的高雅文化给他留下了深刻印象。

来自尼罗河流域、苏丹和湖区的新兴班图人慢慢地迁移过来，覆盖了这些古老的文化中心。他们建立了各种新王国，布松戈人的王国便是其中之一。这个有组织的国家建立或者采用了一种新的工业政治制度：国家由全国委员会管理，委员会包括各种艺术和手工艺的代表，以及领土各区域的代表。布松戈人生产了上好的锦缎刺绣和天鹅绒，并有娴熟的社会领导才能。

有些黑人国家，我们只知道它们存在过并且具有影响力，对它们的历史却知之甚少。例如，基特瓦拉帝国（Kitwara empire）是中世纪非洲组织化程度最高的国家之一，它的伟大可以从乌干达那里得到证明，乌干达就是在其基础上发展而来的。关于基特瓦拉的起源，我们只知晓一个传说，据说其共同创始人和首位统治者金图（Kintu）来自北方，他带了一头牛、一只山羊、一只鸡、一段香蕉树根和一根红薯。这些动植物奇迹般地增加，很快就可以养活整个国家。红薯被专门分配给巴尼奥罗（Banyoro），香蕉被分配给乌干达。就在这时，金图厌倦了人民的愚蠢和流血冲突，他消失了，但由于大家都知道他没有死，他的继承人寻找他便成了惯例。最后，国王玛安达（Ma'anda）发现了他，那时他已上了年纪，坐在森林里的宝座上，他的胡子因年事已高全白了，其追随者全是白皮肤和身穿白袍的人。这个故事讲述了玛安达如何犯下一些杀戮罪行，金图及其追随者随之消失了，再也没有人见到过他们。

基特瓦拉王国、地盘更大的莫诺莫塔帕王国、刚果王国，以及刚果河流域隆达人的各种组织，它们的诞生可能早于班图人的移民，同时也是他们移民的后果和遗产。这场运动和文化冲突的历史已经失传，其原因有二：首先是气候，历史记录很难保存下来；其次，在遍地都是奴隶的南方，这些民族的迁移运动走向了死胡同，这与亚洲和欧洲类似的运动不同，亚洲的运动通向巴格达的伊斯兰文化、通往埃及，欧洲的运动则通向罗马。

因此，班图诸国造就、发现和改变了为数众多的王国和文化，以我们现有的知识，没法说清楚一种既定的文化是如何顺应这种图景的——不管它是班图人到来前就存在的文明，还是被入侵者改变的国家。

可以肯定的是，中非最伟大的王国是莫诺莫塔帕王国，莫诺莫塔帕最伟大的文化遗产是津巴布韦的著名遗址。早在公元前几千年，早期的黑人移民就发现或者建立了我们所知的津巴布韦的卓越文明。到了 10 世纪，后来的班图移民推翻并重组了它，在马卡兰加人（Maka-langa）、马塔贝莱人（Matabele）和马松纳人（Mashona）中间建立了一个叫莫诺莫塔帕人的统治者队伍。

津巴布韦是个幅员辽阔的国家。在 17 世纪，它从赞比西河向下延伸到鱼河（Fish River），向内陆绵延 750 英里，面积大约相当于墨西哥。弗罗贝尼乌斯认为它无疑是个"非常伟大的王国"；国王很有权势，在春秋两季主持法庭审判。7 年后，人民杀害了在位的国王，新国王加冕。津巴布韦一语的原意是"矿山君王"，早在现代之前，该地区就是矿产中心，盛产黄金、钻石和红宝石。

今天的津巴布韦遗迹展示了昔日的非凡文化，呈现了令人惊叹的遗存，这些遗存在非洲大湖以南的任何地方都找不到。这当中有深埋在岩石中的大量金矿，几十座巨大的石头建筑，在现在的班图人当中不常见的仪式形式，受亚洲影响的痕迹，还有许多非本地的植物和树木。

很不幸，如今任何重建这种古老非洲文化和历史的工作主要都是在厌恶黑人的氛围和南非的肤色歧视制度中进行的。尽管有一些著名、公正的学者，但基本情况还是像让纳粹去研究犹太人一样。

这些史前的矿山区域散布在大片的领土上，面积超过4万平方英里。这些土地中只有少数已经被探索过，但仅部分探索便发现了石鸟、阳具模型、大皂石碗和金饰的残骸。

显然，如希伯来《圣经》和基督教时代开始之前的古代历史学家指出的，从史前罗得西亚那里获得的大量黄金超过了有史以来获得的全部黄金。

罗得西亚北部发现的金矿表明，非洲人在石器时代就已经开采和使用黄金了。卡顿-汤普森（Caton-Thompson）向我们保证，关于早期土著对深度开采一无所知的看法完全不正确。即使在现代，非洲人也憎恶欧洲人的开采，他们竭尽所能不让白人知道矿山的下落。19世纪，英国探险家发现当地人用桶、绳子、斧子和木炭在地下深处开采黄金。

9世纪到16世纪之间开采黄金的原因解释起来并不难。大部分黄金可能被运去了印度。14世纪，印度人的国王们富得惊人。公元1311年，波斯历史学家菲里斯塔（Firishtah）记载了一个价值1亿英镑的黄金储藏地。16世纪，一个葡萄牙信使描述了维查耶那加尔（Vijayanagar）的国王们和宗教机构的巨额收入、镶金家具和服饰。[4]

　　　　所有受过教育的人应该将对津巴布韦以及与此关联遗迹的兴趣提高百倍。它加重而非削弱了我们对其非凡成就的好奇心：它不能损害它们固有的威严，因为津巴布韦的奥秘就是存在于土著非洲仍旧跳动着的心脏中的奥秘。[5]

是什么推翻了这个文明？毫无疑问，就是我们现在所知道的那种野蛮武士的入侵。例如，1570年，从莫桑比克，遥远的海上"洪水般涌来了数不胜数的异教徒，他们来自莫诺莫塔帕的大湖区，而大湖区就是洪水的发源地"。[6] 往后的日子里，大批大批的牧民入侵者打倒了班图定居者，反过来他们自己也被打败了。

因水利灌溉和保卫要塞，亚洲和中国的影响时常出现在这种非凡的文化发展中，这也不是没有可能。亚洲和非洲之间经由东海岸所进行的贸易可以追溯到史前，当穆斯林于公元7世纪、8世纪和9世纪到那里避难之时，这种贸易尤其兴盛。但正因为阿拉伯人、波斯人、葡萄牙人在历史上从未统治过这里的黑人，因此，津巴布韦的文化毫无疑问一直以黑人为主，其文化灵感全来自与外国的接触。

要厘清非洲文化在这块区域的脉络仍有困难，但它是真正的、不容置疑的非洲文化，这点毫无疑问。施韦因富特说：

> 在一个地方发现的任何一种习俗、任何一种迷信，都会或多或少在另一个地方被精准重复；任何一种设计发明、任何一种现存战争武器，都不能宣称是任何一个民族的独有财产。从北方到南方，从海洋到海洋，每一项发明肯定都会以这种或那种方式被重复——"一直以来都是如此"。如果我们能立刻捕捉到我们知道的（不管是因为语言、种族、文化、历史还是因为发展而为我们所知的）这片世界上巨大区域（以非洲这个名字为人们所理解）的情况，并将其呈现在我们的头脑中，我们就会目睹一种前所未有的民族融合。眼

前的景象令人眼花缭乱，然而一个不可否认的事实是，在大量个体差异之上，矗立着一个统一的原则，它几乎囊括了所有人口，任何人如果没有认识到这一点，就不可能对任何国家进行整体考察。[7]

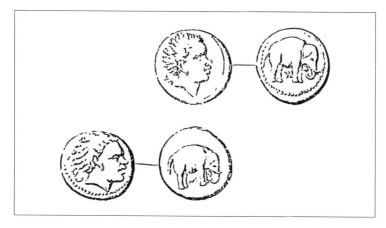

图4　公元前3世纪或者公元前2世纪的古代意大利货币

我们前面已经提到过班图人最后向南非高歌猛进，以及他们与荷兰和英国的接触。今天，它给那里留下了或许是世界上最糟糕的种族关系问题，包括种姓、无知、残忍，以及教条主义的宗教伪善。南非与美国南部一起，构成世界上种族关系最落后的地区。

112

注释

[1] 哈里·H. 约翰斯顿：《班图语与半班图语之比较研究》（*A Comparative Study of the Bantu and Semi-Bantu Languages*），牛津：克拉伦登出版社，1919年，第1卷，第15页。

［2］参见班图语迁徙图，约翰斯顿，同上，第 2 卷，卷首插图。

［3］阿玛托，前引书，第 30 页。

［4］G. 加顿-汤普森（G. Caton-Thompson）:《津巴布韦的文化》(*The Zimbabwe Culture*)，牛津: 克拉伦登出版社，1931 年，第 194、195、198 页。

［5］同上，第 199 页。

［6］杜波依斯:《黑人民族》，第 75 页。

［7］乔治·A. 施韦因富特（Georg A. Schweinfurth）:《非洲的心脏》(*Heart of Africa*)，由埃伦·E. 弗里沃（Ellen E. Frewer）根据德文版翻译，伦敦: 桑普森·洛、马斯顿·洛和塞尔出版社（Sampson, Low, Marston Low and Searle），1873 年，第 1 卷，第 313 页。

第九章　非洲中的亚洲

本章讲的是公元 500 年到 1500 年亚洲人涌入非洲的故事，以及这两个大陆的相互作用对世界产生的影响。

亚非之间的联系一直很密切。史前时期很可能存在真正的陆地联系，在最早的记录中，两个大陆都出现了黑人种族，这使人们无法确定哪个大陆才是黑人种族的发源地。当然，亚洲的黑人在她的历史上起到了举足轻重的作用。美拉尼西亚（Melanesia）的黑人跑遍了各大海洋，查尔斯·陶伯（Charles Taüber）视他们为世界上最早的一种书面语言的发明者：因此，"这一人类最伟大的发明是由土著居民创造的，他们的后代现在是最低等的原始澳大利亚人"。[1]

印度的种族史似乎首先是有矮黑人或者黑人侏儒这种史前的底层黑人；然后是前达罗毗荼人（pre-Dravidians），这是一种个子更高、体型更大的黑人；接着是达罗毗荼人，他们是混合了一些蒙古人血统和后来的高加索人血统的黑人。早在公元前几千年，达罗毗荼黑人就奠定了印度文化的基础。这些人通过阿富汗遗传下来一种亚洲的或者东欧的元素，通常被称为雅利安人。

《梨俱吠陀》(*Rig Veda*)是印度古老的圣诗，讲述了这些白人和黑人之间为争夺印度的控制权而进行的激烈斗争。它歌颂了疯狂地加入与黑皮肤敌人的战斗的雅利安人的神灵。圣诗赞美白人之神因陀罗（Indra）[①]，因为他杀死了 5 万名黑人，"攻陷了敌人的大本营"，迫使黑人抛弃所有食物和家当仓皇出逃。黑人在其著名领袖克利须那（Krishna）[②]——也即"黑天"（The Black）——的领导下进行了英勇反击。白人长期将被征服的黑人置于种姓奴役之下，但最终，在商业和工业、异族通婚，以及抵御外敌的过程中，肤色界线消失了。

在恒河地区，种姓消失了。白人入伍为黑人服务，在黑人酋长手下作战。在著名的十王之战中，其中一位重要的雅利安首领就是黑人。纳斯菲尔德（Nesfield）说："雅利安入侵者，不管他属于哪个阶级，都习惯于娶这个国家的女人为妻，因此，没有任何种姓，甚至婆罗门种姓，可以声称自己起源于雅利安人祖先。"[2] 今天，有些婆罗门跟早期的黑人酋长一样黑，一样有塌鼻子。马克斯·穆勒（Max Müller）说过，有些婆罗门"和贱民（Pariahs）一样黑"。[3]

黑皮肤的达罗毗荼人的文化是整个印度文化的基础，他们最伟大的宗教领袖经常被描述为黑皮肤的和卷发的。据梅西说："印度的黑皮肤佛陀肯定是按照黑人来描绘的。就黑人神而言，不管

---

① 因陀罗，印度古代吠陀教众神之首，是战士的守护神，在后来的印度教中，因陀罗被降为雨神和诸天的统治者。——译者注

② 克利须那，又称为黑天，印度教最广受崇拜的一位神祇，被视为毗湿奴的第八个化身，是诸神之首。关于克利须那的神话主要源于《摩诃婆罗多》和《往世书》。——译者注

是被称为佛陀还是苏纳西（Sut-Nahsi），我们都有一种假定。他们的肤色就是他们起源的证明。根据一切对人类本性的认识，最先塑造和崇拜黑人模样神像的，一定是黑人自己。不仅仅是因为黑色神秘，而且佛陀的特征和头发都属于黑人种族，纳西（Nahsi）也是黑人的名字。人们发现，被描绘成生育女神（genetrix）的狄奥摩多米亚（Dea Multimammia），也即以弗所（Ephesus）的戴安娜，她有着黑人的形象，其肤色也不仅仅为了体现神秘，因为其特征亦是黑人的，就像埃及的黑人伊希斯一样。"[4]

有30个信徒把佛教带到中国，其中10个被描述为黄色人种，10个是棕色人种，10个是黑色人种。印度黑人和直发的黄皮肤蒙古人种相结合，他们的头发往往比非洲人的头发更直，肤色也更黑，尽管岛上的黑人并非如此。

根据贝尔弗（Balfour）的说法：

> 民族学家认为，在有真正的历史或者传统以前，非洲对南亚、印度和复活节岛的殖民化有重要影响。印度半岛南端的一些人有明显的非洲人特征，安达曼群岛（Andamans）和大尼可巴（Great Nicobar）的黑人和矮小黑人（Negrito）种族，马来半岛的塞芒人（Semang）、比拉人（Bila）和雅贡人（Jakun），东印度群岛、澳大利亚和波利尼西亚这些海岛上的黑人和矮小黑人、巴布亚人和马尔加什人种族，都表明了他们殖民的范围……卷头发的黑色种族似乎要早于直头发的棕色种族……我们考虑到印度在两个大的黑人省份之间的位置——西边仍旧主要是黑人，即便在大多数改良的种族中

也是如此，东边保留着古老的黑人据点，跟安达曼群岛和吉
打（Kedah）一样非常接近印度——半岛人口中的非洲元素
很可能是在闪米特人、图兰人（Turanian）和伊朗人的种族
进入印度以前的古老时代传播过来的，当时印度洋的北部、
东部和西部海岸都有黑人部落。也许，阿拉伯半岛南部的，
甚至闪米特人土地上的所有原始人口，大体上都曾经是非
洲人。[5]

温迪（Widney）说过：

他们［这些黑人］曾经占据了非常辽阔的土地，对地球
的影响也远远大于今天。他们如今主要是在非洲被发现的，
但在整个马来西亚群岛都发现了他们的踪迹。这毫无疑问是
数量更多的黑人人口的残余部分，这些黑人似乎在闪米特人、
蒙古人和婆罗门雅利安人出现之前就占领了亚洲热带地区。
回到那些几乎没有历史记载的世纪里，那些时代的历史只提
供了模糊的暗示，即一种普遍的原始文明的痕迹。这个文明
粗糙、不完美、俗艳、野蛮，然而在恒河、幼发拉底河和尼
罗河流域的权力宝座上统治着世界，它属于黑人种族。最初
的巴比伦人似乎是黑人。最早的埃及文明似乎是黑人文明。
那是早在这两个地方都还不知道闪米特人的时候。在蒙古人
或者雅利安人之前，黑种人似乎已经在恒河沿岸建立了一个
大帝国，尽管它也不怎么样。沿着一开始的泥泞和污浊向
前……是黑人对现代文明合理的上层建筑所作出的贡献。[6]

曾在远东生活过的法国人类学家 H. 伊贝特（H. Imbert）在
《中国的矮小黑人》（*Les Negritos de la Chine*）一书中指出：

> 黑人曾一度居住在印度的、印度支那的和中国的南部地
> 区。印度支那南部现在确实有像塞芒人这样的纯种黑人，还
> 有像马来人和萨凯人（Sakais）① 这样的混种黑人……在中国
> 历史上最早的时代，矮小黑人分布在这个国家的南部全境，
> 甚至在海南岛上，我们在研究海南岛上的矮小黑人或者黑人
> 时试图证明这一点。台湾岛上曾经发现过这些黑人的头盖
> 骨，日本以南的琉球群岛上也发现了这种黑人成分的痕迹。
> 中国最早的历史上，有几本典籍提到了这些体格极小的黑
> 人；周朝（公元前 1122 年至前 249 年）创作的《周礼》，描
> 述了皮肤黝黑油滑的居民……死于公元前 122 年的淮南王刘
> 安，谈到在中国的西南部有个小黑人国。

中国有黑人的另一条证据是张星烺教授（Professor Chang
Hsingland）提供的，他在一篇题为《中国唐朝的黑奴输入》（"The
Importation of Negro slaves to China under the T'ang Dynasty, A.D.
618—907"）的论文中指出："根据《旧唐书·林邑国传》（卷
一九七）记载：'自林邑以南，皆卷发黑身。'"他说，中国的
民间传说经常提到这些黑人，他还提到了一位姓李的中国皇后

---

① 萨凯人，习称"塞诺伊人"（Senoi），马来半岛上的一个土著民族，一说是矮小黑人的一
部分，另说是当地维达类型民族的后裔。——译者注

（373—397），她是孝武文皇帝的配偶①，据说是个黑人。他补充说，根据晚些时候——7世纪到9世纪——的著述，黑人奴隶是从非洲进口到中国的。[7]

芒罗教授（Professor Munro）是研究日本生活和文化的最重要学者之一，据他说："日本人是几种不同血统的混合体——矮小黑人、蒙古族……脸宽、眼眶内的宽度、扁鼻、凸颚和短头畸形可能源于黑人血统。"[8]

亚洲和非洲的黑人散布在热带亚洲和热带非洲之间的一条直线上，非洲和西亚之间有很多种族融合。特别是在阿拉伯半岛，蒙古人种和黑人从远古就混合在一起了。蒙古人种在史前时期入侵北非，他们与黑人结合，形成了利比亚人。后来，北非的腓尼基人（尤其是迦太基人）和苏丹的黑人之间有了大量的商业来往和联系。

迪乌拉弗伊（Dieulafoy）谈到这个区域的埃兰黑人（Elamite）和雅利安白人之间发生种族融合时说：

　　希腊人自己似乎知道这两个苏萨（Susian）种族：平原上的黑人和山上的斯基泰白人。他们古老的诗人不是给苏萨人的直系后代、传说中死在特洛伊城墙下的英雄门农安排了一个黑人父亲蒂松（Tithon）和一个白种山地女人凯西雅（Kissia）作为他母亲吗？他们不是还说门农指挥着黑人和白

---

① 应为李陵容（?—400），东晋简文帝司马昱的妃子，晋孝武帝的母亲，谥号文太后。据《晋书·孝武文李太后传》记载，李太后因长得黑被宫人叫作"昆仑"。"昆仑"并非"昆仑人"，而是皮肤黑像"昆仑奴"，也即"黑人奴隶"。——译者注

人军团？"门农带着 1 万名苏萨人和 1 万名埃塞俄比亚人，去援助普里阿摩斯。"……我会努力说明，矮小黑人在底格里斯河左岸站稳脚跟是多么久远的事，以及构成苏萨君主制的成分产生在多么遥远的古代……大约到公元前 2300 年，底格里斯河和安赞-苏辛卡（Anzan-Susinka）的平原被一个国王是黑人的王朝所统治。

这个米底王朝的到来可能与斯基泰人大举入侵南方有关。他们占领山区之后，被苏萨黑人击退，这些白人于是涌入底格里斯河平原，并一直是这个国家的主人，直到库杜尔·纳昆塔（Kudur Nakhunta）征服了迦勒底（Chaldea），建立了安赞-苏辛卡。他把黑人的领土——尼姆（Nime）、库西（Kussi）、哈巴迪普（Habardip）——扩张到曾经居住着斯基泰族白人的山区。[9]

公元前 5 世纪到访该地区的希罗多德提到了当地人的黑皮肤。他称他们为埃塞俄比亚人，但说他们的头发比西部埃塞俄比亚人的头发更直，后者是羊毛卷。然而，埃兰人似乎更像是属于西部有更多矮小黑人血统的人种——他们的头发，像在纪念碑上看到的那样，是又短又毛茸茸的。哈里·约翰斯顿爵士说："埃兰人似乎是留着卷曲头发的黑人民族，并把这一种族特征传给了犹太人和叙利亚人。肖像中的亚述人有卷曲的头发、黑人的眼睛和丰满的嘴唇，这传递了一种巴比伦王国有明显黑人成分的观念。很可能来自叙利亚和小亚细亚的黑人在前往中欧和西欧的途中入侵了地中海欧洲（阿尔卑斯滨海省有他们的遗骨）。"[10]

汤因比教授也说："原始的阿拉伯人是倭马亚王朝（Omayyad Caliphate）① 的主要统治者，他们称自己为'黝黑的民族'，带有种族优越的含义，而他们的波斯和突厥臣民被称为'红色的民族'，带有劣等种族的含义，也就是说，他们就像我们划分金发和黑发的人一样区分不同种族，但对其优劣的评判与我们正好相反。"[11]

迦太基人主要是与苏丹进行贸易，用金沙、鸵鸟羽毛和象牙来交换纺织品、布料、铜和珠子。迦太基人往往住在黑人中间，黑人也住在他们中间。这带来的结果是，苏丹人知道什么是马，并用棉花制成纺织品，收集并加工黄金。玻璃工业诞生并得以传播。利比亚人或者柏柏尔人是北非人口的后裔，后者包含了一种来自史前时代并与黑人混合的亚洲成分。苏丹的石头房子和水泥井，以及家畜饲养和园艺的传播，都来自这些混血的种族。

越往南去，居民的皮肤就越来越黑，直至融入苏丹的黑人。现在的划分，尤其是政治单位——的黎波里（Tripoli）、突尼斯（Tunisia）、阿尔及利亚（Algeria）和摩洛哥（Morocco）——的划分，没有任何人类学意义，也不符合任何种族划分标准。有许多引人注目的群体：黑人图阿雷格人（Tuareg），或称面纱人（Veil）；提布人（Tibu），又称岩石人（rock people），是拥有蒙古人种或者高加索人种混合血统的黑人；深肤色的富拉尼人，分散在从上尼日尔到塞内加尔的整个北非，他们在沿海地区形成了通常占统治地位的政治力量。

———————————

① 倭马亚王朝，阿拉伯帝国第一个世袭王朝，是由倭马亚家族统治的哈里发国，也是穆斯林历史上最强盛的王朝之一。在《旧唐书》中，他们被称作"白衣大食"。——译者注

伊斯兰教起源于阿拉伯沙漠，发端于麦加，它所属的区域被希腊人称为埃塞俄比亚，并被认为是非洲埃塞俄比亚的一部分。该地一定是从很早的时候起就有大量的黑人人口。

伊斯兰教历史上最伟大的两个有色人种人物是比拉勒-伊-哈伯什（Bilal-i-Habesh）（埃塞俄比亚的比拉勒）和塔里克-本-齐亚德（Tarik-bin-Ziad）：

> 比拉勒-伊-哈伯什是先知穆罕默德解放的奴隶，也是他最亲密的朋友，先知承认他在天堂比自己优先。先知解放了他所有的奴隶，他们都是早期伊斯兰教历史上的著名人物。他把另一个黑人、他的第三个皈依者扎伊德·本·哈利斯（Zayd bin Harith）收养为自己的儿子，后来他成为先知麾下最伟大的将军之一。后来，为了表示对扎伊德的尊敬，他娶了扎伊德的一个妻子、美丽的扎伊纳布（Zainab）为妻。但是，比拉勒却最为引人注目。除了他对伊斯兰教事业的贡献，也是由于他，穆斯林决定用人声而不是钟声来召唤信徒进行祈祷。显然，他有一副美妙的嗓音，而且他是第一个在伊斯兰教中呼吁祈祷的人。
>
> 塔里克-本-齐亚德也是奴隶出身，他后来成为伊斯兰国家的伟大将军，并作为入侵西班牙的摩尔人军队的指挥官征服了西班牙。塔里克的山峰（Jebel-u-Tarik），也即直布罗陀，就是以他的名字命名的。最伟大的穆斯林（Turkish）① 经

---

① 此处的 Turkish 尤指突厥苏丹治下的穆斯林的。——译者注

典作品之一被称为《塔里克-本-齐亚德》，并把他奉为英雄。
这部经典作品的作者是阿卜杜勒-哈克-哈米德（Abdul-Hak-
Hamid），他是我们最伟大的诗人，活到 84 岁。该作品与高乃
依（Corneille）① 的任何悲剧都不相上下。我真希望有一天有
人会用英文写下这些伟人的传记。[12]

穆斯林组织起来改变世界的宗教信仰，他们推翻了波斯，占
领了叙利亚，并最终从东罗马帝国手中夺取了埃及和北非。他们
向东最远到达印度，向西最远到达西班牙，最终金帐汗国（后来
人们对今天俄罗斯一带蒙古人的称呼）成为伊斯兰教的追随者，
也因此成为阿拉伯穆斯林的宗教兄弟。

阿拉伯人把新的伊斯兰教带到了北非。在 7 世纪，他们并没
有大量迁移。西班牙不是被阿拉伯人征服的，而是被阿拉伯人
领导的柏柏尔人和黑人军队征服的。后来，在 11 世纪，另一群
阿拉伯人来了，但人数并不多，他们的威望来自他们的宗教和
语言，他们的语言成为撒哈拉以北和以南人民的通用语（lingua
franca）。阿拉伯人血统只在很小范围内取代了柏柏尔人或者黑人
血统。

任何去过苏丹的人都知道，他遇到的大多数"阿拉伯人"都
有着深色皮肤，有时实际上是黑色，通常有黑人的特征，发质几
乎和黑人一样。因此，很明显，尽管发生了很多民族融合，"阿
拉伯人"一词在非洲适用于信奉伊斯兰教的任何人，因此，这

---

① 高乃依（Pierre Corneille，1606—1684），法国剧作家，法国古典主义悲剧奠基人，剧作
　有四大悲剧《熙德》《贺拉斯》《西拿》《波里耶克特》等 30 余部。——译者注

个词虽然具有文化价值，但没有什么种族意义，而且常常使人误解。

阿拉伯人与黑人太接近了，不可能划出绝对的肤色界限。安塔尔（Antar）是阿拉伯前伊斯兰时代最伟大的诗人之一，他是一位黑人妇女的儿子；在哈伦–阿尔–拉希德（Harun-al-Rashid）的宫廷里，最伟大的一位诗人是黑人。12世纪，一位博学多才的黑人诗人就住在塞维利亚。

公元719年，阿拉伯人越过比利牛斯山，在普瓦捷（Poitiers）遇到了查尔斯·马特尔（Charles Martel）；侵略者在这里被击退，返回来定居在西班牙，为控制伊斯兰世界而发生的冲突最终使西班牙陷入无政府状态。倭马亚王朝的一位王子于758年来到了这里。阿卜杜勒拉曼（Abdurahman）经过30年的战斗，建立了独立政府，成立了科尔多瓦（Cordova）哈里发国。他的权力以黑人和白人基督徒奴隶组成的军队为基础。他建立了一个出色的宫廷并恢复了秩序，他的儿子还保护作家和思想家。

最后，政权被黑白混血的阿尔曼佐（Almanzor）掌握，他依靠柏柏尔人和黑人组成的军队维持秩序，发动了50次入侵。他死于1002年，几年后哈里发国衰落，西班牙人开始重新征服这个国家。阿拉伯人到非洲寻求庇护。

11世纪有相当多的阿拉伯移民。那时，柏柏尔人和一些黑人已经说阿拉伯语和信奉伊斯兰教，而伊斯兰教也穿过撒哈拉沙漠向南缓慢传播。[13]

11世纪的入侵是1048年由有色人种的哈里发穆斯坦希尔（Mustansir）领导的埃及维齐尔（Vizier）发起的。他们给每个人

118

提供了一头骆驼和一枚金币，唯一的条件是他必须定居在西部。两年内，他们掠夺了昔兰尼加（Cyrenaica）和的黎波里，并占领了凯鲁万（Kairwan）。大部分入侵者定居在的黎波里和突尼斯，而他们的同伴则向西挺进摩洛哥。这是北非阿拉伯化进程的一个范例，很大程度上是对与尼罗河流域阿拉伯化有很大关系的入侵的反射，因此，如今"阿拉伯"部落在苏丹的分布都是由它造成的。

阿拉伯人入侵非洲的埃及，将它从东罗马皇帝手中夺走，确保与当地的埃及黑人（现在称为科普特人）结成同盟，并将苏丹黑人、波斯人和突厥人吸收进他们的军队。639 年，他们在阿姆鲁-伊本-埃尔-阿斯尔（Amr-ibn-el-Asr）的统治下来到这里，一方面成为反对东罗马帝国暴政的埃及人的朋友，一方面正好捍卫被视为异端的科普特教会。我们必须记住，他们与黑人民族有着血缘和历史上的联系。642 年，亚历山大城投降，10 年后阿拉伯人进入努比亚并袭击栋古拉，他们高呼口号："努比亚人民，你们理应安居乐业！"[14]

从 651 年开始的两个世纪里，在麦地那、大马士革和巴格达的哈里发统治下，埃及有 98 位穆斯林总督。科普特人代表大多数埃及人，他们在很大程度上服从了统治，但努比亚黑人仍然难以驾驭，他们甚至开始保卫科普特人。722 年，努比亚国王西里亚库斯（Cyriacus）率领 10 万士兵进入埃及，释放了被囚禁的科普特族长。

从倭马亚到阿拔斯哈里发（Abasid Caliphs）的转变和平地发

生在 8 世纪中叶的埃及。到 832 年，由于科普特人在经济和社会压力下皈依，埃及人几乎全部变成了穆斯林。852 年，最后一位阿拉伯统治者统治埃及，856 年，突厥人开始取代阿拉伯人，并支持科普特人。当时暴政连连，从 868 年到 884 年，一个突厥奴隶艾哈迈德–伊本–图伦（Ahmad-ibn-Tulun）统治着这个国家。苏丹的贝尔加人拒绝每年进贡 400 名奴隶，并于 854 年起义；"苏丹之王"（King of the Sudan）阿里巴巴（Ali Baba）的军队领导了这次起义，但是用矛和盾来对抗锁子甲和阿拉伯船只的努力失败了。

我们知道，在 850 年，400 名东非黑人加入了巴格达统治者阿布·阿巴斯（Abu'l Abbas）的军队，他们奋起反抗，领导他们的是个被称为"黑人之王"（Lord of the Blacks）的黑人。869 年，波斯冒险家阿尔·卡比斯（Al Kabith）鼓动黑人奴隶起义，成千上万名奴隶涌向他的身边。871 年，他们占领了巴士拉，并统治了幼发拉底河三角洲长达 14 年之久。14 年后，当马苏迪（Masudi）访问这个国家时，他听说，这场饥荒和刀剑的征服至少杀死了 100 万人。

872 年，叙利亚被埃及吞并。从那时起直到 11 世纪，埃及、叙利亚、巴勒斯坦和美索不达米亚形成了一个王国，各地大致上紧密团结在一起。当叙利亚第一次被吞并时，埃及的统治从幼发拉底河延伸到巴尔卡（Barka）和阿斯旺（Aswan），著名的黑人骑兵参加了征服，他们至少有 1 万人。883 年，东非的曾族（Zeng）黑人起义，一些人定居在美索不达米亚。图伦（Tulum）王朝最终在 905 年结束，在软弱的哈里发宗主权之下，埃及经历了 30 年的不稳定统治。公元 935 年到 946 年，伊克希德（Ikshid）担任埃及总督。

继任的是阿比西尼亚黑人宦官阿布-拉-米思科·卡福尔（Abu-l-Misk Kafur），意为"麝香樟脑"（Musky Camphor），伊克希德以他的名字命名了开罗的一个著名花园。卡福尔是个聪明人，有着深黑色明光锃亮的皮肤，他是伊克希德儿子们的守护者。他读历史，听音乐，挥霍巨额财富。他每日餐桌上有 200 只绵羊和羔羊、750 只家禽、1000 只鸟和 100 坛甜食。他吸引了学者和文人，开创了一个艺术和文学的时代，使埃及成为可与巴格达、大马士革和科尔多瓦媲美的文化中心。[15] 诗人穆塔纳比（Muttanabi）称赞他为"黑色的月亮"。

从 946 年到 968 年，卡福尔统治了埃及 22 年；他当了 19 年的摄政，而伊克希德的两个儿子只在名义上是统治者，实际上是没有权力的花花公子。卡福尔独自统治了 3 年，从 965 年到 968 年。他征服了大马士革和阿勒颇（Aleppo）①，将叙利亚并入埃及统治之下。其间叙利亚不时发生动乱，埃及则地震不断，尼罗河气候恶劣，努比亚爆发叛乱。不过，总的来说维持了良好的秩序。他死于 968 年，继位的是个孩子，然后是哈里发侯赛因（Hoseyn），最后是莫伊兹（Moizz）。

来自摩洛哥的什叶派穆斯林，即法蒂玛王朝（Fatimids），在那个自称马赫迪之人的领导下，其时开始对埃及发动战争，并征服了它。他们向努比亚国王乔治（George）派遣了一个外交使

---

① 阿勒颇，叙利亚第二大城市，阿拉伯语作哈拉普（Halab），现代的阿勒颇是一个与大马士革不相上下的工业和文化中心。——译者注

节；重新征服了叙利亚，并凭借黄金、珠宝、象牙和丝绸变得富
有。到 12 世纪中叶，伊斯兰教帝国包括北非、叙利亚、西西里
岛和汉志（Hejaz）①；突厥奴隶和苏丹军队掌控着这个帝国。

　　莫伊兹得到卡福尔的得力助手、犹太人基利斯（Killis）的
帮助；他有 4000 人的青年卫队，其中有白人也有黑人。他在黑
人军队的帮助下平息了另一场叙利亚叛乱。然后是疯子哈基姆
（Hakim）的统治，最后是查希尔（Zahir）。

　　查希尔于公元 1021 年至 1026 年统治埃及。他的妻子是一位
苏丹黑人妇女，她在丈夫死后对儿子的统治有很大影响。她儿子
于 1036 年登上王位，一直统治到 1094 年，是这个王朝在位时间
最长的统治者。她的这个儿子名叫曼德（M'add），取了穆斯坦希
尔的名字，被认为是他那个时代最优秀、最有能力的统治者。他
热爱并鼓励学习，拥有一座藏书 12 万册的图书馆。对他影响很
大的黑寡妇（Black Dowager）驾着她的银色驳船在尼罗河上航
行，从南方引进更多的黑人军队，直到穆斯坦希尔的护卫队有了
5 万名黑人士兵和剑士、2 万柏柏尔人、1 万突厥人和 3 万白人奴
隶。很多年里，整个上埃及都被黑人军团控制着。

　　穆斯坦希尔拥有巨额财富，包括他那著名的金床垫。马克里
齐（Makrizi）描述了他的珠宝、金盘子和象牙。当时的开罗有 2
万幢砖房；有陶瓷艺术和玻璃制造业，还有一个美丽的"阿比西
尼亚湖"。穆斯坦希尔与叙利亚关系紧张，1068 年他差点丧失权
力，他的图书馆被毁掉，黑寡妇不得不逃到巴格达避难。他在宰

①　汉志，或译作希贾兹，沙特阿拉伯西部地区，北起约旦边境，沿阿拉伯半岛的红海海岸
　　延伸，南止于阿西尔地区。——译者注

相比达尔（Bedar）的帮助下重新掌权，恢复了埃及对叙利亚的统治。

随后塞尔柱突厥人（Seljukian Turks）出现了。他们征服了波斯，占领了巴格达，并袭击了叙利亚。耶路撒冷在1071年被占领，这成为欧洲十字军在穆斯坦希尔死后两年即1096年开始东征的借口。1099年，欧洲人占领了耶路撒冷，随后又占领了叙利亚的大部分地区，但埃及在之前穆斯坦希尔军队的黑人老兵的帮助下，最终于1102年打败了鲍德温（Baldwin）。从1169年到1193年，库尔德人萨拉丁（Saladin the Kurd）统治着埃及和东方。

萨拉丁继位后，努比亚黑人军队袭击了埃及，叛乱持续了很多年。萨拉丁逐渐确立了在努比亚的权力，并在美索不达米亚与非洲的曾族人达成和解。其时美索不达米亚已被蒙古人摧毁，开罗现在成为东方最大的文化中心，在1196年到1250年间它实际上是世界上最大的文化中心。1219年，阿西西的圣方济各（Saint Francis of Assisi）[①] 在那里布道。世界贸易以亚历山大城为中心。

艺术家们从小亚细亚涌向埃及。有文化的人住在宫廷里，其中有诗人也有作家。《一千零一夜》的故事被收集起来。印度的故事和欧洲的浪漫故事与埃及的素材相结合。这个时期产生的另一部诗集是安塔尔-本-沙达德（Antar-bin-Shaddad）编成的。他生于公元498年左右，是一个叫西比达（Zebbeda）的黑人女奴和一个叫沙达德（Shaddad）的阿布斯（Abs）部落贵族

---

① 阿西西的圣方济各（1181—1226），天主教方济各会和方济各女修会的创始人，意大利主保圣人，规定修士恪守苦修，麻衣赤足，步行各地宣传清贫福音。——译者注

的儿子。安塔尔非常有名。人们发现，"黄金诗篇"《摩阿拉卡》
（Mo'allaqat）的第六首诗是他所作，《摩阿拉卡》在阿拉伯被认
为是有史以来最伟大的诗歌。传说这些诗篇被挂在麦加圣寺克尔
白（Ka'bah）之上，这样所有前来的朝觐者都能知道它们并礼敬
它们。《摩阿拉卡》属于阿拉伯诗歌的第一个流派"加希列赫派" 121
（Gahilieh），也即"无知时代"。安塔尔的诗是在达希斯（Dahis）
战争时期创作的，就像史诗中在它之前的五首诗一样，它歌颂了
战场上的胜利者，描绘了大自然的美丽，赞美了沙漠中的骆驼。
但是，它最大的主题是爱情。

　　里姆斯基-柯萨柯夫（Rimski-Korsakov）的《安塔尔交响
曲》，由于充满大量的原始色彩和东方激情，理所当然受到欢迎。
其剧本取材于著名的《安塔尔传奇》(*The Romance of Antar*)，后
者是个大部头著作，在开罗出版，共32卷，已由许多学者从
阿拉伯文节译过来。它有两个版本，一个被称为《叙利亚人安
塔尔》(*Syrian Antar*)，另一个是《阿拉伯人安塔尔》(*Arabian
Antar*)。1802年，这部经过删节的著作首次被介绍给欧洲读者；
1819年，泰瑞克·汉密尔顿（Terrick Hamilton）翻译了该书，分
为4册出版。《安塔尔传奇》可与《天方夜谭》(*Arabian Nights*)
相媲美，是一部标准的阿拉伯作品。《安塔尔传奇》中收录的无
数故事，都是阿斯迈（Asmai）在哈伦-阿尔-拉希德统治时期重
述和保存的传统沙漠故事。

　　随着伊斯兰国家专制权力的发展，很多对宗教和政治感到不
满的人士迁移到了非洲东海岸。经过几个世纪的融入，他们（不
是以征服者的身份）被允许在有限的地区生活和贸易，并与黑

种班图人融合、通婚。公元 684 年，在穆罕默德一个女婿的统治下建立了一个阿拉伯人定居点。之后在 908 年开始另一次移民，许多阿拉伯人向内陆游走。很多城市建立起来了，这些城市很快与索法拉开采金矿的民族开展贸易。10 世纪，阿拉伯地理学家马苏迪访问了非洲的这一地区，描述了黄金贸易和瓦克里姆（Waklimi）王国。1298 年，马可·波罗在游记中将马达加斯加岛和桑给巴尔岛描述为黑人聚居的地方。

有迹象表明，西非的努佩（Nupe）和东海岸的索法拉之间有贸易往来，当然，亚洲和东非之间的贸易可以追溯到公元前。亚洲商人在东海岸定居下来，并通过黑白混血商人和黑人商人把中非与阿拉伯半岛、印度、中国和马来西亚联系起来。

阿里的曾孙、穆罕默德的外甥和女婿扎伊德（Zaide）被驱逐出阿拉伯半岛。他跑到非洲并建立了定居点。他的族人与黑人混居，由此而来的黑白混血商人——众所周知的埃莫赛迪人（Emoxaidi）——向南游走，最远似乎到达了赤道。其他阿拉伯家族由于受到压迫也来到这里，建立了马加多朔（Magadosho）和布拉瓦（Brava），这两座城镇都在赤道以北不远的地方。埃莫赛迪人被后来的移民视为异教徒，他们被驱赶到内陆，成为沿海地区和班图人之间的翻译暨商人。一些从马加多朔而来的流浪者进入索法拉的港口，并在那里得知可以获得黄金。这使得此处有了一个小型的阿拉伯人定居点。

70 年后，大约在诺曼人征服英格兰的 150 年前，一些波斯人在东非的基卢瓦（Kilwa）定居下来，他们的首领是哈桑-伊本-阿里（Hasan-ibn-Ali），他的母亲是一名阿比西尼亚黑奴，他自己则有 6 个儿子。

伊本·巴图塔（Ibn Batuta）熟悉 14 世纪地中海沿岸和 122
麦加的阿拉伯人的生活情况，他对东非的财富和文明感到惊
讶。他形容基卢瓦是"最美丽和建设得最好的城镇之一"。蒙巴
萨（Mombasa）是个"大"城市，马加多朔则是个"非常大的
城市"。

10 年后，杜阿尔特·巴博萨（Duarte Barbosa）到访海岸，
将基卢瓦描述为"一个摩尔人的城镇，有许多用石头和灰泥建
造的漂亮房子，许多是平顶，房子有许多窗户，模仿着我们的时
髦，街道的布局很好。门是木质的，精雕细琢，做工精良。城镇
的周围是小溪和果树，还有许多流淌着甘甜渠水的果园……镇上
有大量的黄金，因为来往索法拉的船只都要经过这个岛"。至于
摩尔人，他继续说道："有白肤金发的，也有黑皮肤的：他们穿
着华丽的衣服，戴着金银项链和手镯……耳朵上还戴着许多珠宝
耳环。"他还说，蒙巴萨是"一个非常美丽的地方，高大的用石
头和灰泥建造的房子整齐地排列在街道两旁……当地的女人穿着
打扮非常华丽"。[16]

8 世到 12 世纪，中国的商船很可能直接与非洲进行贸易。
当葡萄牙人到来时，他们发现阿拉伯人与班图人通婚且融入了他
们，并控制着贸易。

在非洲，最惊人的情况是马穆鲁克人奴隶对埃及长达 6 个世
纪的统治，从 1193 年一直到 1805 年。历史上从未有过类似的状
况，然而学者们统统忽略了这一时期。马穆鲁克人是在巴尔干半
岛、希腊、土耳其和近东地区被大量购买的白人奴隶。他们主要

充当士兵，参与穆斯林世界的征服，特别是占领和控制尼罗河流
域。起初，他们是强大而雄心勃勃的苏丹们的雇佣军，其中好几
个苏丹是黑人的后裔。随后，在蒙古人东征和基督教十字军东征
时期，马穆鲁克人以数百人为单位，开始拥戴自己的首领，甚至
把首领推上苏丹之位。这些苏丹通常在位时间很短，平均 5 年。
像萨拉丁这样的强人控制着马穆鲁克人，并将其政策强加给他
们。其他这样强大的统治者还有：比巴尔（Bibars），在 1260 年
成为苏丹；卡拉恩（Kala'un），在 1272 年成为苏丹，他的"黄金
时代"受到马基雅维利的称赞。但是，他们的文化水平渐渐下降，
无知煽动家的争吵、蹂躏和偷窃取代了萨拉丁的文学和艺术。

　　起初，这些白人奴隶与苏丹黑人并肩作战，甚至在黑人统治
者的治下也是如此。但是，当埃及苏丹试图征服努比亚和南方却
徒劳无功时，马穆鲁克人发现自己分裂成两个对立阵营：在北
方，普遍的情况是白人奴隶和为数不多的黑人一起进行统治；而
在南方，黑人顽强地把持着权力，直到 19 世纪。

　　这种白人奴隶制和美国黑人奴隶制形成鲜明对比。它不涉及
天生的种族差异，正因为如此，北欧历史学家忽视了白人奴隶
制，并将奴隶制的概念与黑人联系在一起。这两个奴隶群体之间
的区别很明显：白人奴隶在有色人种穆斯坦希尔和库尔德人萨拉
丁等人的领导下，在白人和黑人中间开辟了文明之路。如果不是
异教的东方和基督教的西方对这种文化发动了袭击，非洲文明可
能已经达到了异乎寻常的繁荣水平，甚至可能已领导世界了。

　　拿破仑·波拿巴解释了奴隶制在东方和西方的区别：

　　在这些国家居住着不同肤色的人。一夫多妻制是防止他们互相迫害的简单方法。立法者认为，为了不让白人成为黑人的敌人，不让黑人成为白人的敌人，不让棕色人种成为黑人和白人的敌人，有必要让他们都成为同一个家庭的成员，从而战胜人类讨厌所有与自己不相同之人的嗜好。马霍梅特（Mohamet）认为四个女人就足以实现这个目标，因为每个男人可以有一个白人妻子、一个黑人妻子、一个棕色人种的妻子，以及一个其他肤色的妻子……

　　如果有人想给美洲殖民地的黑人以自由，建立完全的平等，立法者就会批准一夫多妻制，允许男人同时拥有一个白人妻子、一个黑人妻子和一个黑白混血妻子。然后，组成同一家庭的不同肤色将根据每个人的意见进行结合。否则的话将永远得不到令人满意的结果。黑人会越来越多、变得更聪明，他们会贬低白人，反之亦然。

　　由于一夫多妻制在东方所确立的普遍平等原则，组成马穆鲁克家庭的每个个体之间没有差别。一个省督（bey）从非洲商队买来的黑人奴隶成了一名卡切夫（katchef），他与一名上等白人马穆鲁克、切尔克斯（Circassia）的当地人地位相当；他甚至没有想过要改变自己的处境。

　　东方的奴隶制从来就和欧洲的不一样。这方面的习俗与《圣经》中所记载的一样。仆人嫁给了主人。相反，在欧洲，凡是带着奴隶印记的人总是处于最低层……[17]

根据 W. G. 帕尔格雷夫的说法：

　　黑人可以毫无困难地把自己的子女交给阿拉伯中产或者下层家庭，从而产生了新一代的混血种族……他们和自己的祖先一样，并不准备获取贵族地位或者居于万人之上；然而，随着时间的推移，他们可能最终会这样做；我自己在阿拉伯半岛时，与不止一个英俊的"绿种人"（黑白混血儿）交往密切，并因此受到尊敬。他们手持剑柄镀银的宝剑，黝黑的皮肤上穿着华丽的服饰，被称为酋长（Sheik）或者埃米尔（Emeer），谦逊地接受最纯正的以实玛利后代（Ishmaelitish）或者卡坦族后裔（Kahtanic）的阿拉伯人的请求……所有这些都不是议会法案的规定，而是出自个人意愿和感受。[18]

　　近东出现了许多黑人和黑白混血儿统治的例子。内德杰（Nedjeh）是一名黑人奴隶，他和他的后代在 1020 年到 1158 年间统治着阿拉伯半岛。然后在 1763 年，被称为"埃尔-马赫迪"（El Mahdi）的、黑皮肤、厚嘴唇、宽鼻子的阿巴斯（Abbas）统治了也门。

　　十字军和蒙古人使首领们偏离了方向，致使非洲和中东在 18 世纪遭到堕落的马穆鲁克领袖的蹂躏。被带到美国的黑奴在短暂的犹豫后，成了新工业体系的一部分。他们被束缚在繁重的劳动中，被禁锢在无知之中，没有发展的机会。他们的目标就是自由，马隆人是与马穆鲁克人地位最接近的人。海地的图森是西方第一位成功的黑人苏丹。拜亚诺（Byano）和帕尔马里斯（Palmares）为他扫清了道路。

巴赫利马穆鲁克王朝（Bahrite Mamelukes）有 25 位苏丹，比巴尔就是其中之一。他在 1272 年到 1273 年间使叙利亚重新回到埃及治下，并攻击苏丹的黑人。1320 年，努比亚重新获得独立。1366 年、1385 年和 1396 年，努比亚与埃及之间发生了冲突。1403 年之后，努比亚实际上独立了。

大多数科学家认为现代贝贾人最接近埃及人的模式。14 世纪，伊本·巴图塔对他们进行了描述。

> 经过 15 天的旅行，我们到达了艾德哈卜镇（Aydhab），这是一个很大的城镇，牛奶和鱼类供应非常充足；枣和谷物是从上埃及进口的。城镇的居民是贝贾人。这些人的皮肤是黑色的，他们用黄色毯子裹住自己，并在头上绑上一指宽的发带。他们不把任何遗产分给女儿。他们以骆驼奶为食，骑着梅哈里单峰骆驼（Meharis）。这座城市的三分之一属于埃及苏丹，三分之二属于被称为艾尔-胡德鲁比（al-Hudrubi）的贝贾国王。在到达艾德哈卜时，我们发现艾尔-胡德鲁比正在与突厥人（即埃及苏丹的军队）交战，他击沉了几艘船，突厥人在他眼前逃走了。[19]

从 1382 年到 1517 年，统治埃及的是一个新的切尔克斯马穆鲁克王朝（Circassian Mamelukes），共有 23 个苏丹。在这个朝代，文学和建筑受到支持，但也有官方特许、战争和蒙古人的奴隶买卖。

尼齐尔（Nizir）于 1310 年至 1341 年统治埃及，并与钦察汗

国（Kepchak）的蒙古人、叙利亚人、也门国王、阿比西尼亚国
王、西非以及君士坦丁堡的皇帝和保加利亚国王互派使节。

后来，非洲人被进口到印度。从 1459 年到 1474 年，罗克-
乌德-丁-巴巴克（Rukn-ud-din-Barbak）国王统治着戈尔（Gaur），
他拥有 8000 名非洲奴隶，是第一个大量提拔为他效劳的非洲奴
隶到高级职位的印度国王。1486 年，这些奴隶反叛了，杀死了法
特沙（Fath Shah），并将他们的领袖以巴巴沙（Barbah Shah）的
头衔推上了王位。另一个非洲人英迪可汗（Indil Khan）仍然忠
于法特，他从远征地回来后杀死了巴巴，以赛义夫-乌德-丁-菲
鲁兹（Saif-ud-din-Firuz）的名义接受了王位。菲鲁兹平息了内
乱，恢复了军队的纪律。1489 年，法特沙的小儿子继承了他的王
位，由另一个非洲人摄政。但不到一年，又一个黑人西迪·巴德
尔（Sidi Bardr）谋杀了少年国王和摄政，篡夺了王位。他在位三
年。1493 年，他在带领军队从围攻戈尔的叛军中突围时被杀，随
着他的死亡，孟加拉的这个著名黑人政权也落下了帷幕。一位来
自奥克苏斯（Oxus）的亚洲人被选为王位继承人，他做的第一件
事就是将所有非洲人驱逐出王国。成千上万的流亡者从德里和江
布尔（Jaunpur）被赶走，最后漂泊到古吉拉特邦（Gujarat）和德
干高原（Deccan），奴隶贸易也造就了那里大量的黑人人口。[20]

14 世纪，伊斯兰教在西方的前沿阵地西班牙和西西里失守，
但在东方，伊斯兰教已经扩展到印度和马来西亚。它击退了十字
军战士，但也显示出疲软的迹象。伊斯兰国家与欧洲人斗争了两
个世纪，伊斯兰世界的统治权从阿拉伯人和波斯人的手里传给了
突厥人。公元 1000 年之后，突厥人的将军和酋长们撕裂了伊斯

兰国家的身体，摧毁了它的土地，直到最后，来自中亚的异教徒蒙古人开始向西进攻突厥人，并在 1258 年将伊斯兰国家的东部土地变成蒙古帝国的一个省。1393 年，瘸子帖木儿（Timur the Lame）占领了巴格达。

从萨拉丁时代到 19 世纪，尼罗河流域的历史读起来就像一个幻象。那里高雅精致的文化给人以希望；但在东边，突厥人的威胁节节攀升，它形成了伊斯兰国家的右翼，并准备控制埃及。如果他们没有做到的话，欧洲的历史可能就是埃及的历史了。埃及在西边面对的是一种新的强劲黑人文化带来的持续压力，但由于伊斯兰国家左翼在西班牙被击退、苏丹的暴行、大西岛的顽强抵抗被美洲奴隶贸易击溃、班图人向大湖区挺进，这种压力注定会陡然消失。

埃及这片古老的土地实现新的独立和文化复兴有赖于叙利亚、努比亚与埃及的融合。但是，粗鲁无知的白人奴隶已丧失了所有文化模式，也没有学到新的，却仍然掌握着政府的所有权力，扼杀了萌芽中的文化——这种文化本可能是非洲的文艺复兴——并导致了对努比亚徒劳无功的征服。这种权力的涣散使埃及失去了对叙利亚的控制。

1403 年努比亚获得了独立，从西边来了方族人和达尔富尔人，而与此同时更远处的希卢克人和中非仍在抵抗。比巴尔和卡拉恩想要复兴埃及的努力也徒劳无功，14 世纪和 15 世纪的大部分时间都充斥着软弱而堕落的领袖的斗争。后来，奥斯曼帝国的塞利姆大帝（Selim the Great）于 1517 年征服并吞并了埃及。埃及被划分为 24 个区，每个区都由马穆鲁克人省督管辖，所有区由突厥的帕夏（pasha）管辖。17 世纪以后，衰退开始了。

16 世纪和 17 世纪充斥着盗窃和暴动。18 世纪，法国大革命试图让埃及和亚洲接受拿破仑。英格兰在保卫印度的广泛行动中挫败了他。1811 年，米赫梅特·阿里（Mehemet Ali）来到了埃及，他是一个鲁米利亚人（Rumelian），通过蓄意谋杀使埃及摆脱了马穆鲁克省督们的统治，并着手征服苏丹。1820 年，他攻占了努比亚，但在黑人疯狂的抵抗中失去了儿子。与此同时，他通过贸易和政治联盟向欧洲示好，并试图分享象牙奴隶贸易的利润。他挑起了反抗和叛乱，并于 1849 年死于疯病。

他的继任者以实玛利（Ishmael）受到比肯斯菲尔德勋爵（Lord Beaconsfield）的引诱，落入了殖民帝国主义的陷阱。苏伊士运河曾由埃及法老构思，几千年后由法国人挖掘，而英国认为它是统一英帝国的纽带，能保护其在印度的投资，巩固其对贸易的控制。在英法两国让以实玛利背上沉重债务，使他陷入无望境地后，比肯斯菲尔德从他手中买下了这条运河。当法国拒绝与之确立可疑的伙伴关系时，英格兰就实际上把埃及并入了英帝国。

这是为什么呢？是因为"种族"吗？"当然是。"19 世纪的人回答道，当时他们正因黑人奴隶制而发财致富，并对尼罗河流域的混血人种嗤之以鼻。但是，答案并不是一个人皮肤的颜色或者他头发的卷曲那么简单。答案是，埃及经历了几个世纪的动荡和外国的控制，没有成功建立一个国家；答案是，她以往可以自足的资源经过压榨盘剥已经不够了，它古老的文化模式已被淹没，由于征服努比亚的持续不懈努力，它再也无法从中非再次复兴。她在 13 世纪绽放的崭新艺术花朵已经凋零。从萨拉丁到米赫梅

特·阿里的这些年里，没有可能产生民主制，而在那个时候，象
牙奴隶贸易继蔗糖奴隶贸易之后，一如既往受到欧洲和美洲的需
求的支持，并已经把整个非洲都推到了文明的界限之外。

东非基尔瓦拉（Kilwara）的历史说明了埃及对中非的压力
及其与现代殖民化相联系的后果。这个帝国被肢解，最大的部分
沦落为乌干达。1862 年，当穆特萨（Mutesa）国王登上乌干达王
位时，他在自己的土地上发现了伊斯兰教的影响，并被劝说接纳
新教徒和天主教徒。代表英帝国主义的新教徒试图使国王皈依新
教，而代表法帝国主义的天主教徒则试图让国王成为天主教徒。
其间出现了更多的穆斯林，他们也试图使穆特萨皈依伊斯兰教。
他拒绝了所有这些信仰，最后作为一名坚强的异教徒离开人世。

他的儿子姆万加（Mwanga）继承了王位，而姆万加不信任
白人。他下令对欧洲人关闭东部边境，1885 年，当新教主教汉宁
顿（Hannington）试图越境时，他将其杀死。新教徒组织起来反
对姆万加，后者驱逐了新教徒和天主教徒。穆斯林成为王权背后
的力量。新教徒从布干达撤退到安哥拉，并组织了一条基督徒联
合阵线反对穆斯林和姆万加。他们占领了姆万加的首都，并把它
一分为二，天主教徒和新教徒各占一半。穆斯林开始反击，最后
新教徒向英国东非公司求助。1889 年，该公司向乌干达派遣了一
个军事代表团，后来卢加德也加入了该代表团。紧接着，天主教
徒和新教徒之间爆发了公开的内战。

卢加德上尉率领着英帝国东非公司（Imperial British East
Africa Company，简称"IBEA"）的一支庞大军队，打到姆万

加国王的住所蒙戈（Mengo），强迫他签订了一项保护国条约；然后，他转而迎战天主教徒，找一些无关紧要的借口攻击他们，把他们赶到维多利亚湖的一个大岛上。在国王和法国传教士的周围，聚集了大量避难的男人、女人和孩子。面对这些无助和没有抵抗能力的人，卢加德上尉举起了手枪和机枪。他消灭了很多人，然后继续他的破坏活动，他充分控制自己的军队和拥护者，烧毁了所有的村庄和白人神父的驻地，还有他们的教堂和庄稼。[21]

这个故事的英国新教版本在许多细节上与此不同。

1899 年，姆万加最终被击败，他被囚禁并被驱逐出境。乌干达于是成为英国的保护国。

因此，一千年以来，亚洲和非洲共同奋斗，在西亚、北非、尼罗河流域、东海岸不时焕发精神，并相互促进文化发展。但到头来，欧洲把它们一网打尽。在非洲，欧洲以定居者的身份来到南部，以奴隶商人的身份来到西部，以殖民帝国主义者的身份来到东部。非洲沉睡在血腥的梦魇之中。

注释

［1］查尔斯·陶伯：《海员与象形文字》（ *Seafarers and Hieroglyphs* ），美国文献研究所（American Documentation Institute），华盛顿特区。

［2］罗杰斯，前引书，第 1 卷，第 62 页。

［3］同上，第 63 页。

［4］G. 梅西：《开端之书》（ *A Book of the Beginnings* ），伦敦：威廉姆斯和诺盖特出版社（Williams and Norgate），1881 年，第 1 卷，第 18、218 页。

［5］爱德华·G. 贝尔弗（Edward G. Balfour）编:《黑人种族》（"Negro Races"），载《印度百科全书》（*Cyclopaedia of India*），伦敦：夸里奇出版社（Quaritch），1885 年，第 3 版，第 2 卷，第 1073 页。

［6］约瑟夫·P. 温迪（Joseph P. Widney）:《雅利安人的种族生活》（*Race Life of the Aryan Peoples*），纽约：芬克和瓦格诺出版社（Funk and Wagnalls），1907 年，第 2 卷，第 238—239 页。

［7］引自罗杰斯，前引书，第 1 卷，第 67 页。

［8］芒罗:《史前日本》（*Prehistoric Japan*），横滨，1911 年，第 676—678 页。

［9］马塞尔·A. 迪乌拉弗伊（Marcel A. Dieulafoy）:《苏萨卫城》（*L'Acropole de Suse*），巴黎：阿切特公司出版社（Hachette et Cie），1893 年，第 27、44、46、57—86、102、115 页。

［10］哈里·H. 约翰斯顿:《新世界的黑人》（*The Negro in the New World*），第 24—27 页。

［11］阿诺德·J. 汤因比:《历史研究》，伦敦：1934 年，第 1 卷，第 226 页。

［12］1933 年 12 月 15 日致 J. A. 罗杰斯的一封信，引自罗杰斯，前引书，第 1 卷，第 286 页。

［13］参见杜波依斯:《黑人民族》，第 41—53 页。

［14］E. 斯坦利·莱恩–普尔（E. Stanley Lane-Poole）:《埃及中世纪史》（*History of Egypt in Medieval Times*），W. M. 弗林德斯·皮特里编，伦敦：梅休因出版公司，1914 年，第 6 卷，第 22、28、89 页。

［15］参阅，同上，第 89 页。

［16］《杜阿尔特·巴博萨选集》（*The Book of Duarte Barbosa*），由 M. L. 戴维斯（M. L. Davis）从葡萄牙文翻译，伦敦：哈克卢伊特协会（Hakluyt Society），1918 年，第 1 卷，第 11—13、18—20 页。

［17］《法国历史回忆录》（*Memoirs of the History of France*），伦敦：科尔本（Colburn），1823—1824 年，第 2 版，第 3 卷，第 152—154、259—276 页。

［18］W. G. 帕尔格雷夫:《穿越中东阿拉伯一年游历记事》（*Narrative*

of a Year's Journey Through Central and Eastern Arabia），伦敦：1866 年，第 1 卷。

［19］伊本·巴图塔：《亚非游记：1325—1354 年》（*Travels in Asia and Africa, 1325—1354*），由 H. A. R. 吉布（H. A. R. Gibb）翻译，伦敦：G. 劳特利奇父子公司，1929 年，第 53、54、321、322、328、329、330 页。

［20］雷金纳德·库普兰（Reginald Coupland）：《东非及其入侵者》（*East Africa and Its Invaders*），牛津：克拉伦登出版社，1938 年，第 32—33 页。

［21］伦纳德·伍尔夫（Leonard Woolf）：《非洲的帝国与商业》（*Empire and Commerce in Africa*），伦敦：艾伦和昂温出版社（Allen and Unwin），第 288 页。

第十章　黑人的苏丹

本章讲述苏丹的文明是如何在非洲文化而非阿拉伯文化中、在帮助点亮欧洲文艺复兴的过程中发展起来的。

早在7世纪，伊斯兰教就进入了北非，并在柏柏尔人和黑人中传播。受黑人士兵的支持，阿拉伯人越境进入西班牙；接下来的一个世纪里，由于在欧洲遭到驱逐，他们穿过撒哈拉沙漠的西端来到了黑人聚居区（Negroland）。后来，在11世纪，阿拉伯人从东部渗透到苏丹和中非，慢慢进入达尔富尔、卡内姆和邻近地区。

弗罗贝尼乌斯提醒我们，接踵而至的文化不是阿拉伯人的而是黑人的：

> 15世纪和17世纪的航海家揭示的信息为我们提供了确切的证据，表明那时延伸至撒哈拉沙漠地带南端的黑非洲仍然处于繁盛中，仍处于和谐安定、才华闪耀、秩序井然的文明中。上个世纪流行的迷信认为，非洲所有高端文化都来自伊斯兰教。从那以后，我们了解了更多东西，今天我们

知道，苏丹人漂亮的头巾和衣服甚至在先知穆罕默德出生之前，或者在埃塞俄比亚文化到达非洲内陆之前，就已经在非洲被使用了。从那时起，我们了解到苏丹国家的特殊组织结构在伊斯兰教到来之前已经存在很久了，所有的建筑艺术、教育艺术、黑非洲的城市组织和手工技艺，都比欧洲中部早了几千年。

因此，苏丹存在着古老的、真正的非洲热血文化，这种文化也可以在赤道非洲找到，赤道非洲的文化模式并不是埃塞俄比亚人的思想、含米特人的血统或者欧洲文明绘制的。不管在哪里，当我们审视这个古老的文化时，都有同样的印象。在特罗卡德罗（Trocadero）博物馆，大英博物馆，比利时、意大利、荷兰和德国的各大博物馆里，我们到处看到的都是同样的精神、同样的特征、同样的性质。所有这些单独的片段以相同的表达方式结合在一起，构成了一幅与亚洲艺术收藏品一样令人印象深刻的画面。美得惊人的布料，奇异绚烂的绘画和雕塑，壮观的象牙武器；足以与《一千零一夜》、中国的小说和印度的哲学相媲美的童话故事集。

与这些精神成就相比，非洲精神的印象是显而易见的。它有更鲜明的褶层，更简单的丰富性。每一件武器在外形和想象方面都是简单实用的。每一根雕刻线条都简单而有力。没有什么东西能让人更清晰地感受到力量，所有的都是从火、简陋的小屋、汗水、去除油脂的兽皮和动物粪便中缓慢发展出来的。一切都是实用的、结实的、工匠型的。这就是非洲风格的特点。当人们完全理解它时，便立即意识到这种印象统治着整个非洲。它表现在所有黑人的活动中，甚至表现在他们的雕塑中。它从他们的舞蹈和面具中被表达出来；从他们对宗教生活的理解、他们生活的现实、他们的国家建设、他们的命运观念中被表达出来。它存在于他们的寓言、童话、箴言和神话中。一旦我们被迫得出这个结论，埃及就可以用来做比较。因为我们发现的这种黑非洲文化形式有着同样的独特性。[1]

正是亚洲和非洲在13世纪通过成吉思汗和十字军东征为欧洲文艺复兴做好了准备。当时，苏丹的黑人正处于一系列伟大国家建设的早期阶段，这个国家将在14世纪繁荣起来，并成为中世纪文化复合体不可或缺的一部分。在长达一个世纪的时间里，加纳一直跨过沙漠与欧洲进行贸易。曼丁哥人的力量已经在西非显现出来，在另一个世纪里，他们建立了伟大的、驰名整个欧洲的梅勒王国。在亚洲，来自非洲的黑奴起义了，他们夺取了政权，成为伟大的统治者。阿尔莫拉维德人（Almoravides）、有黑人血统的柏柏尔人，以及大批的纯种黑人追随者入侵并占领了摩洛哥。在非洲东海岸，阿拉伯人和波斯人带着黑白混血的黑人的军队，建造了美丽的大城市，他们不仅与内陆的黑人王国做生意，还与中国和印度做生意。十字军东征从11世纪开始，一直延续到13世纪，使粗野的欧洲与东方文明有了密切接触，还拼命使罗马基督教会与埃塞俄比亚的黑人祭司王约翰联手攻击伊斯兰教。

西吉尔梅萨（Sidjilmessa）是下摩洛哥通往沙漠的最后一个

城镇，是757年由一个统治柏柏尔居民的黑人建立的。事实上，
苏丹和沙漠中的许多城镇都是这样被统治的，他们并没有觉得这
种安排不妥。他们说，摩尔人摧毁霍达霍斯特（Howdaghost）肯
定是因为它效忠加纳的黑人城镇，但这只因为该城镇是异教徒
的，而不是因为它是黑人的。有一个故事说，一位柏柏尔国王推
翻了苏丹的一个城市，城中所有的黑人妇女都自杀了，因为她们
非常自重，不愿落入白人男子之手。

　　在西部，穆斯林第一次接触到黑人王国加纳。早些时候，这
里积聚了大量黄金，我们有公元300年之前74位统治者的名字，
延续了21代。这将使我们回溯大约1000年，到公元前700年，
或者大约是埃及法老尼哥派出腓尼基远征队绕非洲航行的时候，
也可能在迦太基人汉诺（Hanno）探索非洲西海岸之前。

　　到11世纪中叶，加纳是苏丹西部的主要王国。这个城镇已
经有了一个土著区和一个穆斯林区，用木头和石头建造，周围有
花园。国王有20万士兵组成的军队。国家的财富很多。一个世
纪后，国王成了穆斯林。他拥有一座带有雕塑和玻璃窗的宫殿。
沙漠贸易繁荣。黄金、皮革、象牙、可乐果、树胶、蜂蜜、小麦
和棉花都在出口，整个地中海沿岸都在苏丹进行贸易。加纳被其
他较小的黑人王国环绕着，比如特克鲁（Tekrou）、西拉（Silla）
和马西纳（Masina）。[2]闪米特移民可能在阿拉伯人到来之前入
侵了非洲这一地区，他们以农民和牧羊人的身份定居下来，他们
的文化比不上周围的黑人，他们与这些黑人融合在一起。

　　在加纳黑人统治者的统治下，这个国家获得了最高的文明
水平。白克里（Bekri）、雅库特（Yakut）和伊本·卡尔登（Ibn

Kaldoun）证实，它曾在如今的毛里塔尼亚统治柏柏尔人。柏柏尔人的首都霍达霍斯特向加纳国王纳贡。在南部，它的属地延伸到塞内加尔河以外的法莱梅（Faleme）和巴马科（Bambuk）的金矿。它与上尼日尔的曼丁哥毗邻。向东它几乎延伸到廷巴克图。它闻名于开罗和巴格达。

大约在 1040 年，在柏柏尔人和黑人中间开始了一场伊斯兰教宣传运动。他们组成了著名的阿尔莫拉维德教派，并开始从苏丹向西班牙发动战争。

> 阿尔莫拉维德……是柏柏尔人，他们大多与纯种黑人相结合。他们的领袖尤素福（Yusuf）自己就是个黑人。摩尔人的作品《鲁德卡尔塔斯》（Roudh-el-Kartas）描述他有一头"羊毛卷"，皮肤是"棕色"的。尤素福最喜欢的情妇是一个白人俘虏，名叫法德哈森（Fadh-el-Hassen），意思是美艳绝伦。她是尤素福的继承者阿里的母亲。西班牙白人国王阿方索六世（Alphonso VI）经常被尤素福打败，不过，他有一个摩尔王后，迷人的扎伊达（Zayda），是他最喜欢的儿子桑丘（Sancho）的母亲。正是桑丘的战死，让年迈的阿方索加速死亡。[3]

阿尔莫拉维德人改变了许多苏丹黑人的信仰，但没有实现对他们的政治控制。他们试图制服加纳国王；1051 年，他们占领并劫掠了霍达霍斯特。一些黑人迁往南方，而另一些人则被这种新宗教吸引，加入了阿尔莫拉维德教派。皈依者中有曼丁哥人的国王。许多这样的国王和酋长都改了宗，但广大人民是慢慢才改变信仰的。最后，在萨科尔（Sarkolle）酋长们的带领下，伊斯兰化的黑人向几内亚湾进发，他们建立了一些城市，并通过可乐果、牲畜、布料和黄金贸易致富。他们形成了思想研究的习惯，并一直延续到今天。

1076年，阿尔莫拉维德人占领加纳，1087年占领塞维利亚。这使得阿尔莫拉维德人成为西班牙和摩洛哥的统治者。阿尔莫拉维德人不仅包括柏柏尔人，还包括很多皈依的黑人，他们在西班牙建立了一个王国，但是最终在1620年被打败。他们的后来者是阿尔莫哈德斯人（Almohades），他们控制了西班牙的伊斯兰教地区，反对基督徒。在他们的影响下，西班牙摩尔人的权力达到了其显赫的顶峰，建立了阿尔罕布拉宫（Alhambra）和科尔多瓦的清真寺等艺术辉煌的历史遗迹。

在9世纪和10世纪，加纳繁荣起来，但是到了11世纪中叶开始衰落，可能是因为沙漠的侵蚀和阿尔莫拉维德人的进攻。大约在13世纪中叶，加纳不复存在。1914年，它的遗址被挖掘，人们发现了一个很大的城市遗迹，有石雕建筑残骸和一些雕塑。

与此同时，各种各样的部落摆脱了加纳的霸权统治，实现了独立。迪亚瓦拉（Diawara）王朝于1270年建立，其权力一直维持到1754年。伟大的桑海国成立于690年左右，此时开始发展壮大，但是梅勒王国让它黯然失色。梅勒是曼丁哥人的王国，他们曾经统治、此时继续统治的地方是德拉福斯所说的"可能是世界上最古老的王朝"。在长达700年里，位于上尼日尔河的小村庄一直是非洲最大王国之一的曼丁哥帝国（或称梅勒帝国）的主要首都。几个世纪以来，曼萨们（Mansas）即曼丁哥人的国王们统治着这个小村庄。1050 年，当国王因为阿尔莫拉维德人皈依伊斯兰教时，他前往麦加朝觐，并与周边国家建立了关系。

> 至于马里（梅勒）的人民，他们在财富和人数上……超过了其他黑人。他们扩大了自己的领土，征服了苏苏人（Susu），以及西部海洋附近的加纳王国。伊斯兰教徒说，马里的第一位国王是巴拉明达纳（Baramindanah）。他前往麦加朝觐，并嘱咐他的继任者也这样做。[4]

梅勒的领土位于加纳东南部，在几内亚湾以北约 500 英里处。它的国王被称为曼萨，它的领土被称为梅勒斯廷（Mellestine），从 13 世纪中叶到 14 世纪中叶，它是黑人土地上的主导力量。这个国家曾被索萨（Sosa）国王局部占领，但在 1240 年被占领加纳的桑迪亚塔（Sandiata）所恢复。他引进了棉花种植和纺织，使他的王国得到了保障。他的继承者扩大了棉花种植和纺织规模。这个帝国在 1307 年至 1332 年间达到权力鼎盛期。1324 年，该国最伟大的国王马里·贾拉克（Mari Jalak），也叫曼萨·穆萨（Mansa Musa），率领一支 6 万人的商队前往麦加朝觐，其中包括 1.2 万名穿着印花棉布和波斯丝绸长裙的年轻奴隶。他带了 80 头骆驼满载着金沙（价值 500 万美元）来支付他的花销，其壮观给东方人民留下了深刻印象。在他的统治期间，在加奥建立了砖砌的清真寺，有锯齿形的平屋顶和金字塔形的尖塔，这是一种广泛存在于苏丹的建筑类型。据说该类建筑是曼萨·穆萨雇

用的一位建筑师发明的，根据伊本·卡尔登的说法，曼萨·穆萨
奖励了他 54 公斤黄金。

　　我们必须记住，当这些黑人王国发展壮大的时候，欧洲才
刚刚走出黑暗时代，到处都是"强盗、恋物癖和奴隶"。[5]梅
勒的曼丁哥人的帝国几乎占领了现在的整个法属非洲和英属西
非的一部分。它的统治者与地中海南北海岸的统治者保持着密切
联系。

　　1352 年，伊本·巴图塔造访了梅勒，他写道：

　　　　我在伊瓦拉坦（Iwalatan）待了大约 50 天，那里的居民
　　尊敬且款待了我。这是一个非常炎热的地方，人们为几棵小
　　枣椰树而自豪，树荫下种着西瓜。当地的水来自那里的地下
　　水床，有大量的羊肉可供食用。那里的居民大多属于穆萨夫
　　（Massufa）部落，他们的衣服是用精美的埃及面料制成的。
　　他们的妇女极其貌美，比男子更受人尊敬。这些人的情况确
　　实不同寻常。他们的男人没有表现出任何嫉妒的迹象；没有
　　人声称是他父亲的后代，相反，却认为是他舅舅的后代。一
　　个人的继承人是他姊妹的儿子，而不是他自己的儿子。这种
　　事我在世界上任何地方都没见过，除了在马拉巴（Malabar）
　　的印第安人中间有过。但是，那些都是异教徒；而这些人
　　则是穆斯林，他们严格遵守祈祷时间，学习法律书籍，背诵
　　《古兰经》。

　　　　我是在古尔邦节（sacrifice）和开斋节（fast-breaking）
　　这两个节日期间逗留于马里的。这些日子里，苏丹下午祈祷

后就坐在"法坛"（*pempi*）① 上。穿盔甲的人手持精良华丽的武器，有金银箭袋，有用金子装饰的剑和金剑鞘，有金银长矛，还有水晶权杖。他身边则站着4个赶苍蝇的酋长，手里拿着像马镫一样的银饰。指挥官、法官（*qadi*）和牧师都坐在他们常坐的位子上。演唱者杜伽（Dugha）带着他的4个妻子和他的女奴们来了，女奴大约有100人。她们穿着漂亮的长袍，头上戴着金银发带，上面拴着金银球。有一把专门为杜伽放置的椅子。他弹奏着一种用芦苇做成的乐器，乐器的下端有一些小葫芦，他吟唱了一首赞美苏丹的诗，回忆他参加的战斗和英勇事迹。妇女和女孩们和他一起唱歌，而且用琴弓演奏。和他们一起的是大约30名年轻人，他们穿着红色的羊毛短袍，戴着白色的无檐便帽；他们每个人都把自己的鼓挂在肩上敲着。后面来的是他的男弟子，他们玩空中转轮，就像信德（Sind）的当地人一样。他们在这些仪式中表现出了惊人的敏捷性和灵活性，并能以最美妙的方式舞剑。杜伽的剑也舞得很好。于是，苏丹命人赏赐了一份礼物给杜伽，杜伽得到了一个装有200密斯卡尔（*mithqals*）② 金粉的钱袋，并在所有人面前展示了钱袋里的东西。

　　黑人具有一些令人钦佩的品质。他们很少是不公正的，而且比其他任何民族都痛恨不公正。任何人，哪怕有一丁点儿这种行为，苏丹都不会饶恕。他们的国家绝对安全。那里

---

① "法坛"，此处为意译，原文中称，某些日子，苏丹在王宫院子里接见民众，在树下有一个平台，平台有三个阶梯，人们称其为"*pempi*"。——译者注
② 密斯卡尔，重量单位，用于测量贵金属，相当于 4.25 克、0.137 盎司。——译者注

的旅行者和居民都不怕强盗或者遭遇他人暴力。他们不会没
收任何死在他们国家的白人的财产，即使那是无价的财富。
相反，他们把它交给白人中某个值得信赖的人，直到合法的
继承人拥有它。

……人们会有这样的印象：曼丁哥是一个真正的国家，
它的组织和文明可以与穆塞尔曼（Musselman）的诸王国或
者同一时代的基督教王国相比较。[6]

库利告诉我们："13世纪的一位作家伊本·塞德（Ibn S'aid）
列举了非洲各地的13个黑人国家，从西部的加纳到东部红海沿
岸的贝贾。"[7]

霍华德大学的利奥·汉斯伯里教授给了我以下统治者和各苏
丹国家的名单：

中世纪西非的一些王国和帝国

1. 加纳王国（The kingdom of Ghana）

2. 梅勒王国（The kingdom of Melle）

3. 梅勒斯廷帝国（The Mellestine empire）

4. 桑海王国（The kingdom of Songhay）

5. 桑海帝国（The empire of Songhay）

6. 博尔古王国（The kingdom of Borgu）

7. 莫西王国（The kingdom of Mossi）

8. 努佩王国（The kingdom of Nupe）

9. 约鲁巴王国（The kingdom of Yoruba）

10. 贝宁王国（The kingdom of Benin）

1213 年至 1464 年梅勒和梅勒斯廷的一些国王

1. 穆萨·阿拉科伊（Mausa Allakoy）

2. 穆萨·贾塔（Mausa Jatah）

3. 穆萨·瓦利一世（Mausa Wali Ⅰ）

4. 穆萨·瓦利二世（Mausa Wali Ⅱ）

5. 穆萨·哈利法（Mausa Khalifa）

6. 穆萨·阿布·贝克尔（Mausa Abu Bekr）

7. 穆萨·撒库拉（Mausa Sakura）

8. 穆萨·贡戈–穆萨一世（Mausa Gongo-Mussa Ⅰ）

9. 穆萨·苏莱曼（Mausa Suleiman）

10. 穆萨·马格哈（Mausa Magha）

11. 穆萨·穆萨二世（Mausa Mussa Ⅱ）

12. 穆萨·马哈茂德（Mausa Mahmud）

679 年至 1592 年桑海的一些统治者

1. 扎·阿拉亚曼（Za Alayaman）

2. 扎·扎科伊（Za Zakoi）

3. 扎·塔科伊（Za Takoi）

4. 扎·阿科伊（Za Akoi）

5. 扎·库（Za Kou）

6. 扎·阿里弗伊（Za Alifoi）

7. 扎·比亚伊（Za Biyai）

8. 扎·比亚伊（Za Biyai）

9. 扎·卡拉伊（Za Karai）

10. 扎·雅玛一世（Za Yama Ⅰ）

11. 扎·雅玛二世（Za Yama Ⅱ）

12. 扎·雅玛三世（Za Yama Ⅲ）

13. 扎·库克拉伊（Za Koukorai）

14—32. 该王朝的其他 19 人

33. 索尼·阿里-科隆（Sonni Ali-Kolon）

34. 索尼·塞尔曼·内尔（Sonni Selman Nare）

35—51. 该王朝的其他 16 人

52. 索尼·阿里（Sonni Ali）

53. 阿斯基亚·埃尔·哈吉（Askia El Hadj）或者阿斯基亚大帝（Askia the Great）

54. 阿斯基亚·穆萨（Askia Moussa）

55. 阿斯基亚·穆罕默德-贝乌坎（Askia Mohammed-Beukan）

56. 阿斯基亚·伊斯马伊尔（Askia Isma'il）

57. 阿斯基亚·伊沙克一世（Askia Ishaq Ⅰ）

58. 阿斯基亚·达乌德（Askia Daoud）

59. 阿斯基亚·埃尔·哈吉二世（Askia EI Hadj Ⅱ）

60. 阿斯基亚·穆罕默德-巴诺（Askia Mohammed-Bano）

61. 阿斯基亚·伊沙克二世（Askia Ishaq Ⅱ）

在埃及之后，非洲文明最伟大的进展出现在 15 世纪晚期梅勒斯廷以东的桑海帝国。故事是这样的：一位梅勒国王从麦加朝觐归来，停留于廷巴克图，统治这里的是一个古老的黑人王朝。他抓了两个年轻的王子，把他们带回家，让他们接受教育，并把他们培养成臣服于他的人。两位王子最终逃回了家乡，建立了桑海国。它迅速扩张：首先是向西，它在那里吞并了梅勒斯廷和古老加纳的遗存；然后，它转向南方，把莫西人民和沿海的城邦往南赶，一直赶出贡山（Kong）之外；在战无不胜的索尼·阿里的领导下，桑海开始向东扩张到尼罗河流域，在豪萨人、博尔努（Bornu）民族中开始不断拓宽文化中心；几个世纪后，又在方族人和卡内姆民族中间拓展文化中心，直到 19 世纪这种西部文化与埃及的米赫梅特·阿里和苏丹的努比亚人接触为止。

在信奉伊斯兰教的黑人阿斯基亚大帝统治下，组织良好的桑海国家处于权力顶峰，无论从哪个角度来看，它都是一个了不起的国家。它系统性的行政管理、它的道路和通讯方式、它的公共安全系统，使它足以与任何当时的欧洲或者亚洲国家并驾齐驱。它和欧洲一样大。皇帝"在帝国最远的领土上，像在他自己的宫殿里一样，臣民温顺而服从"。加奥、廷巴克图和杰内（Jenne）是思想中心，桑科雷大学聚集了数千名法律、文学、语法、地理和外科的学者。16 世纪和 17 世纪，文学也开始发展。这所大学与地中海沿岸最好的学府保持着通信联系。

艺术，尤其是在建筑业和制造业上的艺术，已达到了很高的水平。劳动制度在一定程度上以家庭奴隶制为基础，但这种奴隶制不仅保护奴隶免于剥削和贫困，而且为他们在国家中晋升到高级职位开放了通道，没有任何阶级和肤色的障碍。工匠的帮派组织让每个人都有机会享受自己的工作，不用担心忙忙碌碌或者食不果腹。

利奥·阿非利加努斯（Leo Africanus）描述了 15 世纪阿斯基亚统治下的桑海王国：

> 这个地区出产大量的玉米、牲畜、牛奶和黄油，但是这里的盐非常稀缺，因为它是从几百英里外的特迦萨（Tegaza）经陆路运来的。当我自己在这里的时候，我看到一头骆驼载的盐卖了 80 达克特（ducates）①。东巴托（Tombuto）富有的国王有许多金盘子和金权杖，其中一些重达 1300 磅。他还有一个富丽堂皇、雅致得体的宫廷……这里有大量的医生、法官、牧师和其他博学多才之人，他们都是由国王的支出和钱财慷慨地供养着。这里还有从伯巴里（Berbarie）买来的各种各样的手稿或者成品书籍，售价要远远高于其他商品……[8]

有一个值得反思的问题：假如桑海国家能够实现它的期望，非洲会对世界产生什么样的影响？但是，奇特的命运压倒了它。首先是亚洲的蒙古人和突厥人的到来。突厥人占领了东罗马帝国，并在西部将阿拉伯人和柏柏尔人从海岸驱赶到非洲、到沙漠屏障之下。1591 年，这些带着火药的逃亡者开始攻击桑海，在滕

---

① 达克特（ducat），中世纪到 20 世纪作为欧洲流通货币的金币或者银币的名称，这一时期，各种达克特的含金量和购买力大不相同。——译者注

卡迪布推翻了他们的国家和文化。他们把自己封闭在北非，并拉着桑海和他们一起堕落，只留下了一些文化涟漪向更远的东方荡漾。如果埃塞俄比亚文化没有被欧洲基督教抛弃，也没有因此而受到禁锢，它可能会在另一个塔哈加的领导下扩张，并拯救桑海文化。相反，在萨拉丁的辉煌时代之后，它由于马穆鲁克人的衰落而被毁弃了。

　　1660 年之后的 120 年里，这些混合了突厥人、柏柏尔人和黑人血统的帕夏们统治着廷巴克图，效忠班巴拉（Bambara）的黑人国王们，并贿赂图阿雷格人（Turaregs）。最终，这座城市在1894 年被法国元帅霞飞（Marshal Joffre）占领。

　　桑海以东发展出两个强大的国家。豪萨国由 7 个城市组成，包括卡诺（Kano）和卡齐纳（Katsina）。它们是棉花和皮革制造业、农业和贸易、冶炼、织造和印染的中心。16 世纪中期，卡齐纳的边界线长 13 英里，城中根据不同的贸易和工业划分为 4 个区。豪萨人后来臣服于其他统治者，在 18 世纪最终被穆罕默德·贝罗（Mohammed Bello）统治。贝罗是一位著名的文人。1904 年，英国占领了豪萨国。

　　再往更远的东边是靠西的博尔努和靠东的卡内姆的势力范围。这些人占据了大片领土，他们是黑人和柏柏尔人的混血后裔。第一位统治者是赛菲（Saefe），国王们的称谓都是迈（Mai）。伊本·巴图塔拜访了迈·伊德里斯一世（Mai Idris I，1352—1376），他发现了全面投产运营的铜矿、黑人将国王藏在窗帘背后的习俗以及用鼓来传递信息的做法。

　　在西苏丹的政治发展中，博尔努王国扮演了重要角色，其有记载的历史可以追溯到公元 10 世纪。[9] 它的统治者影响深远。博尔努王国或者帝国大概起源于伊斯兰教时代开始后的 200 年内。在这几个世纪里，基督教的西方仍然无知、粗鲁且野蛮，而撒拉森人（Saracenic）① 的文化则将文明的火炬传递到了未来的时代。博尔努王国从埃及和北非获得灵感。它的早期首领所达到的文明程度似乎完全可以与同时代欧洲君主的文明程度相媲美。大约在 12 世纪，他们在奈吉米（Nnjimi），也即西玛（Sima），建立了稳定的首都，这座城是在乍得湖东部的卡内姆靠近马奥（Mao）的地方。从那时起，一个令人敬畏的战士、迈·杜那马·达巴莱米（Mai Dunama Dabalemi，1221—1259）将博尔努帝国扩张到北部的考瓦（Kauwar）和提贝斯提（Tibesti），以及乍得湖西南地区。

这个时期结束时，杜那马·达巴莱米使博尔努声名鹊起，此间还发生了旭烈兀可汗（Hulagu Khan）领导的蒙古人洗劫巴格达的事件。这一事件导致越来越多阿拉伯神学家带着之前伊拉克兴起的各种伊斯兰教道乘派（Tarikas of Islam）② 学说四处漂泊，他们前往西部，进入埃及和非洲。[10]

尽管王室血脉从王国初创阶段（750—800）一直延续到 1810 年左右被加涅姆布·卡努里（Kanembu Kuburi）废黜为止，但 13

---

① 撒拉森人（Saracens），中世纪基督教用语，指的是所有信奉伊斯兰教的民族，比如阿拉伯人、突厥人等，也用于指代叙利亚和阿拉伯半岛间沙漠的游牧民族。——译者注
② 伊斯兰教道乘派，在伊斯兰教苏非主义中指信徒在直接认识真主或者实在之前所经历的路途。对于早期的苏非派神秘主义者而言，道乘是指它们别苏非派信徒的灵性修善路途。后来是指苏非派中某一派别提倡的修善途径，最后指的是教团本身。每个此类神秘主义教派都宣称其教义精神源自穆罕默德。——译者注

世纪杜那马·达巴莱米去世之时的博尔努（卡内姆）王国，与约在 1470 年建立的、重生的博尔努王国还是有根本差别的。早期王国是由骑骆驼的人建立的，统治着从乍得湖东部到博尔库（Borku）和瓦代（Wadai）的部落。这些君主征服了位于他们北方的泰达族（Teda），或称泰布族（Tebu），并通过与泰布王族联姻巩固了自己的地位。

此时，横跨在卡内姆直接通往东方道路上的，是坐落在青尼罗河畔塞纳尔的方族王朝和信奉基督教的栋古拉王国。这是塞纳尔的麦克人（Meks）——他们可能是麦罗伊特王国（Meroitic kingdom）的残余——在与早期瓦代的博尔努各位迈之间尚有联系的时代幸存下来的一种传统。

在突厥人征服君士坦丁堡后的 100 年里，伊德里斯·阿鲁玛（Idris Alooma）拥有类似于突厥火枪手的雇佣军。保持所有从地中海和埃及出发的航线开放，这是该王国最起码的一项服务。[11]

1520 年，乍得湖西南部是巴吉尔米人的苏丹国，它在 1896 年被法国吞并。16 世纪和 17 世纪，在东部苏丹掌权的是达尔富尔和科尔多凡。科尔多凡在埃及战役中与拿破仑结成同盟。

19 世纪，苏丹东部的核心权力掌握在拉巴哈（Rabah）之手。拉巴哈曾经征服过博尔努，推翻了巴吉尔米、博尔努和乍得湖周围的其他国家，控制了北非的很大一部分地区。他是个黑人妇女的儿子，最终在 1900 年被法国人击败并惨遭杀害。

自 5 世纪起，努比亚的首都一直是老栋古拉，贝贾国王西尔科（Silko）在那里于 450 年皈依了基督教。当伊斯兰教徒向尼罗

136

河流域逼近时，努比亚人阻挡了他们两个世纪。在长达 600 年的时间里，他们被迫向伊斯兰教徒进贡；然后在 1275 年被埃及吞并，但在 1403 年独立了。14 世纪和 15 世纪，努比亚人和阿拉伯人之间发生了战争，而信奉基督教的努比亚王国最终在 16 世纪落入了伊斯兰教之手。

在更远的南方，方族人向上游推进，冲出苏丹，在白尼罗河和青尼罗河的交汇处建立了他们的首都。1617 年，当塞利姆入侵埃及时，方族人变成了伊斯兰教徒，并准备与阿拉伯人一起瓜分埃塞俄比亚。在 16 世纪、17 世纪和 18 世纪，他们统治着从第三瀑布到塞纳尔的地区。最终他们征服了希卢克人，后来又征服了阿比西尼亚人。17 世纪早期，达尔富尔国的面积已经非常庞大。

与此同时，葡萄牙人已经到达阿比西尼亚，并再次使它为欧洲人所知。阿比西尼亚在此之前发展出了高度发达的文化，但在葡萄牙人到来之时，它已经被拆解为几个小国家。方族人当时想要吞并埃塞俄比亚北部，但被埃及新统治者的屠杀击退。米赫梅特·阿里派他的儿子去征服他们。他的儿子在 1822 年被杀，正值他建成喀土穆之时。儿子的死让阿里对苏丹人发起了疯狂可怕的复仇，然后他在 1839 年开始计划参与当时从东非延伸过来的象牙和奴隶贸易。

19 世纪，这种贸易和动乱使苏丹陷入了毁灭和悲惨的境地。于是，穆罕默德·艾哈迈德（Mohammed Ahmad），也即马赫迪，于 1881 年发动起义，在另一个黑人部落丁卡人的帮助下，他将埃及人和英国人赶出苏丹达 16 年之久。马赫迪是个黑皮肤的古实人。他逃脱了追捕，并于 1883 年拯救了科尔多凡，他在南赤道省屠杀了希克斯·帕夏（Hicks Pasha）率领的英国军队。1885
年，马赫迪占领喀土穆并杀害了戈登。第二年，他死了，其继任
者攻击阿比西尼亚并杀死了皇帝约翰。

　　在阿比西尼亚，肖阿的曼涅里克（Menelik of Shoa）成为统
治者，并抵制意大利想把其国变成属地的企图，1896 年，他在阿
杜瓦（Adua）战役中打败了意大利人。此刻，英帝国在非洲受到
两名黑人的威胁，一个身在阿比西尼亚，一个则在苏丹，当曼涅
里克和法国人结成联盟时，英军立即行动，于 1898 年占领喀土
穆，杀死 2.7 万名当地人，并打败了马赫迪的继承者。

　　埃及和苏丹的这些发展，促进了 13 世纪、14 世纪和 15 世纪
东西方通过非洲进行重要的文化交流。希腊科学家到埃及和亚述
朝圣，带回了黄种人和黑种人圣贤们的学说。随着希腊罗马文化
的衰落，阿拉伯人抓住了思想领导权，并在非洲进行发展，同时
向西亚和南欧挺进。随着十字军东征，非洲黑人与其他文明地区
的交往进入了一个崭新时期。

　　非洲人君士坦丁（Constantine the African，1020—1087）可
能有，也可能没有黑人血统。他出生在迦太基，那里有各个种族
的代表。他成为中世纪重要的医学作家之一，并开始将拉丁文文
献翻译成阿拉伯语。他的工作开始于欧洲黑暗时代的末期、经院
哲学的破晓时期，他的未竟之业标志着希腊文化通过非洲进入了
欧洲。

　　不管君士坦丁本人是不是黑人，许多黑人后来都参与了这种
文化交流。

　　正因为如此，到了 13 世纪，欧洲人对黑人世界怀有一种浪

137

漫的敬意。早在公元5世纪，圣摩尔（Saint Moor）的传说就出现了：这是一个关于罗马天主教圣徒的传说，他是个黑人，普遍被认为是埃及的王子。10世纪，神圣罗马帝国的奥托（Otto）选择了圣毛里求斯（Saint Mauritius）为德国的守护圣人，从1000年到1500年，他的雕像以及对他的崇拜在中欧占据主流地位。瓦尔特·冯·德·福格尔魏德（Walter von der Vogelweide）歌唱了骑士般的美德，毫不顾忌皮肤的颜色：

> 许多摩尔人在内心深处都蕴藏着各种美德：
> 若有人能将心比心，瞧瞧那些白人的心吧！

在史诗《帕西发尔》（*Parsifal*）中，沃尔夫拉姆·冯·埃申巴赫（Wolfram von Eschenbach）在13世纪把白人和黑人描绘成兄弟。一名欧洲骑士来到扎斯曼克（Zassamank）的国家，人们把该国的女王贝拉卡妮（Belakane）及其民众描述为"比黑夜还黑"（"*noch schwarzer waren als die Nacht*"）。他爱上了女王，向她求爱，并娶了她，因为在他看来，她有着高尚纯洁的品质，与基督徒是一样的。然而，后来由于宗教信仰的差异带来的烦扰，他抛弃了她，回到自己的国家瓦卢瓦（Valois）。他在一次比武中得到了瓦卢瓦女王，并成为国王。然而，他始终对被自己抛弃的黑人妻子怀有深厚的爱，同时又怀有一种歉意。他死后，其子帕西发尔成为伟大的骑士，带领人们寻找圣杯（Holy Grail）。但与此同时，被抛弃的黑人女王已诞下一子，此子是神奇的黑白混色（"*ein sohnlein das zweifarbig war*"），因此被称为法莱菲兹

（Feirefiz），或者"有色人"（"*bunte sohn*"）。后来，帕西发尔遇到了这个兄弟，但并不认识他，还一起卷入了一场战斗，那是他经历过的最艰难的较量。在决斗中，他的剑断了，若非他那有色人对手的慷慨仁慈，他早就被杀死了。最后，他们认出彼此是同父异母的兄弟，法莱菲兹也证明了自己和任何基督徒一样忠诚。他爱上了一个欧洲白人女子，在爱的引导下，他同意接受洗礼，然后把基督教带到东方。

　　帕西发尔和法莱菲兹人生道路交叉的故事对于圣杯故事的主线来说不只是枝节问题。它还指向了信仰与种族之间差距的弥合，对揭示 13 世纪欧洲开化文明社会之思想具有重要意义。[12] 在整个中世纪的德国和拉丁欧洲，"黑人圣母玛利亚"（Black Virgin Mary）的雕像和教会黑人圣徒的肖像被到处陈列。沙特尔（Chartres）大教堂 ① 的彩色玻璃尤其说明了这一点。

　　莎士比亚在 16 世纪后期和 17 世纪早期为给英国人提供娱乐而进行创作，他笔下的一个黑人不仅是勇敢的士兵，还是伟大的绅士，此人成功地向意大利最富邦国的元老院议员之女求婚。《威尼斯商人》（*The Merchant of Venice*）中描述了一位黑人向一位白人公主的求婚，这种场面也是自然和平等的。

　　莎士比亚的《奥赛罗》（*Othello*）[13] 中，有 10 处提到了主人公的种族和肤色：他那厚厚的嘴唇（第一幕，第二场，第 66 行）；他"乌黑的胸脯"（第一幕，第二场，第 70 行）；爱米利娅

138

---

① 沙特尔大教堂，即法国沙特尔的圣母大教堂，是哥特式建筑最具影响力的典范之一，该教堂主体部分建于 1194—1220 年，引人注目的彩色玻璃和精美的雕塑群给教堂增添了美感。——译者注

（Emilia）叫他"黑人"（第五幕，第二场，第 130 行）；公爵提到他是"黑人"（第一幕，第三场，第 288—289 行）；特别是奥赛罗提到他自己，"就像我自己的脸一样黑"（第三幕，第三场，第286—287 行），并说，"也许因为我是黑人"（第三幕，第三场，第 263 行）。还有很多其他关于肤色对比的暗示：第一次惊吓到苔丝狄蒙娜（Desdemona）（第三幕，第三场，第 229 行和 230 行；第一幕，第三场，第 98 行）；苔丝狄蒙娜为一个黑皮肤女人辩护（第二幕，第二场，第 132—134 行）。尽管如此，莎士比亚仍毫不犹豫地提到奥赛罗是国王的后裔（第一幕，第二场，第 21—22 行），奥赛罗所有的同伴都一致认为他品格高尚——"一个值得尊敬的统治者""勇敢的奥赛罗""高尚的""真诚的""伟大的心"，尤其是伊阿古（Iago）的颂词：

> 这摩尔人我虽然气他不过，
>
> 却有一副坚定仁爱正直的性格，
>
> 我相信他会对苔丝狄蒙娜
>
> 做一个最多情的丈夫。（第二幕，第一场，第 278—
>
> 282 行）

尽管如此，仍有批评家近乎歇斯底里地试图否认莎士比亚有意将黑人描绘成高尚的战士和漂亮白人女子的成功追求者。

当意大利画家和其他人开始描绘三位国王访问基督诞生地的传说时，似乎合乎逻辑的是：三位国王代表着地球上的三大民族，其中一位应该是非洲黑种人，而其他两位则代表了亚洲黄种人和欧洲白种人。

同样是在 14 世纪，我们在苏丹看到帝国主义在黑非洲的不断扩张。伊斯兰教沿着尼罗河向上游传播的运动从 13 世纪中期持续到 19 世纪初。结果，原本可能从大湖区向北迁移到地中海的班图人诸部落，现如今却开始了一场相反方向的迁移运动，也或许这场运动早在 11 世纪之前就开始了。他们向西海岸和刚果王国移动，于是控制了大刚果世界的山谷和森林；他们向大湖区推进，威胁着东海岸的黑人和黑白混血人；他们袭击了以津巴布韦为中心的莫诺莫塔帕文明。他们推翻和改变了这种文化，同时又延续了它。他们经过一系列的停顿和突袭，最终于 19 世纪初到达南非。

在西部，黑非洲遭受了更大的灾难。城市国家的海岸文化从苏丹帝国主义那里撤退出来，遇到的却是正在扩张的欧洲；而欧洲从黄金和胡椒贸易起步，转向了世界上有史以来规模最大的活人贸易。从美国黑人劳工身上获取的利益，加上在印度的掠夺，改变了世界工业的面貌。依靠科学和技术之奇迹般结合的资本主义制度，是建立在非洲的奴隶制和退化堕落基础上的。甚至桑海这个名字也被遗忘了，欧洲统治了世界。

如果基督教会保持对亚洲和非洲的控制，而不是驱逐了这些国家，并转向北欧的野蛮人，这千年的历史可能会有所不同。中世纪早期，天主教会在北非、尼罗河流域、埃塞俄比亚、叙利亚和中东拥有广泛的区域和权力。一方面，由于东罗马帝国的贪婪，由于无休止的争议和纷争，比如阿里乌派（Arianism）的争论，所有这些教堂都不再属于罗马统治集团。因此，当伊斯兰教来到尼罗河流域时，它保卫了埃及的基督徒，并受到了他们的欢迎，而未遭到有组织的基督教会的反对。另一方面，当基督教在非洲奴隶中遇到黑人、在美洲遇到红种人时，它把他们看作被遗忘的异教徒，要么消灭他们要么奴役他们。因此，教会支持奴隶贸易及其产生的后果。

像苏丹文化这样精致繁盛的文化，难道不会对欧洲的文化复兴产生任何影响吗？在阿拉伯只有微不足道的土著文化。阿拉伯人在巴格达与蒙古人种接触，在尼罗河流域与黑人接触，这些都启发了阿拉伯人，阿拉伯文明便在这些地方兴起了，就和所有民族文明兴起的情形一样；后来在西班牙，阿拉伯人缓慢地流动，并以相对较小的群体为单位穿过非洲，通过黑人、棕色黑人，以及混血柏柏尔人来增加他们的人数。以至于5个世纪以来，欧洲都把西班牙的伊斯兰文化描述为有色人种的文明，也即"摩尔人"（黑色摩尔人和茶色摩尔人）的文明；中世纪关于人类肤色及其社会意义的所有讨论都认为，摩尔人和黑人是完全相同的。

阿道夫·布洛赫（Adolphe Bloch）对现在的摩尔人种族进行了如下精确描述，还描述了白人与黑人在漫长的几个世纪里混合在一起形成这个种族的方式。他说："孕育摩洛哥人的种族只能是非洲黑人，因为在通往塞内加尔的河流右岸，到处发现了多少有些高加索人特征的同一类型的黑人，这还不包括在撒哈拉沙漠各个地区被辨认出来的黑人种类……黑皮肤摩尔人便从那里而来，他们仍然有着厚厚的嘴唇，这是黑人血统造成的结果，而不是因为混血。"

"至于白色、铜色或者深色皮肤的摩尔人，他们只不过是黑皮肤摩尔人的近亲，他们与黑皮肤摩尔人一起构成了同一种族的变种。就像你在欧洲人中间也能看到金黄色头发、深褐色头发、红棕色头发的人混杂在同一个族群中一样，你也可以在同一群人中看到各种肤色的摩洛哥人，但并不会怀疑他们是不是真的摩洛哥人。"[14]

这些摩尔人海盗沿着苏格兰海岸航行了几个世纪。戴维·麦克里奇（David McRitchie）曾经谈到过他们："15 世纪黑皮肤的赫布里底群岛（Hebridean）的海盗艾伦·麦克鲁阿里（Allan McRuari）就是这些黑人入侵者的著名例子之一。"乔治·哈代（George Hardy）说："摩尔人利用他们的海上优势，建立了一支强大的舰队，与地中海的基督教国家进行激烈斗争。武装船只从他们的港口离开，由公认的勇敢者驾驶，由公共团队来供养。这些'海盗船'出其不意地袭击地中海的海岸或者岛屿，他们抓住水手和乘客，并把他们卖为奴隶。地中海被真实的恐怖所笼罩……他们洗劫了葡萄牙、西班牙和法国南部的海岸，甚至远至英国。"[15]

德雷珀（Draper）在描写 11 世纪时谈到了肤色黝黑的摩尔人在社会和艺术发展上的巨大优越性，他说，这些人可能会"对德国、法国和英国统治者的住所不屑一顾。那些住所几乎比马厩好不了多少，没有烟囱，没有窗户，屋顶上开了个洞，让烟气可以飘出去，就像某些印度人的棚屋"。[16]

最近，人们对信奉伊斯兰教的东方以及亚洲在欧洲文艺复兴中所起的作用有了一些认识，但论及"黑苏丹"时，却表现出了明显的沉默并持不愿调查的态度。在那里文化和知识中心的出现要远远早于在法国、德国或者英格兰。但是，即便这些中心最终得到了承认，人们还是会认为其领导者是"阿拉伯人"或者"柏柏尔人"。只有在文学中，个别黑人才偶尔会被提到。但是，认为黑人的大脑在开罗和塞维利亚、在桑科雷的大学里，以及在廷巴克图都没有发挥作用，这合理吗？这不合理，只有对那些接受和传播美国黑奴理论的人来说才是合理的，这种理论认为黑人永远是劣等的。

我们需要记住，欧洲并不是自己从半野蛮的黑暗时代中崛起并恢复希腊和罗马文化的。在希腊因狭隘仇恨而挣扎、罗马因老态龙钟而衰亡之后，拜占庭通过君士坦丁堡，将希腊文化交还给了亚洲和非洲，即它的出发之地。在巴格达、亚历山大城和开罗，它在伊斯兰教之下再次闪耀起来。它不是"阿拉伯人的"文化；游牧的阿拉伯人带来了文化，但很少孕育文化。这种再生的文明从幼发拉底河和尼罗河进入了北非，进入了摩尔人的西班牙，进入了黑非洲。任何曾触碰过非洲的东西都逃不过黑人文化和黑人血统的浇灌。黑人的大学派遣黑人学者到地中海世界去学习和演讲。黑人历史学家，如阿卜杜勒拉赫曼·伊萨迪（Abderrahman Es-Sadi），写了《苏丹圣经》——《塔里克苏丹》（Tarikes-Sudan）；还有《塔里克-埃尔-法塔什》（Tarikh-el-Fettach）。一股新的文化动力从非洲进入欧洲，变成了文艺复兴。

黑非洲是不是有可能或本来就很可能在这一切中没有起到创造性作用？所有科学和文学作品都不是来自黑人的大脑？那时候，欧洲对那个时代黑人的赞美和歌颂，仅仅是出于好奇或慈善？或者是不是更有可能，因为黑人的肤色问题根本无关紧要，或者确实不为人知或被人遗忘，也因为对现代欧洲来说，黑人文明这个词本身就是一种矛盾，所以很多黑人的文化贡献被遗忘了或者未被承认？文艺复兴时期的欧洲，在新的文化征服上向前跃进，在艺术、科学和文学方面开花结果；然后与世界进行贸易，在偷盗和贩卖人口中，以及在对大部分人类的科学奴役中，发现了无穷无尽的利润，直到在 20 世纪走向了自我毁灭和崩溃，这与伯罗奔尼撒战争类似，但规模远远大于伯罗奔尼撒战争。

有一个确切的传奇故事可以成功反驳现有事实：1919 年，澳大利亚和新西兰士兵来到埃及，惊讶地发现埃及人是"黑鬼"——也就是说，不是他们一直以来听说的"白人"。1919 年宿营在德国的法国军队被美国人辱骂为"黑鬼"。不，法国人说，他们是"白种"阿尔及利亚人！前往北非的游客会惊讶地发现有这么多的黑人和黑白混血人，急忙解释说这是现代奴隶贸易的结果。北非在埃及时代就有黑人和黑白混血人了！

我们必须记住，在古代和中世纪，人们一般不会强调肤色，甚至不会提及肤色，除非它具有文化意义；也就是说，如果一个黑人种族群体有一个特定的文化模式，那么提到这个群体的某个人的肤色，就确定了他的文化地位。另外，一个人可能是黑人，却不属于黑人文化群体；在这种情况下，人们根本不会提及他的肤色。因此，埃及法老拉·内西（Ra Nesi）被说是黑人，很可能是因为他也是埃塞俄比亚部落的一员；而诺弗里泰丽虽然是黑人，却被称为埃及人。在北非，先知穆罕默德的追随者在公元800 年是伊斯兰教徒，在公元 1800 年也还是伊斯兰教徒，不管他是什么肤色；但是一个苏丹部族的成员被认为是"黑人"，只是由于他的政治和宗教属性。所以在东非，强大的提普–提卜总是被称为"阿拉伯人"，而他的照片清楚地显示出他是美国人所称的"纯种"黑人。

此外，"黑"是一种相对的表达；没有人的皮肤是绝对黑色的，任何所谓的黑皮肤都可以被称为"深色"。因此，在历史上许多拥有黑人血统的人只是浅黑色皮肤的人，或者根本没有涉及肤色的描述。特别是在非洲历史上，成千上万的人被归类到"白人"种族，一部分原因是他们的血统不为人所知，另一部分原因是肤色在 12 世纪并不重要，同样在 19 世纪也不重要。

有个叫艾尔–贾希兹（Al-Jahiz）的作家，克里斯托弗·道森（Christopher Dawson）把他称为 19 世纪最伟大的阿拉伯学者和文体学家，他有一本书名为《黑人种族比白人优越》（*Kitab al Sudan wa'l-Bidan*）。这里的"白人"并不是指肤色纯白的白人，而是指深肤色的白人和黑白混血人。皮肤纯白的人被称为"红种人"。贾希兹还把东印度群岛的人包括在黑人中。

142　　　如果说当时苏丹的文明转向东方，受到了亚洲和欧洲最优秀文化的启发，那么还有什么是不可能发生的呢？但是，当时的欧洲将两大洲视为"上帝之城"的敌人，正迅速形成以经济主宰世界的概念，他们从征服和掠夺开始，然后发展出规模空前的人类奴隶制，并最终导致资本主义剥削，不仅仅剥削了欧洲的工人阶级，还重点剥削了亚洲和非洲的黑人工人。这一切的结果就是殖民帝国主义。从这方面来说，滕卡迪布战役之后，就别指望在工作、信仰或者文化自我发展上从欧洲发展出一种备受欢迎的方式了。奴隶制的压迫、欧洲不顾堕落和痛苦的代价而统治世界的决心，共同扼杀了苏丹的文明。

注释

［1］弗罗贝尼乌斯，前引书，第56页。

［2］《黑人》（*The Negro*），第50、51页。

［3］罗杰斯，前引书，第1卷，第151—152页。

［4］W. D.库利（W. D. Cooley）：《调查和阐释阿拉伯人的黑人之地》（*The Negroland of the Arabs Examined and Explained*），伦敦：阿罗史密斯出版社（Arrowsmith），1841年，第62页。

［5］瑞德，前引书，第30页。

［6］伊本·巴图塔，前引书，第321—322、328、329、330页。

［7］库利，前引书，第viii页。

［8］利奥·阿非利加努斯：《非洲的历史与叙事》（*History and Description of Africa*），约翰·珀里（John Pory）译，伦敦：哈克卢伊特协会，1896年，第3卷，第824、825页。

［9］H. R.帕尔默（H. R. Palmer）：《博尔努的迈·伊德里斯》（*Mai Idris of Bornu*），拉各斯：政府出版物，1926年，前言。

［10］同上，第2页。

［11］同上，第5页。

［12］参考《家族谱系》（*Phylon*），第2卷，第375—376页。

［13］《哈德逊版莎士比亚集》，由E. C.和A. K.布莱克（E. C. and A. K. Black）编，纽约：吉恩公司出版社（Ginn and Company），1926年。

［14］罗杰斯，前引书，第1卷，第112页。

［15］乔治·哈代（George Hardy）：《摩洛哥历史的伟大阶段》（*Les Grands Etapes d'l'Histoire du Maroc*），巴黎，1921年，第50—54页。

［16］J. W.德雷珀（J. W. Draper）：《欧洲思想发展史》（*A History of the Intellectual Development of Europe*），伦敦：贝尔和达尔迪出版社（Bell, Daldy），1864年，第2卷，第26、29页。

143

第十一章　安德洛墨达

本章讨论深色皮肤种族的未来及其与白人的关系。

在希腊神话中，安德洛墨达是埃塞俄比亚国王赛菲斯和王后卡西俄珀生下的黑人女儿，

> 埃塞俄比亚王后光彩照人，
> 人们竭力称赞她的美丽，
> 把海中女神比了下去，冒犯了她们的权力。

据说，这名黑人女性对涅瑞伊得（Nereids）[1] 的侮辱激怒了海神波塞冬（Poseidon）[2]，他威胁要淹没这片陆地并派只海怪来。埃及的阿蒙神谕预言，只有把安德洛墨达献祭给海怪才能阻止毁灭。于是安德洛墨达被链条锁住，裸露在面向大海的岬角

---

[1]　涅瑞伊得，希腊神话中海神涅柔斯与俄刻阿诺斯的女儿多里斯所生众多女儿的统称，涅瑞伊得的数目有 50 个或 100 个，被描绘成住在水中的少女，她们是希腊文学中大众喜爱的人物。——译者注

[2]　波塞冬，希腊神话中的水神和海神，是克洛诺斯和瑞亚的儿子，其兄弟有宙斯和哈得斯。三人废黜他们的父亲后，海之王国的统治权落入波塞冬之手。——译者注

上；珀尔修斯，这个伊朗的亚细亚波斯人的祖先，刚杀了戈耳工（Gorgon）[1] 得胜归来，解救了安德洛墨达并娶了她。她死后与卡西俄珀和珀尔修斯一道，位列群星之中，她的双臂伸向两侧，并被铁链锁住。任何人都可以看到他们在美丽的夜里闪闪发光。

有人可能会问，这个神话故事或者任何神话故事与一个备受侵袭、忍饥挨饿的半疯癫世界有什么关系；或者与非洲和欧洲、美洲之间的关系何干？也许关系很少。然而，我们必须记住，这种民间传说是地中海地区文化复合体的一部分，那里没有肤色的障碍，也没有种族名称，至少在理论上，那里的世界是文明与野蛮之间的战争。这个传说或许在某种程度上可以指引我们的现在和未来。黑人种族的未来到底会怎样呢？难道他们是在渐渐灭绝，只能通过其血统的印迹来提醒世界他们曾经存在过吗？难道他们会永远在非洲或其他地方与世界隔离，让白人世界摆脱恐惧和厌恶吗？或者在某种缓慢或快速的民族融合中，人类的各种肤色会融合成某种难以区分的统一体吗？在漫长的日子里，这些解决方案似乎都不是切实可行或迫在眉睫的。毕竟，没有一个国家能够真正解决各民族关系的基本问题；因为即使人类差异的极端情况消失了，差异仍将永远存在，而围绕着差异存在的就是人类共同生活的各种问题。

面对目前的问题，我们难道不能坦率地问：世界需要非洲吗？非洲能为欧洲、亚洲和美洲提供什么呢？非洲需要世界吗？过去，世界当然需要并利用黑人种族：在埃及和埃塞俄比亚，甚

144

---

① 戈耳工，希腊神话中的三个怪物，最著名的是美杜莎。在古典艺术作品里，戈耳工被描绘成身上长有翅膀、头发都是毒蛇的女人。——译者注

至在亚洲；在基督教会的初步发展中，在思想和科学从东方到西方的促进和传播中，也就是所谓的文艺复兴中；特别是在 16 世纪、17 世纪、18 世纪和 19 世纪，黑人种族已经成为资本主义制度成长、工业革命开展和帝国殖民主义建立的基础。

如果我们把自己限定在美国，我们就不能忘记美国是建立在非洲基础上的。美国一开始只是欧洲和亚洲之间的停靠点，或者碰巧是个黄金宝库，然而，它凭借非洲劳动力成了蔗糖帝国和棉花王国的中心，成了世界工业和贸易不可分割的一部分，而这种工业和贸易引起了工业革命，导致了资本主义的统治。

整个 19 世纪，依靠黑人劳工以及白人劳工的力量，美国的财富不断增长、地位不断提高。它成为最伟大的现代民主实验，最终不仅设法接受白人工人，也设法接受黑人工人。如今，黑人不仅是整个美洲劳动和艺术世界的重要组成部分，而且除此之外，美国的贸易在很大程度上是建立在世界各地非洲人及其子女种植的产品上的。

但是除了美国，在现代世界的主要国家里，一个冰冷的经济事实是，非洲的劳动力和产品是最为重要的。棉花是非洲的经典产品，也是最古老的产品之一，现在仍然非常有价值。而且在英国纺织棉布很久之前，非洲就在出口棉布了。剑麻、大麻和其他纤维植物以及亚麻都是非洲本土作物。对植物油的巨大需求促进了油脂工业的发展，特别是在西非。棕榈油用于人造黄油、肥皂、润滑、"橄榄油"和其他工业用途。因此，西非的油棕树是一种很有价值的产品，其提供的棕榈仁从整个西海岸向外出口。花生和椰子也能产油。椰子树遍布在南回归线以北的整个大陆和枣椰树地带以南的地区。

乳木果树生长在油棕树不生长的地方，它的脂肪可以用来制作食物、肥皂以及黄油。西非的可可产业现在供应了全世界三分之二的可可。可乐果也用于出口。几乎所有在欧洲栽培的谷物都可以在地中海地区种植。咖啡原产于非洲，并以阿比西尼亚的卡法（Kaffa）省命名。它也生长在利比里亚。热带非洲的大部分地区生产某种橡胶。几乎所有的丁香都来自桑给巴尔岛和奔巴岛（Pemba）。非洲几乎每个地区都在种植和出口水果，从热带地区的香蕉和芒果到北部和南部地区的酿酒葡萄。枣椰树在北非遍地开花。非洲大陆的大部分地区适合饲养牛羊，尽管苍蝇和疾病使它们无法进入其他地区。

非洲黄金分布广泛，人们从史前时代就开始在西海岸、努比亚的沙漠、中非和南非进行开采。目前世界上供应的三分之一的黄金都是在威特沃特斯兰德（Witwatersrand）开采的。南非的三个地区和比属刚果发现了钻石。它们都有无法估量的价值。南非还有产煤的地区。铁在很早以前就开始得到冶炼了，而在黄金海岸，人们正在开发锰矿。

非洲有四大产铜区，主要分布在罗得西亚和比属刚果，北德兰士瓦（Northern Transvaal）也有。铅、石墨和锌分布广泛。磷酸盐产于北方。埃及靠近红海的地方发现了矿物油。苏打很大程度上是非洲的产品。许多地区都种植玉米。烟草是南非的作物。蔗糖是埃及、莫桑比克和纳塔尔盛产的。整个非洲大陆都有很多珍贵的木材。

除供应这些材料外，非洲是人类劳动力最大的储备库之一，不仅有普通劳动力，而且有半熟练工和越来越多的熟练工。大多数情况下，这些劳工没有组织，也没有政治权力，结果，他们成了除亚洲劳动力以外最廉价的劳动力。

由于有大量的劳动力和丰富的物产，资本不光是在过去，而且在两次世界大战之间纷纷涌入非洲。除了像采矿、农业、采伐木材这样的主要财富源泉，工业化也已经开始，在战后的时期里，工业利润不断积累，对其投资额也越来越大，这会让人们在这个工业天堂寻找新的投资，而这里很少有法律限制劳动，甚至对妇女或者儿童的劳动也很少有限制，这里对利润课税很轻。

关于殖民地的利润问题，有人争论说利润并不大，因此它并不是殖民事业的主要目标。特别是黑利勋爵（Lord Hailey）精心撰写的论文《非洲调查》（"African Survey"）就是这么说的。这项调查遵循了英帝国主义的旧模式。一名殖民地官员根据他能掌控的形势事实，书写了他所在地区的现状和过去的历史。这种调查一般都做得很审慎，做了很多历史研究，但从事情本质上来说，它是也必须是一种为帝国主义辩护的特殊托词。它会一直忽略当地人的观点，删除任何不利于欧洲侵略的事实。有时候，比如在克拉里奇的《阿散蒂史》（History of Ashanti）中，会悄然混进对大不列颠的直率批评；但就像约翰斯顿和卢加德等人的作品那样，大部分情况下，他们讲述的故事很大程度上都站在帝国主义一边。

对于欧洲殖民者从廉价的半奴役的劳动力、廉价的材料中获得巨大利润的主张，应当予以回应，这点尤为重要。因此，黑利勋爵的同事指出，18 世纪对非投资的"平均"利润率总体上略高于 4%。人们读到这里会问，利润总是按某些固定金额的百分比来计算，而工资和薪水却是批量计算的，这是为什么？

当然，众所周知，这是因为收入比率完全取决于作为其基础的固定资本总额，而确定这种预估资本总额的固定数字的权力实际上始终掌握在投资者手中。因此，投资者实际上只要估算他们自己资本投入额的数字，就可以把利润率确定为任意值。

什么是"投资"，我们如何来衡量它？如果价值 10 美元的有害的合成杜松子酒被出口到非洲，正如它已经出口了成千上万加仑那样，如果在当地购买劳动力和原材料，加工后的价值是 100 美元，作为利润率基础的投资价值是多少？如果在塞西尔·罗得斯（Cecil Rhodes）① 的时代，从当地人那里偷来土地，利用廉价的半奴隶劳动力开采，带着价值 100 万美元的黄金和钻石回到伦敦，那么这个矿的"资本化"数额应该达到多少呢？是为收购和经营的成本支付的金额，还是股票在市场上卖出的价格呢？在资本投资的各大中心，今天决定资本价值的合法权利在某种程度上是受限的，但是在伴随着南非金矿和钻石矿开采而产生的野蛮赌博中，在 17 世纪、18 世纪和 19 世纪的西非贸易收益中，它并未受到限制。于是，不管在非洲的利润有多高，在非洲已经获得了巨大的利润这一点丝毫不用怀疑；通过给实际投资注水或者高估投资的良好意愿，总是能够使利润看起来相对适中。支持殖民帝国主义的唯一原因是利润率，而在欧洲和北美，民主制的传播和

146

---

① 塞西尔·罗得斯（1853—1902），英国殖民者、英属南非金融家和好望角殖民地总理，在南非开采钻石矿和金矿致富，成立德比尔斯采矿公司和英国南非公司，扩张殖民地。——译者注

工会的发展已经削减了这种利润率。

如果我们能得知他们当时在非洲投资的资本货物的实际价值，那么将之与投资者和其他合法或非法的索取者从非洲获得的劳动力和原材料的真实价值进行比较，毫无疑问会证明欧洲对非洲人民犯下的巨大盗窃罪行，他们出于贪婪和侵略的需要故意使这些人民变得软弱无助。面对事实，我们必须重新解释诸如黑利勋爵的那些说法，即在非洲进行开发的利润很微薄。

出于这些原因，今天在非洲出现了动荡，全世界必须予以更多关注。就在昨天，尼日利亚的一场大罢工影响了近 4 万名工人。但是，这很难成为新闻头条，每天读有关阿根廷新闻的人很少意识到尼日利亚的人口是阿根廷的两倍。

今天，世界和平的努力在前意属非洲殖民地——厄立特里亚、利比亚和索马里兰——遇到了绊脚石。埃塞俄比亚要求得到其中的两个殖民地，它被占领是第二次世界大战爆发的原因之一，它的重建正在吸引来自美国的资本。南非和东非的土著会议最近向世界呼吁，要求让《大西洋宪章》也适用于他们。他们的声音泛不起一丝涟漪，但这些声音在逻辑上足够强大并充满热情。最近在巴黎举行的工会会议上，黑非洲工会在历史上第一次有十几名代表出席，他们告诉世界，黑人劳工也是劳工。埃及正在努力摆脱英国的控制，泛阿拉伯联盟（Pan-Arab League）正在要求把利比亚囊括其中。肯尼亚出现了强迫劳动问题，在整个非洲，从亚洲和南太平洋作战归来的黑人士兵面临着困境。罗得西亚和西南非洲的政治变革若隐若现，而比属刚果的不安情绪一触即发，因为它的国土面积是比利时的 14 倍，却没有比利时为之奋斗的民主，这很不正常。非洲今天很平静，但可能明天就不是这样了。

也许非洲最引人注目的抗议活动之一就是 1920 年召开的英属西非国民大会。它对民主目标的表述理应得到比以往更广泛的传播。我冒昧地引用其中的部分内容。

英属西非国民大会根据殖民地国务大臣阁下在理事会中呈递给国王皇帝陛下的决议进行请愿的备忘录（1920 年 3 月）

在陈述冈比亚、塞拉利昂、黄金海岸和尼日利亚等英属西非所辖不同殖民地的选举权时，重要的是要记住，这些殖民地目前都受直辖殖民地制度的管理。这就意味着，选举立法会议成员的权力掌握在每个殖民地总督手中，而非通过一项选举制度依靠人民的意愿而进行。

历史上很长一段时间里，这些殖民地立法会成员是由各个总督提名的，而不是通过人民选举他们自己的代表来提名，这种反常现象打击了每个共同体的居民们，时常有人出来表达看法，要求纠正这种缺陷。

直到今年（1920 年）年初，情况并没有改变，于是1920 年 3 月在黄金海岸殖民地的首府阿克拉（Accra）举行了英属西非非洲人会议，英属西非所辖的四个殖民地都派了代表参加……会议讨论的主题议程表显示，国民大会已在审议各种重要议题。在非洲人会议成立之前，它决定加入英属西非国民大会，成为一个永久性的官方机构，目的是从宪政层面表达英属西非在政治和其他方面的需求。在每届会议上都有机会充分讨论正在审议的特定主题，在得到充分辩论的情况下，经讨论所产生的决议得以通过……值得注意的是，第一批决议解决的是立法（包括地方政府的）改革问题，以及在仔细考虑平等权利和机会的情况下赋予选举权和进行行政改革的问题……

这种特别决议的首次呈递正是在英属西非人民要求选举权之时，但不能认为他们是在要求允许他们复制国外的制度。相反，必须注意到，选举地方议事会和机构代表的原则，是所有英属西非制度中的固有原则。根据非洲的各项制度，社区的每位成员都属于一个既定的家庭，有其公认的合适头领，他在村议事会中代表着那个家庭，村议事会自然由几个家庭的头领组成。同样，在地区议事会中，每个村镇的不同代表由不同的村镇任命，省级议事会也如此，通过一模一样的程序，我们到达最高议事会，即国务会议，它由最高长官来主持。

同样，根据非洲的制度，所有首领、酋长，或者最高统治者都没有任何天生的权利行使司法管辖权，除非他是由人民恰当地选出来代表他们的。这一点加上上文所述的事实，让非洲制度本质上成为一种民主制度，政治职位的任命完全取决于选举和人民的意愿。

从上述情况可明显看出，直辖殖民地总督指定他认为合适的人来代表人民的制度，被人民认为是一件极不正常的事情，而且造成了不满和缺陷，人民现在要求予以纠正。因此，过去在宪政问题上的鼓动与目前的一样，都是为了改变英属西非的宪法，以便使人民将来能够在不同殖民地的立法会议中选举他们自己的代表。

审议中的决议第 2 段指出，不建议干扰目前组成的行政议事会。然而，在立法会议方面，则希望作出根本改变，即半数议员由王国指派，半数由人民选举，以处理一般立法问题。更进一步的激进改革是确立众议院（House of Assembly）制度，众议院由立法会成员组成，加上其他 6 个人民选举的金融代表，他们有权征税，有权自由地且无所保留地讨论总督在行政议事会上递交的年度收支预算，并有批准权。此处提议的非官方选举改革包括欧洲和非洲的代表。

在离开审议中的要点前，请注意第 164 页的《黄金海岸的当地制度》（*Gold Coast Native Institutions*）[1] 中所说的：

> 立法若要奏效，就必须得到代议立法会中酋长们的支持。若酋长们同意且亲自通力配合，则任何影响人民的重大举措都必须予以通过。

假如政府的政策当时就建立在这个原则上，那么今天就不需要这项工作了。这个国家今天最迫切需要的是一个国民议会，使共同体的各个层面都能被充分代表。这就是进步的基本要素，这种改革是所有思维正常之人必须直接瞄准的目标。[2]

这是 17 年以前写下的东西。正如上面所解释的，根据非洲的代表制，即便酋长们也不过是民主制度中人民的代表而已。

英国拖了许久之后，以其特有的方式对这一要求作出让步：在"立法会议"给予黑人部分选举性代表席位，但这些立法会仍只是给总督提供"建议"的，而总督保留着很大的立法权。英国资方直接占据立法会席位，在英格兰继续任命西非总督和强行规定殖民地政策。

在第一章中，我讲述了第一次世界大战后在巴黎召开的泛非大会。自 1919 年这个想法确立以来，非洲人和非洲裔的人就一直在做类似的努力，在文化交流与合作中团结起来以改善社会。

我们在 1921 年开始组织一个更名副其实的泛非大会和泛非运动。我们与非洲各个部分和世界各地的黑人通信，并最终于 8 月和 9 月在伦敦、布鲁塞尔和巴黎安排召开了一次会议。在这次大会的 113 名代表中，有 41 名来自非洲，35 名来自美国，24 名代表生活在欧洲的黑人，7 名来自西印度群岛。他们大部分但非全部是以个人名义来的，很少是作为组织或者团体的代表来的。

泛非运动由此开始代表着一种成长与发展；但它很快就遇到了困难。首先，英国和比利时以及其他地方出于对战争的自然反应，以及由于某些方面因素所作的决定，试图强化殖民剥削以补偿其战争损失。所以，他们对任何种类的本地运动都持怀疑态度。

然后，同一时间还发生了另一场起源于西印度群岛的运动。这不是一场知识分子的运动，而是人民的运动。它由马库斯·加维（Marcus Garvey）领导，它构想拙劣，却有想要团结全世界黑人的极其真诚的决心，尤其是要将他们团结在商业活动中。它利用了所有民族主义和种族主义的手段来煽动民众，其力量在于，它得到了西印度群岛群众和越来越多美国黑人的支持。其弱点在于，它的领导层蛊惑人心，它的财政捉襟见肘，它的宣传毫无节制，还有它在殖民列强中引起了本能的恐惧。

1921 年伦敦泛非大会召开前，英国工党国际部召开了一次会议，讨论了白人和有色人种劳工的关系问题。比阿特丽斯·韦伯（Beatrice Webb）、伦纳德·伍尔夫（Leonard Woolf）、吉利斯先生（Mr. Gillies）、诺曼·莱伊斯（Norman Leyes）等人出席了会议。比利时国际主义领导人奥特雷（Otlet）和拉封丹（La Fontaine）热烈欢迎泛非大会在比利时召开，但遭到强烈反对。媒体和其他人误认为，这场运动如果不是真正的"加维运动"的话，至少也是其中的一部分。6 月 14 日，布鲁塞尔的《海王星》（*Neptune*）写道：

> 公告已经发出……泛非大会是在纽约全国有色人种促进会的鼓动下成立的。值得注意的是，这个协会由社会名流直接领导，据说他们身在美国，得到了莫斯科（布尔什维克）的资助。该协会在下刚果已经组织了宣传活动，如果有朝一日它给金沙萨（Kinshasa）的黑人村庄造成严重困难，我们也不必感到惊讶，这个村子里除几百名劳工外，都是些殖民地各部落的饭桶。

尽管如此，还是举行了一些有趣、热情的会议。大会在宏伟的世界宫（Palais Mondial）召开。白人比有色人种多得多，不久我们就意识到，他们的利益比我们在其他地方发现的白人的利益更深、更直接、更重要。比利时在非洲的许多经济和物质利益都集中在比属刚果。对当地居民的任何干涉都可能是对众多比利时资本家赖以兴旺之资源的干涉。

伦敦会议一致通过的决议包含一份关于比利时的声明，批评她的殖民政权，不过赞扬了她未来的改革计划。这在布鲁塞尔引起激烈反对，有人试图另发一份无伤大雅的声明来替换它，旨在阐述比利时的良好意愿和调查研究，法国的迪亚涅作为会议主席，在反对意见明显占多数的情况下宣布通过了该声明。

在巴黎会议上，最初的伦敦决议经过稍加改动后获得通过。部分内容如下：

> 致世界：种族、物质、政治和社会的绝对平等是世界和人类进步的基石。没有人否认所有种族的个体之间在天赋、能力和造诣上存在着巨大差异，但科学、宗教和现实政治的声音都否认存在着上帝指定的超级种族，否认存在着天然不可避免地永远劣等的种族。
>
> 在广阔的时间范围内，一个群体必然会在其工业技术，或者社会组织，或者精神视界上，缓慢落后于另外一个群体数百年，或者断断续续地稳步前进，或者在思想上、行为上和理想上出现明显不同，这只是证明了人性本质上的丰富性和多样性，而非半人半神与类人猿共存的证据。种族平等原则不妨碍个人自由；相反，它实现了个人自由。在过去各种对大众进行预判和分类的标准中，皮肤的颜色和头发的质地

无疑是最不符合常理和最愚蠢的……

在种族间交往中，智慧的起源就是在受压迫的民族中建立政治制度。必须养成民主的习惯，并让它传遍整个地球。尽管人们试图证明民主实践是少数人的秘诀和神圣的礼物，但没有一种习惯比这更自然，在原始人类中传播得更广泛，或者更容易在大众中发展。只要有些许帮助和监督，明天就能在亚洲、非洲、美洲和海岛上建立起地方自治政府。在许多情况下，它需要全面控制和引导，但只有当这种引导者出于无知而有意追求自身私利，而非人民的自由和利益时，它才会失败。

当然，在耶稣基督（Prince of Peace）的20世纪，在穆罕默德的千禧年，在人类理性最强大的时代，文明世界里可以找到足够多的利他主义、知识和仁慈去发展当地的制度，其目标之一不是少数人的利益和权力……

那么，那些看到肤色界限和种族歧视之邪恶的人，那些相信被压迫的和落后的人民有神圣的权利去了解、追求并获得自由的人，他们又有什么要求呢？黑人种族通过他们善于思考的知识分子提出如下要求：

1. 承认文明人都是文明的，不论其种族或者肤色。

2. 为落后群体建立地方自治，随着经验和知识的增长，在自治世界的限度内从容地实现自治。

3. 在自我认识、科学真理和工业技术方面进行教育，切勿让教育与美的艺术割裂。

4. 黑人有信仰他们自己宗教和社会习俗的自由，有保持差异和不遵循主流思想的权利。

5. 以正义、自由与和平为基础，黑人可与世界其他地区在治理、工业和艺术方面进行合作。

6. 归还黑人的土地和自然收益，抵御投资资本毫无节制的贪婪。

7. 在国际联盟下建立研究黑人问题的国际机构。

8. 建立国际联盟劳工局的国际部，负责保护当地劳工……

我们要用这样的文字和思想来表达意愿和理想，表达我们不懈努力的目的。我们号召地球上所有热爱正义和仁慈的人来帮助我们。我们从内心深处向又聋又哑的世界主宰者呼喊。我们从内心深处向自己沉睡的灵魂哭泣。答案就写在星星上。

整个欧洲的新闻界都注意到了这些会议，尤其是会议背后的思想。他们渐渐开始把泛非运动和加维运动区分开来。他们既表扬又批评。哈里·约翰斯顿爵士写道："美国有色人种把自身地位提升、教育和政治重要性传导给非洲有色人种的所有伟大尝试的*缺陷是：他们对真正的非洲知之甚少*。"

就连《笨拙周报》（*Punch*）也善意地嘲笑道："《泰晤士报》的标题《泛非宣言》《没有永远劣等的种族》，当然没有，但在我们的有色人种兄弟看来，有可恶的优越种族。"[3]

第二届泛非大会派我和一个委员会前往日内瓦采访国际联盟的官员。我与托管委员会（Mandates Commission）的负责人拉帕德（Rappard）进行了交谈；我观摩了大会的第一次会议，并对国际劳工局（International Labor Office）局长阿尔伯特·托马斯（Albert Thomas）进行了一次有趣的采访。我们与大会的成员、海地的贝勒加德（Bellegarde）合作，提请国联注意非洲的地位。国联把我们的请愿书作为官方文件发表，其中写道：

　　第二届泛非大会想要提议，世界的精神正朝着自治的方向发展，这是所有人和国家的最终目标，因此，那些大部分由黑人种族居住的被托管地区有权要求：一旦职位出现空缺，便任命一个在性格和阅历上都非常合适的黑人后裔担任托管委员会成员。

　　第二届泛非大会最诚挚、最庄重地要求国际联盟对全世界作为黑人后裔的文明人的状况进行妥善处置和重点关注。在今天的世界，人们有意无意地有一种越来越普遍的感觉：如果有人是有色人种，特别是黑人后裔，那么就可以把他当作未开化的人来对待。这种态度以及由此产生的许多法律、习俗和惯例所导致的结果是，在世界上那些因自身觉醒而成为黑人种族希望的人中间，普遍存在着一种怨恨、受到人身侮辱和绝望的痛苦感觉。

　　我们充分认识到，国际联盟几乎没有直接的权力（即使有，权力也极小）去调整这些问题，但它拥有公共世界舆论的巨大道德权力，它是一个旨在促进人类和平与正义的机构。正是出于这个原因，我们要求和敦促国际联盟坚定支持

152

绝对的种族平等，建议与国联有关联的殖民宗主国组建一个国际机构，致力于研究黑人问题，致力于黑人种族的发展与保护。

我们设法使这些会议形成一个永久性组织。我们在巴黎设立了秘书处，运作了几年，但没有成功。第三届泛非大会原定于 1923 年召开，但巴黎秘书长推迟了会议。我们坚持不懈，最后在没有事先通知或准备的情况下，于年底在伦敦和里斯本举行了会议。伦敦的会议规模较小。哈罗德·拉斯基（Harold Laski）和奥利维尔勋爵（Lord Olivier）作了演讲，H. G. 威尔斯（H. G. Wells）也出席了；拉姆齐·麦克唐纳（Ramsay MacDonald）只因选举在即而未能出席，但他写道："根据你的建议，但凡我能做的促进你人民事业之事，我都始终乐意为之。"

同年在里斯本延迟举行的会议则更为成功。包括葡属非洲在内的 11 个国家派代表出席了会议。会议由"非洲人联盟"（Liga Africana）负责。"葡萄牙黑人大联合的总部设在里斯本，人们把它叫作'非洲人联盟'，它实际上是分散在葡属非洲五省的所有土著协会的联盟，代表着数百万人……这个'非洲人联盟'在里斯本运行，可以说是在葡萄牙的正中心，它有一个其他土著组织构成的委员会，这个委员会知道如何以清晰明了且庄重的方式向政府表达自己想要说的所有东西，即消除不公正或者推动严苛法律的废除。这就是为什么里斯本的'非洲人联盟'是葡属非洲运动的指挥者；但它只是以善意的言辞表达诉求，没有任何诉诸暴力的情况，也没有超出宪法许可的范围。"[4]

两名前殖民部长发了言，为非洲人提出了下列要求：

1. 在他们自己的政府中有发言权。

2. 拥有获得土地及其资源的权利。

3. 在既定法律形式下，得由同等地位之人组成的陪审团进行审判。

4. 基础教育全民免费；进行现代工业技术的广泛培训；选拔天赋之才进入高等培训。

5. 非洲的发展是为了非洲人的利益，而不仅仅是为了欧洲人的利益。

6. 废除奴隶贸易和酒类交易。

7. 世界裁军和废止战争；但如果做不到这一点，只要白种人拿起武器反对黑种人，黑人就有权拿起武器自我防卫。

8. 配置商业和工业，以便让资本和劳动的主要目标对准大多数人的福祉而非少数人的富裕……

总之，我们向全世界要求，黑人应被当作人对待。我们看不到其他通往和平与进步的道路。今天，一个伟大的南非国家官方领导人踩在数百万非洲黑人的脖子和心脏上，却在欧洲盲目地争取建立和平与善意，呈现在世界眼前的形象还有比这更自相矛盾的吗？

到目前为止，泛非观念仍然是美国的，而不是非洲的，但它正在发展，它表达了考察非洲形势的真实需求，道出了从非洲当地人视角进行处置的方案。为了把这场躁动的中心转移到更加靠

近非洲人口中心的地方，我计划于 1925 年在西印度群岛召开第
四届泛非大会。我的想法是租一艘船，沿着加勒比海航行，在牙
买加、海地、古巴和法属岛屿等地停下来开会。不过，当时我没
有考虑到轮船航线。起初，法国航线回复说，他们可以"轻而易
举地安排这次旅行"；但到了最后，除非支付 5 万美元的高昂费
用，否则在任何航线上都无法找到预订座位。我怀疑殖民列强破
坏了这项计划。

　　两年后的 1927 年，美国黑人妇女重新提出了召开泛非大会
的想法，第四届泛非大会在纽约举行。13 个国家参加了会议，但
非洲的直接参与缓慢滞后。208 名与会代表来自美国的 22 个州和
10 个境外国家。非洲只有来自黄金海岸、塞拉利昂、利比里亚和
尼日利亚的寥寥几个代表。黄金海岸的酋长阿莫阿三世（Amoah
Ⅲ），以及当时哥伦比亚的赫斯科维茨（Herskovits）、德国的门鑫
（Mensching）和约翰·范德库克（John Vandercook）等人类学家，
都在议程上。大会决议强调了六点：

　　　　各地的黑人需要：
　　　　1. 在他们自己的政府中有发言权。
　　　　2. 对土地及其自然资源拥有天生的权利。
　　　　3. 为所有孩子提供现代教育。
　　　　4. 非洲的发展是为了非洲人，而不仅仅是为了欧洲人
　　　的利益。
　　　　5. 改组商业和工业，以便让资本和劳动的主要目标对
　　　准大多数人的福祉而非少数人的富裕。

6. 把文明人当成文明的，不论其出身、种族或者肤色差异。

泛非运动自 1921 年以后就失去了阵地。1929 年，为了解决这个问题，我们竭尽全力筹划在非洲大陆上举行第五届泛非大会；我们选择突尼斯是因为它的交通便捷性。我们开始了精心的准备工作。这场运动似乎最终将实现地理上的非洲化。但这时出现了两个无法克服的困难：第一，法国政府非常礼貌但很强硬地通知我们，大会可以在马赛或者法国的任何一个城市举行，但不能在非洲举行；其次，大萧条到来了。

泛非观念显然消亡了，直到 20 年后，在第二次世界大战期间，它以一种惊人的方式重新焕发生机。1944 年，伦敦举行了英国工会联盟大会（Trade Union Conference），为世界劳工组织作准备，大会的黑人劳工代表来自黄金海岸、利比亚、英属圭亚那、埃塞俄比亚和塞拉利昂。这些代表得到居住在伦敦、兰开夏、利物浦和曼彻斯特的有色人种的帮助，当 1945 年世界工会联合会（World Federation of Trade Unions）即将在巴黎举行会议时，他们中的一些人自发呼吁召开另一次泛非大会。

我们在和西印度群岛、西非、南非和东非的工会、合作社组织以及其他进步组织协商和通信后，发出了召开会议的正式邀请。这些机构中的大多数不仅认可和赞同大会议程，而且保证派代表出席。为了避免时间太仓促或交通上遇到太大困难而无法出席这次临时通知的会议，有些组织将参会任务委托给了正前往巴黎参加世界工会大会的有关地区的当地人。

154

第五届泛非大会于 10 月 15 日至 21 日在英格兰曼彻斯特举行，约有 200 人与会，代表着东非、南非和西印度群岛。这次会议的重要性在于，它朝着更广泛的运动迈出了一步，它是非洲人民和全世界的非洲人后裔为黑人民族开启走向民主的伟大征程所做出的真正努力。

不可思议的是，还有另一场"泛非"运动。当我坐在旧金山会场中，听到扬·史末资请求在《联合国宪章》的序言中添加关于"人权"的条款时，我想到了这个问题。这是一个惊人的悖论。他所代表的"泛非"运动是一个由在肯尼亚、罗得西亚和南非联盟的少数白人组成的联盟，目的是为了投资者和剥削者的利益而统治非洲大陆。这一计划自 1921 年就开始酝酿，但一直被英国殖民地部（British Colonial Office）劝阻。如今，史末资又在推动它，非洲的白人立法机构也要求这样做。旧金山的托管制度为这类事情敞开了大门。与此相对的是黑人运动的高涨，黑人工会代表与苏联、英国和美国的劳工代表合作共事，想要建立一个包括黑非洲在内的新世界。我们或许还能活着看到泛非运动成为一场真正的运动。

英国劳工运动突然被英帝国接纳为一个政府机构，第五届泛非大会对其寄予厚望。但呈现在大会面前的是个关于有组织的劳工会怎样处理殖民地问题的奇特例子。来到我们面前的确实是个"忧患之子"（Man of Sorrows）①：黑色皮肤，脸上皱纹堆垒。

155

---

① "忧患之子"，《圣经》用语，也译作"苦人"，出自《以赛亚书》第 53 章对弥赛亚的预言，后也指一类经典耶稣形象：赤裸上身，头戴荆棘冠冕，手腕上有伤口，神色愁苦。——译者注

格申·阿什-尼科伊（Gershon Ashie-Nikoi）万分真诚。他反复高喊："我们必须自由！我们将获得自由！"他说他代表着黄金海岸和尼日利亚的 30 万种可可的农民；他和他的委员会是来向新任工党殖民地事务大臣递交请愿书的。由于霍尔先生（Mr. Hall）声称该委员会不是"官方的"，大臣拒绝接见他；这意思是说，该委员会不是按照殖民地政府的程序任命的，也不是由这些政府正式选出的代表组成的。

该委员会争取到在费边社殖民事务部的发言机会，费边社充当着智囊团的角色，就殖民事务向工党政府提供建议。其中有许多重要人物：殖民地事务部副部长克里奇-琼斯先生（Mr. Creech-Jones）、丽塔·欣登小姐（Miss Rita Hinden）、土著保护协会（Aborigines Protection Society）秘书长法林顿勋爵（Lord Farringdon），还有其他一些人。他们听了，对其漠不关心。因此，农民代表将他们的情况提交泛非大会并摆在我们面前。这个委员会由农民出钱派往伦敦，已在阿伦德尔街（Arundel Street）设立了一个常设办事处。他们准备进行一场漫长而艰苦的战斗，泛非大会承诺提供帮助。

我们有必要简单看一下可可作物的故事，以说明现代殖民剥削的方法及其结果，即使在自由的管理制度下也一样。全世界的可可消费量从 1895 年的 7.7 万吨增加到现在的 70 万吨。以前，四分之三的可可生长在南美洲。现在三分之二则在西非种植。

这种新工业的发展有着一段有趣的历史。1879 年，一个名叫泰特·夸希（Tetteh Quarsie）的黑人劳工从西属非洲带来了可可豆，并把它们分发给他在英属西非黄金海岸的朋友们。1891 年，西非农民种植了80磅的可可。到1936年，这种作物的产量仅在黄金海岸就增加到25万吨。它纯粹是黑人个体农民的一种原生产业。吉百利公司（Cadbury）制定并发起的"抵制"计划，处心积虑地想把可可种植从西属非洲转移到英属西非的种植园中，却没有成功，黑人农民于是接手了这种工作。他们在自己平均占地约2.5英亩的小小农田里繁殖作物，生产整个文明世界广泛需要的可可豆和巧克力。他们在阿散蒂和贝宁的父辈为了保留这片土地的所有权与英国斗争了几个世纪。

如今，消费者每年至少要为可可豆和巧克力支付5亿美元。每1美元中，只有不到3美分给了可可种植者——这是农业被贸易和制造业挤压的又一案例。

由于西非的可可不像西印度群岛和南美洲的那样是在种植园里种植的，贸易商和制造商面临的问题就是通过压低销售价格和操纵世界市场来获利。出于这个原因，给可可农的收购价格在不断变化，从大萧条时期的每吨44美元，到1927年匮乏时期的每吨188美元，再到如今的每吨约60美元。

黄金海岸的英国买家多年来一直试图达成协议，以便用一种价格和一次出价购买所有在售的可可豆，这表面上是为了调整价格波动，实际上却是为了控制价格。可可豆的买家主要有13家：英国联合利华（British Unilevers）、吉百利和弗莱（Fry）为自己和里昂茶馆（Lyons' Teahouses）收购，还有其他买家。

1937年，这些公司最终达成购买协议。可可种植者拼命抵制。他们进行了长达8个月的抵制，将可可豆的销量从25万吨减少到5万吨。买方反击了。他们向伦敦殖民地部施压，他们没有向殖民地部出示"购买协议"文本，而是诱使它告诉当地人这个提议是为了他们的利益，并让其接受。殖民地总督也没有看到协议，就立即遵照伦敦的指示，强烈建议当地人顺从。当地人还是拒绝了。然后吉百利先生去了黄金海岸，和当地的酋长和农民交谈。他们要求看协议的副本。他"后悔"自己没有带一份。最后，英国政府投降了，派了一个由诺埃尔先生（Mr. Nowell）领导的皇家委员会前往海岸。该委员会获得了一份协议的副本，但只公开了其中一部分。经过仔细调查，他们建议终止购买协议，建立由非洲农民代表参与其中的合作企业。

然而，在这个计划实施之前，战争爆发了，政府提议接管可可作物、定价，并为农民出售。他们答应承担一切损失，并把所有利润分给农民。农民对此感到称心如意，不过他们也抗议政府为了预防损失而使每吨可可豆保持低价。

非洲殖民政府实际上是由英格兰投资者控制。投资者不仅支配总督的抉择，而且这些总督在伦敦殖民地部之下拥有单独的立法权。他们听取直接代表商业利益的各种委员会的"建议"。最近，当地的土著被选为这些委员会的成员；但即便如此，真正的权力仍然掌握在总督手中。

因此，西非政府的产业行为是伦敦投资者指挥的。殖民地的整个经济都受到外部商业利益的操纵。例如，黄金海岸没有通过对进口商品征税以鼓励当地产业发展，而是对可可征收每吨 3.75 美元的*出口*税。在战争期间，它还增加了 4.58 美元的附加税，使每吨可可的总税收达到 8.43 美元。由此，种植可可的农民在战争期间有时只能得到每吨 37 美元的低收入；从 1939 年到 1943 年，每吨平均价格不超过 52 美元。与此同时，英国出口到非洲的货物无需缴纳进口税。结果，战争期间进口商品的成本直线上升，战前售价 2.5 美元的印花棉布升至 18 美元，卡其布则从 0.6 美元升至 3.2 美元，铁板从 1 美元升至 2 美元。"这种情况的结果是，今天许多农民在经济上已经完全沦落至贫穷和瘫痪状态。"（阿什-尼科伊的演讲）

157　　　　然而，在工党上台并接管殖民地部后，黑人农民的想法就完全改变了。也许他们过于乐观了，但从第二次世界大战期间政府运作的结果来看，他们在某种程度上是有道理的。政府在 5 年的运营中得到了 2500 万美元的净利润，而不是预期的亏损。事实上，如果他们之前在黄金海岸建立了适当的储存设施，而不是强迫农民出售作物并立即将其运往欧洲，而不管价格或市场条件如何；如果他们曾经鼓励进行简单的加工操作，以节省运费，增加当地就业；如果遵循了这些政策，很多可可豆就不会变质，也不会有大约 15 万吨的可可都被烧掉。净利润可能会翻一番。

工党上台后，面对义愤填膺的黑人可可农，它提议将所有西非产品置于英格兰一个委员会的控制之下，该委员会代表可可和其他原料的制造商，而非代表可可农！另外，政府没有像承诺的那样将可可生产的利润返还给农民，现在反而提议将其"用于他们的利益"，包括高薪聘请一些英国"专家"来保护可可树免受病虫害。农民激烈抗议，并提出要求：

　　　1. 由于战争结束了，诺埃尔委员会的建议应该得到执行，帝国政府现在应该履行对非洲农民的承诺。

2. 应该支付给农民每吨 160 美元的价款，并在 1945—1946 年期间予以固定。

3. 政府从 1939 年开始控制可可所得的利润，大概会达到 2500 万美元，这笔钱应该被移交给农民自己现有的组织，作为在英属西非建立农业合作银行的资本。

4. 应该停止西非农产品控制委员会的运作，应该建立新的集中化销售体系，在农民自身组织的控制下建立有效的合作。

5. 取消目前给特殊买家的作物定额配给，农民可以自由地集体向他们自己认可的机构销售作物。

6. 取消目前对进出口的限制，以便允许西非农民能够通过他们自己的机构与联合王国和其他国家进行贸易。

7. 可可是重要的世界商品，应该计划设立可可国际理事会，以便对所有关于可可的问题采取全面系统的办法。

8. 修订《英属西非条例》(Ordinances of British West Africa) 中有关合作的内容，以符合联合王国的现实。

农民最后得出结论：

158

这个黄金海岸和尼日利亚农民的代表团认为，英帝国政府内有很多怀有善意的男男女女，他们或许能带来经济正义，从而对这些迫在眉睫的问题产生影响，并因此可能避免发生悲剧性的经济动荡，而经济动荡的不幸后果可能影响世界各地无辜人民的平静生活，并非只是影响到西非和英国。

如果这还不算政治家风范（人们最终必须认真聆听这种谏言），那么我就大错特错了。在我看来，它指出了一条通向世界殖民地人口解放和世界大多数人民实现民主的道路，我们为此进行了两次毁灭性的世界大战，但还没有看到曙光。

西非的可可的情况只是一个例子，说明殖民帝国主义对卷入其中的人民意味着什么。我们把话题转到我们自己的国家，我们可能会问，美国是什么？它对非洲和生活在美国境内的非洲人后裔有什么责任、为他们提供什么机会？这是一个伟大的劳动国家，幅员辽阔、组织有序、富裕丰饶。我们种植和开采原材料；我们加工和制造原材料；我们交易、运输和买卖原材料。与此紧密相关的，不仅是对这种工作的规划，还有艰苦的挖掘、搬运和清理，以及父母、朋友、专业人士和仆人的服务。通过这一切，我们制造商品、建造住房，大兴土木、修筑公路，造光造热，生产工具和机器，还制造从铁路、汽车到飞机的各种运输工具。

当然，这里的基本问题是：这一切工作是为谁做的？商品和服务是如何在消费者中分配的？我们在这里意识到，美国人并不知道所有这些事情，世界其他地方的人也只知道部分事实。财富和人类服务的分配或多或少是被严格保守的秘密。我们有一些笼统的想法，它们令人不安：我们知道，最低级、最辛苦、最没有荣誉感的工作是报酬最低的，尽管这种工作很有必要。我们知道，人们不是根据能力或者为公众服务的程度而获得财富。当然，对才能的认可是有意义的，但这仅限于某些类型的才能，它不足以抑制不满。就像18世纪和19世纪欧洲的需求一样，20世纪的美国需要的是把财富分配得更加合乎逻辑和道德。

　　有人主张商品和服务的分配是自然法则的问题，以此逃避为实现上述目标而采取行动。今天我们对商品和服务的分配已经有了更多的了解；我们知道，劳动规划确实是大范围进行的，它涉及个人的决定，现如今是以专制意志为基础，而非建立在民主方法之上，在美国尤其如此。管理人员和集团有权规划产业并分配产出：就是那些经营着系统产业的集团，如通用汽车、通用电气和英国联合利华，它们拥有机器、材料和发明专利，这使其能够通过非凡而出色的组织获得巨额利润。进出口要看行业领袖们的 ¹⁵⁹ 决定。自然资源的垄断和土地所有权发挥了巨大作用。时间积累和人口增长带来的经济租金，城市的位置，沿海的滩涂，适合商业和娱乐的场所，所有这一切都是由个人或者集团的决定来控制和分配。我们知道，对信贷的控制，对材料和机器需求的预测，以及向能够最有效地利用资本的人提供资本的行为，这本身就是一个需要大量计划和预测的领域。我们知道，在个人缺乏主动性的地方，政府必须参与进来，帮助制定计划；我们也知道，政府在工业中的活动领域正在扩张，而且必须扩张。

　　现在，这种计划的结果是什么？为什么这些结果让美国人不满意？我们仍然存在贫困，虽远不如世界上许多其他地方那么严重，但大多数美国人的收入不足以让他们过上健康体面的生活。这不仅导致嫉妒，还导致欺骗和偷窃，导致那种以罢工开始、以暴动结束的恶性斗争。它导致人们普遍丧失努力工作的信念，越来越依赖运气，因此，赌马如今是我们最大的生意。这一切都鼓励或者迫使人们推迟结婚并限制生育。

　　贫穷导致无知：这不单单是目不识丁——当然文盲问题在我们中间仍然很严重，还导致人们缺乏经验、忽视历史教训、依赖自私的偏见和习俗。贫穷导致疾病：它让我们把更多的钱花在战争上，而不是花在完全有可能的根除结核病、减少癌症和保护儿童身体健康的事业上。贫穷、无知和疾病是我们大多数犯罪行为的背后原因，除此之外，还要加上道德引导的离奇缺失。教会倾向于讲授教义，而不是对错是非；滑稽的连环漫画颂扬狡猾，嘲笑苦难。

　　与这一切形成对比的是奢侈的盛行、惹人注目的消费、钻石和皮衣的招摇过市；对大庄园和仆人的需求，而环绕在这周围的是疾病、饥饿和精神错乱。我们渐渐习惯了奢侈和炫耀，我们知道，我们之所以拥有这些，是因为我们从饱受苦难的人们手中窃取了财富和工作。我们甚至以牺牲公共福利为代价，要求获得投资利润。因此，美国伟大的商业组织在第二次世界大战期间为了增加利润，不惜以鲜血和痛苦为代价推动了一场艰难的谈判；美国对英国、荷兰和法国的殖民地投资；殖民地则变成了从原材料和廉价劳动获利的贫民窟。我们不断地把成功的富人摆在我们面前，将他们当成美国人的典型，而那些学者、慈善家，或者收入少、品位单调的无私之人则靠边站。

　　正是这样的事情使我们在精神上继续被奴役。我们要求自由；但是，当我们更加仔细、更加周到地制定计划，根据人们的能力和品位，通过更加有效的分配方式，使工作变得更加愉快之时，成千上万的人却从事着他们讨厌的工作，愤愤不平地辛苦劳作。我们抑制思想和讨论，因为我们害怕会妨碍那些在目前状况

下有权有势、生活安逸之人对当前世界的控制。我们的新闻被扭　　160
曲了，我们的报纸被那些拥有它们并利用它们牟利和宣传的人出
卖了。我们的"自由媒体"是一个个牢固的小公国，它们用带有
偏见的标题和筛查过后的新闻来引导公众舆论。

　　我们进行职业培训并向工人群众开放机会，这些都被捧为历
史上最伟大的东西。毫无疑问，美国比欧洲有更多的人有机会从
压抑和默默无闻中崛起。但即使在这里，我们也不是处处都做到
了力所能及的事情，今天，我们在许多方面正在倒退，正在走向
种族和阶级歧视，给富人以特权。只有我们中间作为一个阶层的
犹太人，仔细地挑选和支持有才华和有天赋的年轻人；黑人在他
们的资源和知识允许的范围内都在效仿这种做法。正是出于这个
原因，人们嫉妒有天赋的犹太人和雄心勃勃的黑人，正在对他们
关闭机会的大门。这在德国还导致了对犹太人的大屠杀。

　　在美国，唯一可以获得晋升和提拔的途径依旧开放着，且令
人怦然心动，它便是业界认为能够盈利的途径。其他道路留出来
的机会少之又少，那些文学或艺术上的天才要与"推销"捆绑才
能抓住机会，这就意味着要进行大胆粗犷的自我宣传，这会让很
多脆弱的灵魂退避三舍。

　　当一个男孩出于偶然或者仁慈而"成功"时，我们会授予他
一份职业。如果他学的是法律，那么当他成为大公司规避那些试
图抑制垄断和更公平地分配财富的法律之工具时，他就能获得一
大笔薪水。很多这样的律师成了立法者，他们制定的法律可以被
规避。其他人则被提拔为法官，凌驾于法律之上，受到高度尊
重。在很多情况下，他们保护财富和垄断，对穷人"杀一儆百"。

富兰克林·罗斯福最伟大的工作是开始清理最高法院，因为它抗拒经济民主，日积月累形成了顽疾。活着的人可能还会看到最高法院有胆量和基本的体面，以违反宪法和不开化为由，废除南方和其他地方的合法肤色种姓制度。在天平的另一端，我们的工会通过限制学徒名额和举行秘密仪式垄断了技能，以至于许多"工业"培训都成为闹剧。

科学越来越不再是自由大学的工作，而是归属于一些谋取私人利益的组织，并直接为它们的目标服务。学校内外的教育都在鼓励经济文盲，这样可以阻止大多数美国人了解和询问怎样完成工作。戏剧、电影和其他形式的艺术都被用来支持这一切，它们服务于这样一种理念：个人利益才是终点，才是人类的目标，而不是社会福利。

其结果是普遍恐惧，有人这样想过吗？我们害怕被解雇、失去工作，我们怀疑其他人、其他种族和其他国家，不是因为我们是最贫穷和最不幸的，而是因为在美国，我们已经尝到了可能的舒适和幸福。或许我们日常生活、思想和行动中的一些悖论最能说明这一切。当我们美国人无论如何都需要温顺和谦卑的时候，我们却自吹自擂、趾高气扬。我们通过酗酒和逛夜店来寻求幸福和逃避现实。我们把宗教和仇恨联系在一起，说着"上帝爱这个世界"，同时又吹嘘我们是多么憎恨敌人；我们一转脸就去制造炸弹。我们想要和平却制造战争。我们想要真相却阻止研究。我们创造自己的财富，并把他人的财富窃为己用。

我们美国人发明了一个贴切的短语来丰富英语："那又怎样！"（So what!）它表达了一种奇特的精神状态：一位来自英

国的伟大政治家告诉我们，他想要一个自由国家和民主的世界——同时又承认，他的英国允许十分之九的臣民既不自由也不民主。那又怎样？我们看到一位由200万白人选举的首相站在旧金山的联合国前，要求承认"人性"——同一个声音又告诉世界，任何人要是把800万南非土著当成与白人一样的人类，就是"疯了、疯得厉害"。我们的国务卿指责苏联缺乏民主，而在他代表的南卡罗来纳州，大多数人从未有过投票的机会。那又怎样？

但是，我们最难以理解、最彻底的矛盾和悖论也许来自我们对待仆人的态度。我们知道，母子之间、亲朋之间的个人服务是人类工作的最高形式；但同样的个人服务，如果是为了获取报酬，我们就把它视为最低级的工作形式，给予最低报酬，还要受到特殊形式的个人侮辱。

我们能做些什么来改变这种状况呢？这不是法律问题，而是人心问题。我们知道必须做些什么；工业的发展肯定不是主要为了私人利益，而应该是为了公共福利。我们必须逐步接近这样一个时代：只要有人没面包吃，任何人都不会有蛋糕吃。我们必须利用科学赋予我们的巨大自然力量来增加生产和收入：在密苏里河流域和圣劳伦斯河流域，电力公司正在通过有组织的活动使民众无法使用电力，过去在田纳西河流域电力公司曾经为垄断电力进行争斗，但徒劳无益，如今在博尔德水坝（Boulder Dam）① 还在围绕电力垄断权而争斗。我们知道，如果目的是运输而非盈

---

① 博尔德水坝，胡佛水坝（Hoover Dam）的旧称，建在美国西南部科罗拉多河下游，是美国最高的水坝。——译者注

利，那么制造可使用十年的汽车，其成本比可用两年的汽车高不了多少。我们必须有教授真理的学校，尽管有些人害怕学习真理。我们必须利用诸如收音机这样的新发明，以提供真实的信息而非播放江湖郎中的广告，电影既被用于教导又被拿来娱乐。我们必须有一个不被商业和仇恨垄断的自由媒体。我们必须跟随英国今天树立的伟大榜样，实行社会化医疗，并应该远远超越它。

这种公益性生产的增加只能通过周密明智的计划和彻底的民主方法来实现。世界上的工人不仅一定要对工作条件有发言权，也一定要对生产什么样的商品和使用什么样的生产方法有发言权。由君主和寡头统治的工业不能在民主世界继续存在。

此外，增加的产量必须更公平公正地分配给工人和全体公民。通过计划来分配财富和服务，强调能力和功劳，特别是公共福利；保护人类免受无知和疾病之害必须是文明的首要目标。"各取所需，各尽所能。"这方面还是只能通过普遍的、智慧的民主制来实现。切勿再把它看作个人的愿望和突发奇想之事，也不要把它看作垄断权力之事；它必须是智慧经验以及根据所颁法律运行的民意之结果。

民主不是特权，而是机会。只要一个国家的或世界的任何一部分被排除在民主权力和自我表达之外，世界就会永远面临战争和崩溃的危险。如果这个国家不存在半奴隶、半自由的状态，那么世界（这个国家在其中扮演越来越重要的角色）也不可能是半奴隶、半自由的，但必须承认世界民主。

我们怎样才能实现这一点？我们可以通过释放黑人安德洛墨达来达到，并通过这个行动解脱自我。我们可以通过拒绝为有能力的人工作，通过帮助深受奴役的殖民地，来摆脱肤色界限带来的侮辱；我们可以实施真正的民主，使其成为全人类能力和梦想的宝库，并让明智之人都能自由投票。

资本主义的罪恶是讳莫如深：故意隐藏为满足人类需求而付出的努力的性质、方法和结果。当人们能选择和理解他们的工作，能看到它的结果，并能在公开市场上将其劳动力出售给需要和使用它的人之时，道德判断、公共正义和大众福利就获得了机会。但是，如果工作的性质及其方法和结果隐藏在法律屏障后面，一个人既不知道他在做什么，也不知道他辛苦付出的结果会是什么，或者谁会享用它，或者他的收入为什么会产生、是从哪里来的、是怎么来的，谁受伤害了、谁获益了，那么，谋杀和盗窃可能接踵而至，没有机会去制止罪行。资本主义制度的罪恶不是大规模生产，而是大规模隐瞒。这就是非洲奴隶制的含义，这是它向现代文化的血管中注入的病毒，并毒死了它。一旦人们知道了工业生产过程的全部事实，那么如果一个人要吃东西，他就应该工作；如果他不工作，就不应该吃东西，除非他的同伴们自由而明智地作出判断说，他用公费开支是为了公共福利。这就是民主，也只有这才是民主。

我们是谁？我们称自己为聪明人，但却把纽约和其他1000个城市的数百万英亩房屋变成了一片烟囱林立、丑陋至极、乌黑肮脏的不毛之地，极度缺乏空气和光线。今天人们一想到原子能就会心惊胆战，这样的恐惧是由于知道了秘密。今天这种讳莫如深隐藏了原子能的用途，很可能在明天就将其野蛮的力量隐藏在人类最残忍的人手中。铁幕不是苏联人发明的；它在欧洲和非洲之间已悬挂了 500 年。当生产者和消费者在时间和空间上被分割开来，他们便不可能相互认识和理解，于是，把工业生产过程看作"个体的事业"，或者把工业生产结果看成"个人的创造力"，也就非常愚蠢了。这是一个社会过程，如果没有社会控制，它就会陷入无政府状态，任何不负责任的贪婪罪行都会接踵而至。这种情况在过去是非洲奴隶贸易，现在则是资本主义制度，它已经开花结果了。人们生产棉布，出售蔗糖；但在这两者之间，他们还偷窃、杀戮和蹂躏人类，强迫他们为了糊口而辛苦劳作，酿造朗姆酒和合成的杜松子酒，把白人劳工赶到肮脏的工厂，压低工资造成饥饿威胁以便买走他们的劳动成果，以垄断价格把蔗糖出售给消费者，他们要么付钱要么就别吃。为满足人类需求而激发惊人创造力的过程，在现实中却变成了一系列残忍的犯罪活动。

有些人、有些聪明的人曾经说过，在当前为商业、工业和利润而组织起来的世界中，世界民主永远无法实现；要想实现它，我们必须建立严格的部分人的管控，这些人必须坚持公共福利的理念。这是共产主义的理论。许多人不喜欢这种观念；有些人出于明显的原因害怕和讨厌它。但对于这些人，我们有一个明确的答案：如果可以用共产主义以外的方式来实现每个诚实的人肯定想要达到的目的，那么不需要害怕共产主义；如果一个跨越肤色界限、废除种族歧视的终极民主世界只能通过卡尔·马克思的方法来实现，无论我们怎么想、怎么做，这个方法都值得让人欢欣鼓舞。

在美国，我们必须学会为我们感到羞耻的事情而自豪，为我们感到自豪的事情而羞愧。美国应该感到自豪的是，她是一个世界上最不可能走到一起的各类民族和群体组成的国家，且其民主日益增强；她从罪犯、乞丐和奴隶的境地中脱胎换骨，建设了这片充满希望的土地。我们应该感到羞耻的是，尽管知道了这种历史事实，但我们依旧在试图确立阶级和种族差异，并拒绝实行我们所宣称的民主方法，因为与我们打交道的人太愚蠢、太病态、太罪恶，无法使我们自己的民主运转起来。

美国必须谨记，无论过去还是现在，亚洲和非洲都可以为这片土地提供帮助：亚洲出了一位甘地，他既不趾高气扬，也不穿萨维尔街（Savile Row）①的服装；他也不会杀人，普通美国人认为他是个傻瓜。但他不是傻瓜。非洲在过去提供了土地的集体所有权、家庭凝聚力，以及美丽艺术和有用工业的巧妙结合。我们帮助世界掠夺这片土地，奴役其人民，诋毁其能力，歪曲其历史。三个世纪以来，我们一直带头贬低人们眼中的非洲。为了非洲和我们自己，我们有责任释放安德洛墨达，让她自由而美丽地置身于天空的繁星之中。

如果我们拒绝这样做，如果我们固执地坚持我们的种族偏见，那么这个文明的未来会怎样？一个社会群体的延续，一种文明的延续，往好了说也是不确定和不稳定的。除了埃及，世界上大多数文明都延续不超过三个世纪。甚至埃及也明显只是个例外情况：因为几个世纪以来没有遇到称职的竞争对手，它实际上并没有倒塌，但随着时代变迁它发生了巨大变化，几乎成了一片新的土地和一种新的文化。一种文化的基础越广泛，它的观念就越

①　萨维尔街，也称裁缝街，英国伦敦的一条街道，聚集了售卖高档定制男装的店铺，量身定制的专有名词便出于此，丘吉尔、纳尔逊、拿破仑三世都光顾过此街。——译者注

164　宽泛、越自由，它最好的元素就越有可能保存下来。这是世界民主的基本希望。如果一种文化必须花费最大力气去磨灭人类的一些最强大的贡献，那么它就不可能给自己留下生存的力量。战争代表着镇压和死亡，它永远无法支撑起一种持久的文化。和平与宽容是通向永恒进步的唯一道路。没有自由互联的亚洲和非洲文明，欧洲就无法在同一个世界里生存下去。

> 我认为，非洲文明的特殊使命是恢复世界文明的伦理原则。除非进行这种尝试，否则所有文明都将走向终结。非洲凭借他的超然、他的直观视角，以及他与生俱来的善良，有资格将人道主义带到西方世界的技术和物质观念中去。[5]

很少有人知道非洲和她的孩子们为赢得世界大战做了什么。首先，塞内加尔人在德国人的第一次猛攻中拯救了法国人。非洲的黑人士兵征服了德国殖民地；美国黑人迅速向欧洲运送关键物资，反转了胜利的天平。

在第二次世界大战中，成千上万的非洲人在欧洲、缅甸、印度和非洲作战；在决定性的北非战役中，他们是蒙哥马利第八军团的主力；一位美国黑人外科医生发明了血浆库，挽救了成千上万条生命；黑人冒着敌人的火力修建了数千英里的战略要道；在欧洲战区，黑人搬运了四分之三的弹药，也发射了很多。黑人作战部队参加了诺曼底战役、意大利战役，还加入了飞行中队和医疗团。在美国，有八位黑人科学家参与了原子弹的研究。

黑人安德洛墨达的星座属于伟大天堂里的那个地方，它就悬挂在这个历经磨难的世界的正上方。尽管在她蒙羞、裸露、落魄、受缚的背后是野蛮和残忍的动机，但黑非洲的火焰与自由，与它亚洲伙伴那未被磨灭的力量一起，成为浇灌人类全球土壤不可或缺的养料，对这个痛苦的地球，欧洲永远不会也无法单独给予它什么。

注释

［1］由卡塞莱·海福德（Caseley Hayford）所写，他是黄金海岸的一位著名黑人律师。

［2］引自拉各斯出版的备忘录官方文本，1920 年，第 1—3 页。

［3］1921 年 9 月 7 日。

［4］由代表梅加尔黑斯（Deputy Megalhaes）向大会所作的陈述。

［5］阿玛托，前引书，第 18、19 页。

跋

　　知行合一的读者，以下便是我的逻辑之道：我梦想着一个无穷无尽且弥足珍贵的多样性世界；这个世界并非遵循万有引力定律或原子量法则，而是在身高体重、皮肤颜色、头发鼻子嘴唇上展现人类的多样性。除此之外，更有甚者，是在真正自由的领域呈现出多样性：在思想和梦想、幻想和想象上的多样性；在禀赋、习性、天赋上的多样性，包括一切可能的差异风格，配之以在做事为人上的灵魂自由和赋予一个世界并内置于这个世界的思想自由，以及一切与生俱来的个性财富。任何阻止这种身心自由的努力都是对民主的打击——真正的民主是蓄水池和机遇，与其对抗就是在抹杀文明，也就预示着终有一天

　　……星星和太阳都不会苏醒，

　　没有任何光线变化：

　　不会有潺潺的流水声，

　　也不会有任何声音和视觉；

　　不会有寒冬落叶和春日嫩芽，

　　也不会有白天和白天里的事物；

有的只是在永恒的黑夜里

无尽的长眠。[1]

不可能有剔除肤色、种族或者贫困的完美民主。但所有人一起，我们就无往而不利，包括实现和平。

这是关涉你我的一本书。

注释

　[1]斯文伯恩（Swinburne）:《普罗瑟派恩花园》("The Garden of Proserpine")。

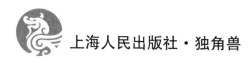

上海人民出版社·独角兽

"独角兽·历史文化"书目

［英］佩里·安德森著作
《从古代到封建主义的过渡》
《绝对主义国家的系谱》
《新的旧世界》
《葛兰西的二律背反》

［英］李德·哈特著作
《战略论:间接路线》
《第一次世界大战战史》
《第二次世界大战战史》
《山的那一边:被俘德国将领谈二战》
《大西庇阿:胜过拿破仑》
《英国的防卫》

［美］洛伊斯·N.玛格纳著作
《生命科学史》(第三版)
《医学史》(第二版)
《传染病的文化史》

《社会达尔文主义:美国思想潜流》
《重思现代欧洲思想史》
《斯文·赫定眼中的世界名人》

《欧洲文艺复兴》
《欧洲现代史:从文艺复兴到现在》
《非洲现代史》(第三版)
《巴拉聚克:历史时光中的法国小镇》
《语言帝国:世界语言史》
《鎏金舞台:歌剧的社会史》
《铁路改变世界》
《棉的全球史》
《土豆帝国》
《伦敦城记》
《威尼斯城记》

《工业革命(1760—1830)》
《世界和日本》
《世界和非洲》
《激荡的百年史》
《论历史》
《论帝国:美国、战争和世界霸权》
《法国大革命:马赛曲的回响》
《明治维新史再考:由公议、王政走向集权、去身份化》

阅读,不止于法律。更多精彩书讯,敬请关注:

微信公众号

微博号

视频号